U0868069

高等职业教育"十三五"系列教材

Qiche Cheshen Xiufu Jishu
汽车车身修复技术
(第2版)

李大光　主　编
冀鹏辉　徐兆宽　副主编

人民交通出版社股份有限公司
China Communications Press Co.,Ltd.

内 容 提 要

本书为高等职业教育“十三五”系列教材。全书共分为7个项目,分别是认知车身、车辆损伤评估、车身外部部件更换、车身内部部件更换、车身外部部件修复、车身结构件的修复与更换、车身修复工艺。

本书主要供高职高专院校汽车车身维修技术、汽车运用与维修技术、汽车检测与维修专业教学使用。

图书在版编目(CIP)数据

汽车车身修复技术 / 李大光主编. —2版. —北京:人民交通出版社股份有限公司, 2019.6(2024.8重印)

ISBN 978-7-114-15513-0

Ⅰ.①汽… Ⅱ.①李… Ⅲ.①汽车—车体—车辆修理 Ⅳ.①U472.4

中国版本图书馆CIP数据核字(2019)第082823号

书　　名:汽车车身修复技术(第2版)
著 作 者:李大光
责任编辑:翁志新
责任校对:张　贺
责任印制:刘高彤
出版发行:人民交通出版社股份有限公司
地　　址:(100011)北京市朝阳区安定门外外馆斜街3号
网　　址:http://www.ccpcl.com.cn
销售电话:(010)59757973
总 经 销:人民交通出版社股份有限公司发行部
经　　销:各地新华书店
印　　刷:北京建宏印刷有限公司
开　　本:787×1092　1/16
印　　张:11.5
字　　数:251千
版　　次:2012年12月　第1版
　　　　　2019年6月　第2版
印　　次:2024年8月　第2版　第3次印刷　累计第6次印刷
书　　号:ISBN 978-7-114-15513-0
定　　价:28.00元

第二版前言

DIERBAN QIANYAN

本书自2012年12月出版后，被多所高职高专院校选订使用，受到众多好评。进入“十三五”后，汽车维修行业进一步发展，车身维修技术和高职院校的教学实际也有了新的变化，故对本书的再版修订也提上日程。此次修订，主要调整的内容如下：

(1)“项目5　车辆损伤评估”提到前面，作为“项目2”，并将其中的“任务3　车身测量”与“任务4　车身三维测量和车身尺寸的测量”合并。

(2)增加“项目7　车身修复工艺”，将项目6的“任务6　惰性气体保护焊”“任务7　点焊”“任务8　激光焊”重新整合后放入项目7。

(3)更换了部分新图片。

(4)更新了部分任务的“任务实施”内容，使其与企业的实践操作方式一致。

(5)更新了涉及老旧车型的部分内容。

本书由李大光主编，冀鹏辉和徐兆宽担任副主编。

本书在编写再版过程中，得到了吉林吉刚汽车销售服务有限公司的大力支持，在此表示感谢。

本书再版仍坚持了原书的指导思想。希望广大读者对本书的不足给予指正。

编　者

2019年1月

目录

MULU

项目 1 Chapter 1

认知车身

任务 1 车身总体认知

1 任务引入

车辆不同,车身也有差异。我们需要对不同车身有总体认知,了解其组成及各部分的作用。

2 相关理论知识

随着新技术、新工艺、新材料的开发与研究,汽车车身正以多种多样的形式,不断满足安全、节油、舒适、耐用等方面的要求。作为汽车的基本骨架,车身是汽车中最大的部件,它决定着汽车的基本形状、大小,甚至用途。车身表面涂以各种颜色,是汽车的保护性外壳。同时,车身也是车辆的整体结构,以保证车辆的安全和强度。汽车车身通常是指纵梁、横梁和支柱等主要承力元件以及与它们相连接的板件共同组成的刚性空间结构,是一切车身部件的安装基础。

车身是由多种材料制成的,通常包括:钢、铝、塑料、玻璃等。车身表面涂以各种鲜艳的油漆,使车辆达到美观的效果。由于事故而造成汽车损伤时,只要车主或保险公司愿意支付修复费用,几乎所有的事故车辆都能够恢复到安全的、可行驶的状况。这里最关键的是费用问题。

轿车车身可以按照车身外形、车身承载受力、车门数量、车门开闭方式进行分类。

2.1 按车身外形分类

轿车按车身外形分为三厢式轿车和两厢式轿车。

(1)三厢式是一种较流行的、有代表性的车型,车身为封闭刚性结构,有至少四个侧窗、两排座位和两个车门。发动机舱、乘客室、行李舱分段隔开形成相互独立的三段布置,故称之为三厢式轿车。常见的车型有捷达、速腾。

(2)两厢式轿车后部的将内部空间设计得较大,把乘客室与行李舱同一段布置,故称之为两厢式轿车。常见的车型有高尔夫。

三厢式轿车与两厢式轿车相比,其抗横向风稳定性好。

2.2 按车身承载受力分类

按车身承载受力分为非承载式车身和承载式车身。

2.2.1 非承载式车身

典型的非承载式车身结构如图1-1-1所示。非承载式车身的下面有足够强度和刚度的独立车架,壳体与底架组合而成车身主体(车厢),并与车架通过木条、橡胶垫块材料以多点挠性方式连接,如图1-1-2所示。车架是一个独立部件,不需要与车身外壳焊接在一起,非承载式车身安装了减振器,避振效果更好。大部分荷载由车架所承受,车身壳体不承载,只在很小程度上承受由于底架弯曲或扭曲变形所引起的部分荷载。非承载式车身的特点是车身与车架通过弹簧或橡胶垫作柔性连接。在此种情况下,安装在车架上的车身对车架的加固作用不大,汽车车身仅承受本身的重力、所装载的人和货物的重力及其在汽车行驶时所引起的惯性力和空气阻力。而车架则承受发动机及底盘各部件的重力,这些部件工作时通过其支架传递的力、汽车行驶时由路面通过车轮和悬架传来的力。

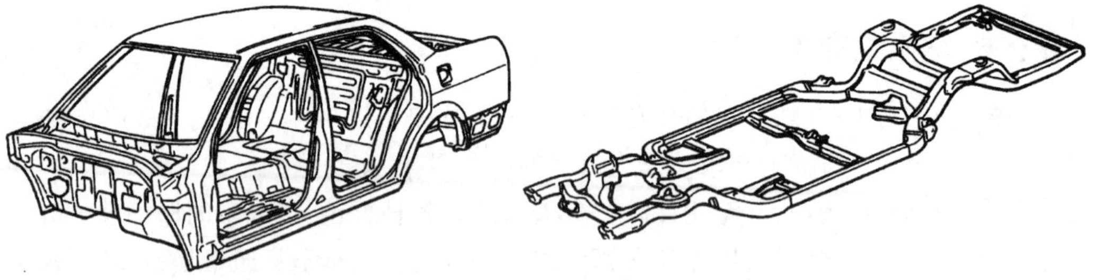

a)主车身　　b)大梁

图1-1-1　非承载式车身

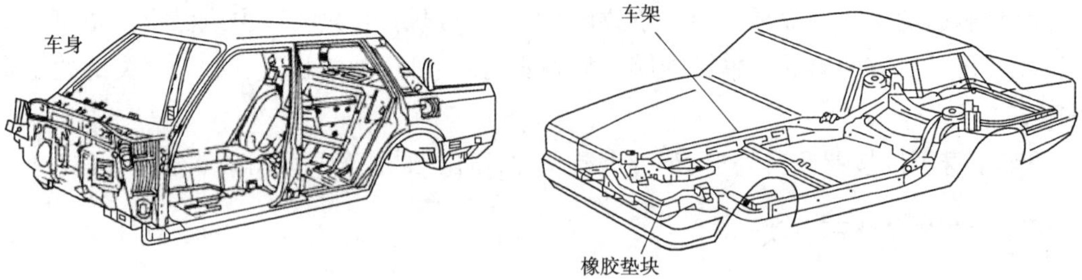

图1-1-2　非承载式车身的连接

非承载式车身具有减振性能好、工艺简单、易于改装、安全性好的优点,但也有质量大、承载面高、成本高的不足。

非承载式车身需要独立的车架，广泛用于载客、载货汽车车身上。

2.2.2 承载式车身

承载式车身又称为整体式车身，如图1-1-3所示。车身是承担全部荷载的刚性壳体。它是以压力加工而成的不同形状的薄钢板散件，并用点焊连接成一个整体，具有良好的抗弯曲和抗扭曲的性能。底盘各部件是直接装配在车身上的，因此车身所承受的荷载理所当然地包括载质量、驱动力、制动力以及来自不同方向的冲击、振动等。从传动和悬架系统传来的振动和噪声直接进入地板槽，可能引起车身强烈振动，设计时需要附加抑制振动和噪声的隔振或减振装置。承载式车身十分有利于减轻自身质量，并使车身结构合理化。现代轿车几乎都采用承载式车身。

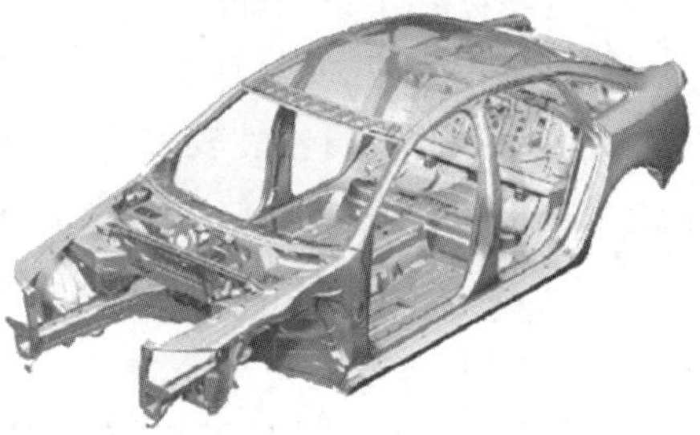
图1-1-3 承载式车身

承载式车身虽然没有独立的车架，但由于车身主体与类似于车架功能的车身地板采用组焊等方式制成整体刚性框架，使整个车身都承受荷载。这样，分散开来的承载力会分别作用于各个车身结构件上，车身整体刚度和强度同样能够得到保证。当车身整体或局部承受适度荷载时，壳体不易发生永久性变形，即刚性结合角在正常荷载作用下一般不会发生永久性变形。构件组成的刚性壳体在承受荷载时“牵一发而动全身”，依作用力与反作用力平衡法则，“以强济弱”地自动调解，使整个壳体在极限荷载内始终处于稳定平衡状态。

承载式车身的优点是质量小且适合现代化大批量生产。它不像制作车架那样需用厚钢板冲压、焊接，而是采用容易成型的薄钢板冲压。点焊工艺和多工位自动焊接等自动化生产方式的采用，使车身组焊后的整体变形小，且生产效率高、质量保障性好、结构紧凑、安全性好（由薄板冲压成型组焊而成的车身，具有均匀承受荷载并加以扩散的功能，对冲击能量的吸收性好。尽管当汽车发生冲撞事故时的局部变形较大，但对乘客室的影响却相对小得多，这使汽车的安全性得到改善与提高）。

承载式车身也有不足之处，如在汽车运动荷载的冲击下，底盘部件与车身结合部极易发生疲劳损伤；乘客室也更容易受到来自汽车底盘的振动与噪声的影响。为此，需要有针对性地采取一些减振、消声等技术措施。另外，对于这种一体式构造的车身，由事故所导致的整体变形较为复杂，并且车身整体定位参数的变化还会直接影响到汽车的行驶性能。车身维修作业中对整体参数复原时，不仅难度大，而且须使用专门设备和特定的检查与测量手段。由于车身底部与地面距离小，防腐蚀措施的重要性更为突出。这种车身刚性好，受撞击时冲击能量传递和分散遍布车身每个角落，因此远离冲击点的一些部位的受损情况切不可忽视。

承载式车身主要有发动机前置（横置或纵置）前轮驱动和发动机前置后轮驱动两种形式，而发动机前置前轮驱动方式为大多数汽车所采用。

如图1-1-4所示，整个车身与车架合成一体，承载式车身没有单独的车架，所以承载式车身也叫无架式车身。整个车身由冲压成不同形状的薄钢板件用电阻点焊连接成一个整体。承载式车身的特点有：

(1)由于承载式车身的主要部件焊接在一起,车身易于形成紧密的结构,有助于在碰撞时保护车内成员。

(2)没有独立车架,车身紧挨地面,质心低,行驶稳定性较好。

(3)承载式车身内部的空间更大,汽车可以小型化。

(4)结构紧凑,质量轻。

(5)承载式车身刚性较大,在碰撞时,有助于使碰撞力向整个车身传递和分散冲击能量,故远离冲击点的一些部位也会变形。

(6)当碰撞程度相同时,承载式车身要比非承载式车身的损伤更为复杂,修复前要做彻底的损伤分析。

(7)车身一旦损伤变形,就需采用特殊的(不会导致进一步损伤)程序来恢复原来的形状。

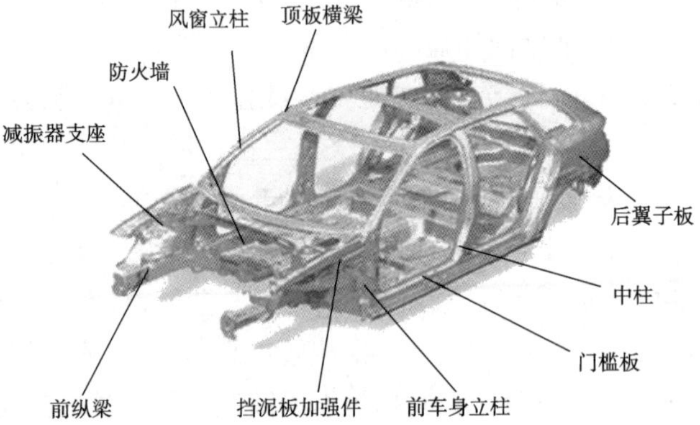

图1-1-4　承载式车身结构

承载式车身的检查中,容易忽略远离碰撞点的一些不明显的损伤,但是这些损伤在以后会引起操纵系统或动力系统的故障。承载式车身前部结构比非承载式车身复杂得多,车身前部不仅有前悬架结构和操纵联动装置,而且装有整个驱动系统,如发动机、传动轴、驱动轴和万向节等部件。车前部板件承受的荷载更大,要求前部车身的刚性要好。

轿车普遍采用承载式车身结构,而承载式轿车车身主要由前车身、中间车身、后车身及其他相关附件组成。承载式车身上典型零部件的名称,如图1-1-5所示 。

2.3 按车门数量分类

车门的数量与轿车的用途和形式有着密切的关系,常见的有两门轿跑车,如图1-1-6所示 ;三门掀背式轿车,如图1-1-7所示;四门轿车,如图1-1-8所示;五门掀背式轿车,如图1-1-9所示。

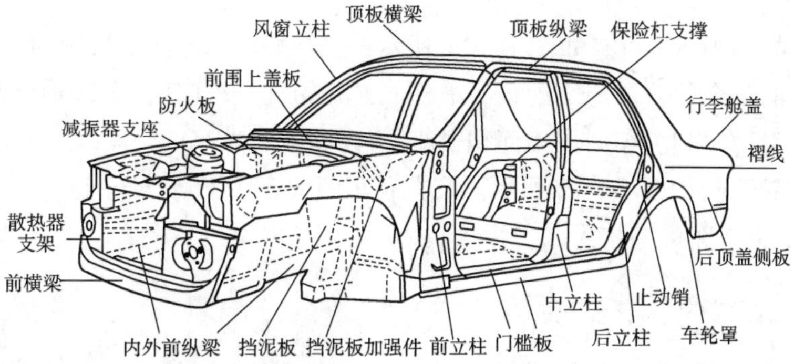

图 1-1-5 承载式车身结构

图 1-1-6 两门轿跑车

图 1-1-7 三门掀背式轿车

图 1-1-8 四门轿车

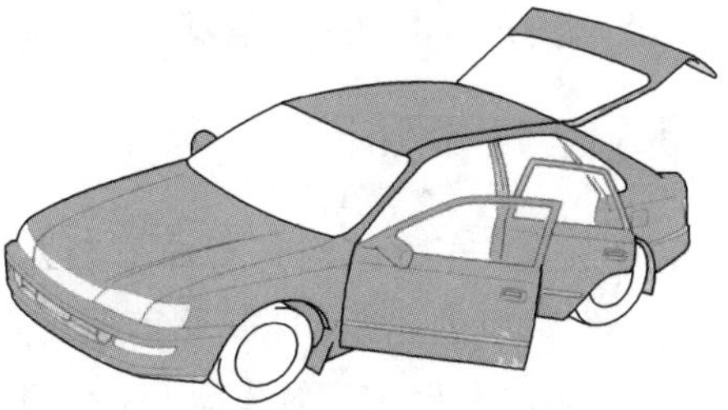

图 1-1-9 五门掀背式轿车

2.4 按车门的开闭方式分类

轿车车门有旋转式车门、推拉式车门(滑门)及飞翼式车门等。其中,旋转式车门应用最普遍。

(1)旋转式车门。按其开闭方向,常见形式有顺开门(图 1-1-10)和对开门两类。顺开门是车门铰链布置在车门的前端,顺着车门的方向向前旋转。这种车门布置比较安全,如果在轿车行驶中门锁失灵而使车门打开或者乘员误开车门,不会因空气流动的作用而发生危险。对开门的后门铰链紧固在后支柱上,后车门开启时向后旋转,这种布置便于三排座轿车的中排座椅和后排座椅的乘员上下车。对开门轿车现在

图 1-1-10 旋转式顺开车门

较少见。

(2)推拉式车门(滑门)。如图1-1-11所示,推拉式车门的支撑与滑动主要依靠安装在车门上、中、下的三个导轨及与之配合的滚柱。在开始打开车门时,车门销外倾移动后,再向车身后方水平滑动,因此,车门占用面积很小,可以相应增大车内空间。

(3)飞翼式车门,如图1-1-12所示。飞翼式车门大多用于运动车,这是一种车身低、流线型好、方便乘员上下车的结构形式。

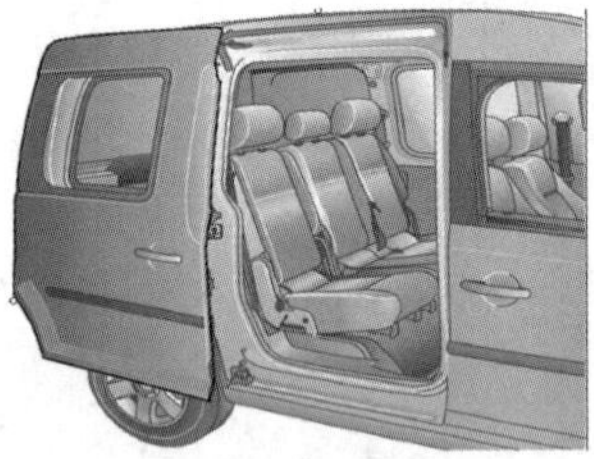

图1-1-11 推拉式车门

图1-1-12 飞翼式车门

任务2 承载式车身结构认知

1 任务引入

在维修事故车辆时,我们需要了解承载式车身的结构。

2 相关理论知识

现在的承载式车身结构有4种基本类型:前置发动机后轮驱动(简称前置后驱,可用FR表示);前置发动机前轮驱动(简称前置前驱,可用FF表示);中置发动机后轮驱动(简称中置后驱,可用MR表示);后置发动机后轮驱动(简称后置后驱,可用RR表示)。

2.1 前置发动机后轮驱动(FR)汽车的车身

2.1.1 车身特点

车身被分成3个主要部分:前车身、乘客室(中车身)和后车身。发动机、传动装置、前悬架和操纵系统在前车身,差速器和后悬架装在后车身。中车身的地板上焊接有纵梁和横梁,有很高的强度和刚性,可以保证汽车运行的需要。常见的前置后驱汽车形式,如图1-2-1所示。

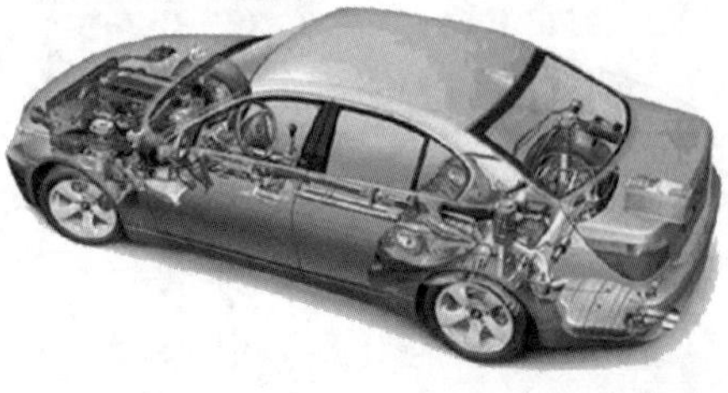

图1-2-1 前置后驱汽车(宝马5系)

前置后驱(FR)汽车的特点如下:

(1)发动机、传动装置和差速器均匀分布在前后车身,减轻了操纵系统的操纵力。

(2)发动机纵向放置在前车身的副车架或支撑横梁上。

(3)发动机可以单独拆卸和安装,便于车身修复工作。

(4)传动轴安装在地板下的通道内,减少了乘客室的内部空间。

(5)发动机的传动系及后轮由前到后布置,因而汽车的振动和噪声源也分布到车身的前面和后面。

2.1.2 前车身

前车身由前横梁、前悬架横梁、散热器支架、前挡泥板、前围板、前围上盖板及前纵梁等构成。发动机、悬架和转向装置都安装在前挡泥板和前车身的前纵梁上,且前车身的强度和精度影响前轮的定位和传到乘客室的振动与噪声,因此前车身制造精确并且有极高的强度。车身外覆盖件,如发动机舱盖、前翼子板、前裙板等是用螺栓、螺母和铰链固定的;其他的部件都焊接在一起,以减轻车身质量,增加车身强度。

2.1.3 侧面车身

侧面车身结构中,前柱、中柱、车门槛板、车顶纵梁等部位都采用三层板设计,如图1-2-2所示;同时,应用了大量的高强度钢,以防止来自前方、后方和侧面的碰撞引起中部车身变形。车身立柱、门槛板、车顶纵梁、车顶板、车地板共同形成乘客室。在行驶中,这些板件把从车底部传来的荷载传到汽车的上部,并阻止车身向左、右侧弯曲。车身立柱也作为门的支架,在汽车翻倒时能保持乘客室的完整性。车身侧面由于有车门,其强度削弱,用连接内部和外部的板件进行加强,形成一个非常强固的厢形结构。

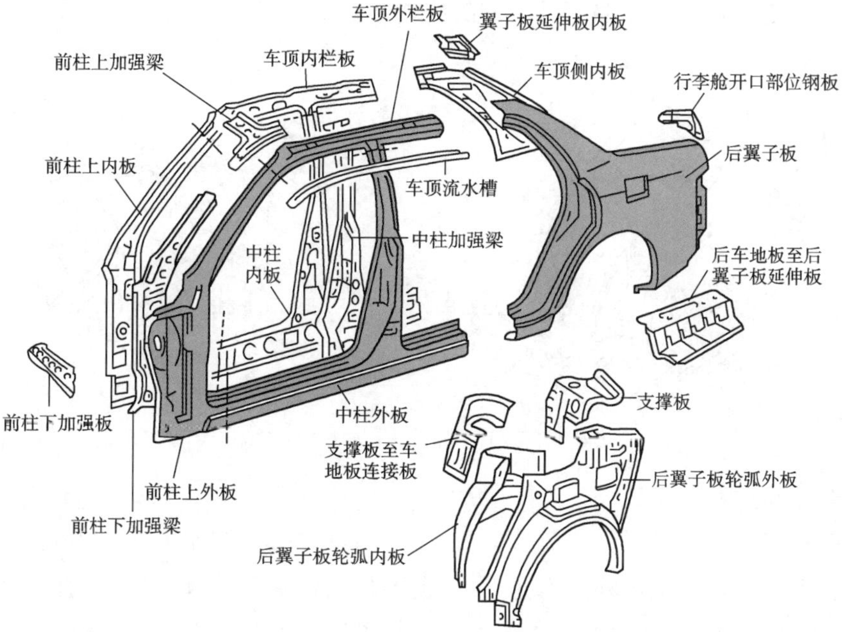

图1-2-2 前置后驱汽车的侧面车身组成

2.1.4 车身底部

车身底部主要由前后纵梁、地板纵梁、地板及横梁构成。前纵梁形同车架的框架,如

图1-2-3所示。随着悬架和车身底部结构的大小和形状不同,这些部件的形状和基本布局会有变化。

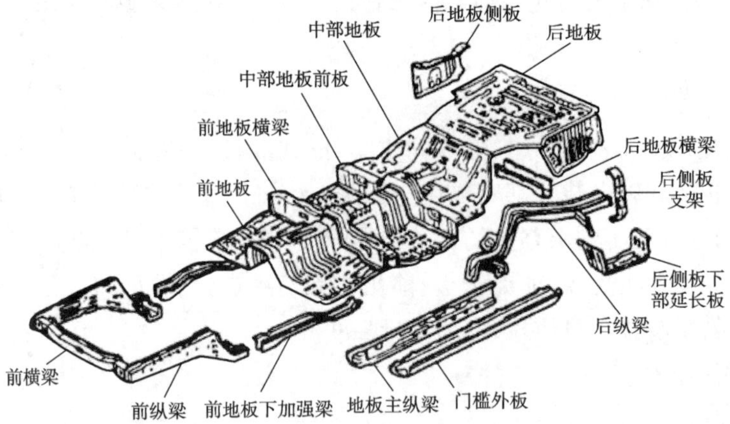

图1-2-3　前置后驱汽车的车身底部组成

1)车身底部前段

车身底部由纵梁、横梁构成。由于要安装发动机、悬架等部件,且要保证不影响前车轮的定位,这些构件都用高强度钢制成箱形截面。前纵梁均为上弯式,在板件上都有加工的预应力区,在碰撞时这些构件将会弯曲并吸收冲击能量,在正面碰撞时可以有效保护乘客室。图1-2-4表示前置后驱汽车车身底部不同的前端结构。

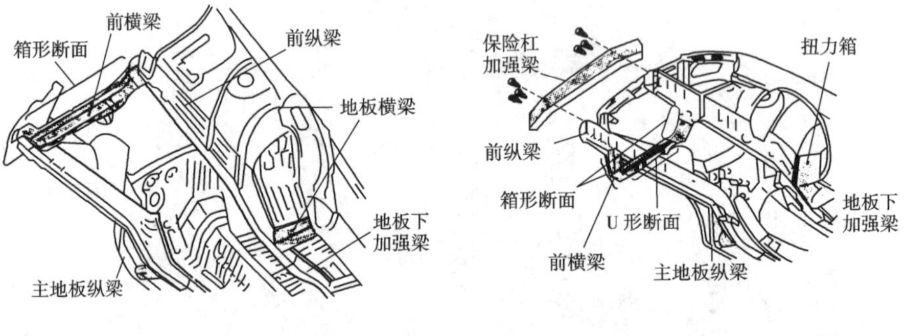

图1-2-4　前置后驱汽车车身底部不同的前端结构

2)车身底部中段

车身底部中段主要由地板、地板横梁和地板纵梁等构成。前置后驱(FR)汽车车身变速器纵向放置,并且由传动轴传动动力至后方,需要较大的底部隆起空间。因此,这种车身只能提供较小的腿部活动空间,如图1-2-5所示。前置后驱车型一般适用于大中型且具有较大车身的轿车。地板的中心传动轴通道,增大了地板的强度,能阻止地板扭曲。此外,地板主纵梁和横梁位于前排座下面和后排座前面,从而强化了左侧和右侧的刚度,在侧面碰撞中可防止地板折曲。

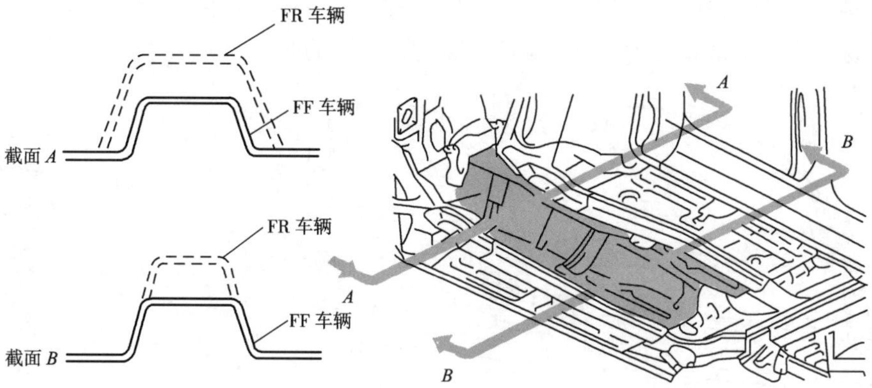

图 1-2-5 车身底部隆起部位对比

3）车身底部后段

车身底部后段主要由后纵梁、后地板横梁、后地板及行李舱地板等构成，如图 1-2-6 所示。后纵梁从后排座下边延伸到接近后桥，并上弯延伸到后桥。此弯曲结构像前纵梁一样，可以吸收后碰撞的能量。另外，后地板纵梁后段和地板纵梁是分开的，以便维修车身时更换。

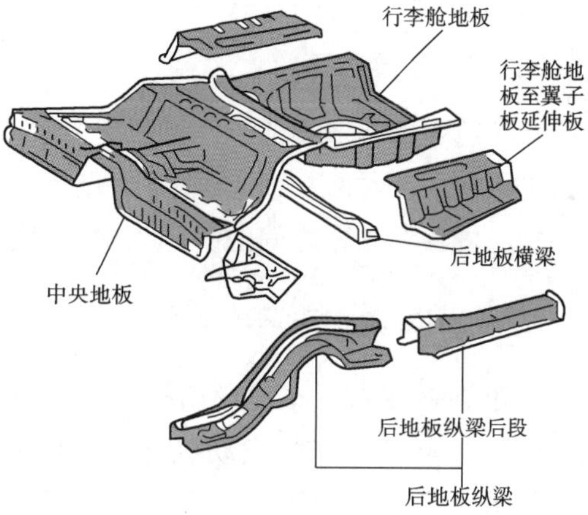

图 1-2-6 车身底部后段组成

当油箱固定于地板下面时（悬浮式），后地板纵梁后半部具有坚韧而不易弯曲的特性，而弯角区域（向上弯曲）具有容易发生折损变形的特性。因此，当发生后面碰撞时，燃油箱可以得到有效保护。

2.1.5 后车身

后车身有轿车型和旅行车型两种类型。轿车型行李舱和乘客室分离；旅行车型行李舱与乘客室不分离。在轿车中，后围上盖板和后座的软垫托架连接在后侧板和后地板上，围板可以防止车身扭曲。旅行车没有单独的后车身，因此采用加大顶盖内侧板及后窗下部框架、将顶盖内侧板延伸至后侧板等措施来加强车身的刚度。

2.1.6 车门

车门包括外板、内板、加强梁、侧防撞钢梁和门框。其中，内板、加强梁和侧防撞钢梁以点焊结合在一起，而内板和外板通常是以褶边相连接。另外，车门窗框通常是由点焊和冲压结合而成的，车门的形式大致分为：窗框车门（如奥迪）、冲压成型车门（如捷达）和无窗框车门（如斯巴鲁力狮）三种，如图 1-2-7 所示。

2.1.7 发动机舱盖

发动机舱盖包括外板、内板和加强梁。外板和内板的四周以褶边连接取代焊接。为了确保发动机舱盖铰链和发动机舱盖锁支架的刚性和强度,将加强梁点焊于内板上,将密封胶涂抹于内板和外板的某些间隙当中,以确保外板有足够的张力。

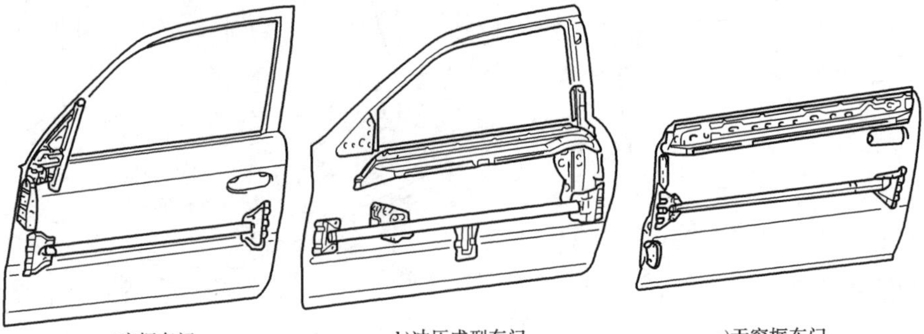

图 1-2-7　车门

2.1.8　行李舱盖

行李舱盖的构造类似于发动机舱盖,包括外板、内板和加强梁。外板和内板的四周采用褶边连接方式,而加强梁和支座是由点焊焊接于行李舱盖上(铰链和支座区域除外),将密封胶涂抹于内板和外板之间的缝隙当中,以确保外板有足够的张力。

2.2　前置发动机前轮驱动(FF)汽车的车身

前置前驱(FF)汽车的发动机安装在车身的前面并前轮驱动,由于没有传动轴,乘客室的空间可以加大。同时,发动机、传动轴、前悬架装置和操纵装置都设置在车身前部,车身前部部件承受荷载比较大,所以前置前驱的车身前部强度与前置后驱的车身有很大不同。其特点有:

(1)变速器和差速器结合成一体,没有传动轴,车身质量明显减小。

(2)噪声和振动源多在车身的前部,汽车的总体噪声和振动减小。

(3)前悬架和前轮的负荷增加。

(4)车身内部空间增大。

(5)油箱可设在车中心底部,使行李舱的面积增大,内部也变得更加平整。

(6)发动机装在前面,碰撞时有向前的惯性力,所以发动机的组件相应加强。

前置前驱汽车的发动机可以纵向放置,发动机由连接左右前纵梁的前悬架横梁支撑。这种发动机的放置与后轮驱动发动机的放置方式相同。当横向安置发动机时,发动机支撑在四个点上,即发动机安装在中心构件(或称为中间梁)和左右前梁上。常见前置前驱汽车如图 1-2-8 所示。

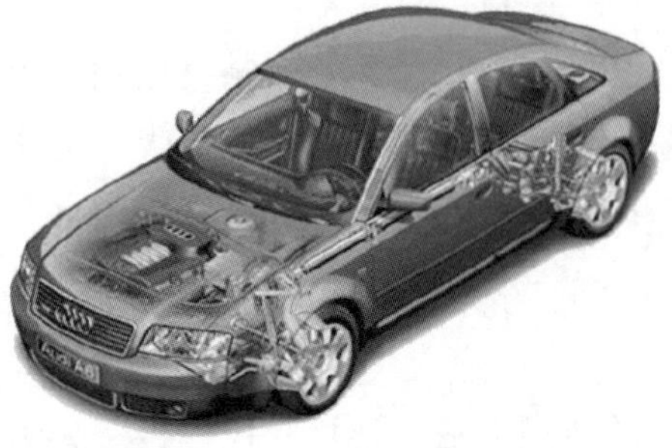

图 1-2-8　前置前驱汽车(奥迪 A6)

2.2.1　前车身

前置前驱汽车的前车身由发动机舱盖、前翼子板、散热器上下支架、散热器侧支架、前横梁、前纵梁、前挡泥板和用薄钢板冲压成的前围板等构成。结构件的组成如图1-2-9所示。前置前驱和前置后驱汽车的前悬架几乎是相同的，它们都采用滑柱式独立悬架。前车身的精度对前轮定位有直接影响，所以在完成前车身修复以后，一定要检查前轮的定位。

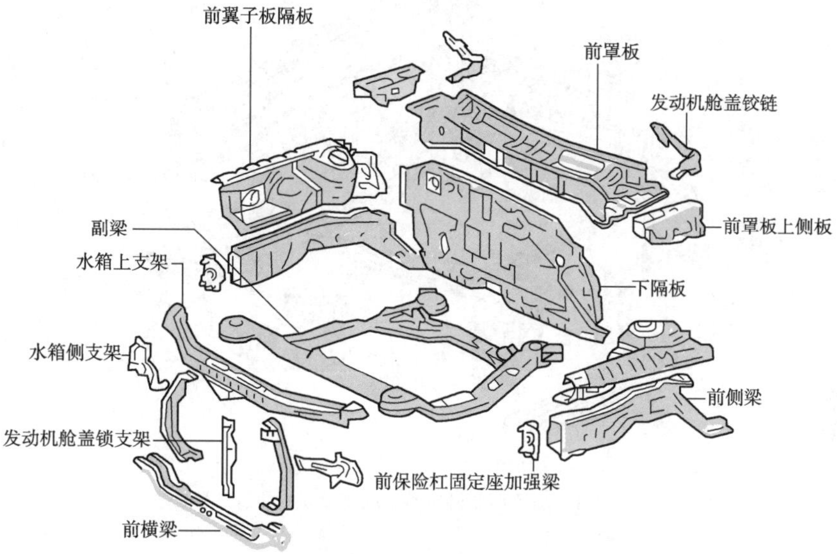

图1-2-9　前置前驱汽车的前车身

（1）前置前驱纵向放置发动机汽车的前车身，为了增加前挡泥板的强度和刚度，将前挡泥板与盖板、前纵梁焊接在一起。纵向放置发动机的前车身与后轮驱动的前车身几乎相同，但前置前驱汽车前部承受较大的荷载，其扭力箱焊接在前纵梁的后端，所以，其前纵梁比前置后驱汽车相应构件的强度要大，如图1-2-10所示。

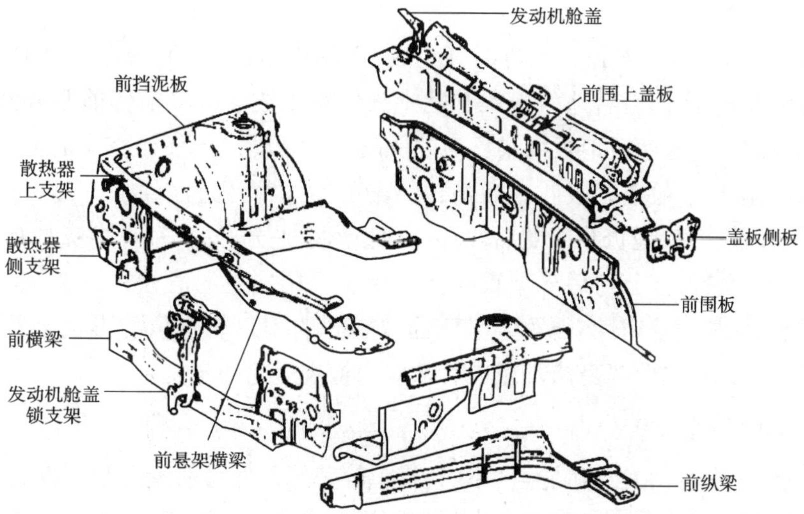

图1-2-10　前置前驱汽车纵向放置发动机汽车的前车身

(2)前置前驱横向放置发动机汽车的前车身,由于前驱发动机横向放置,转向操纵机构齿轮齿条就装在前围板的下部,前车身的下围板和前纵梁与后轮驱动汽车或发动机纵向安置的前轮驱动汽车完全不同,如图1-2-11所示。

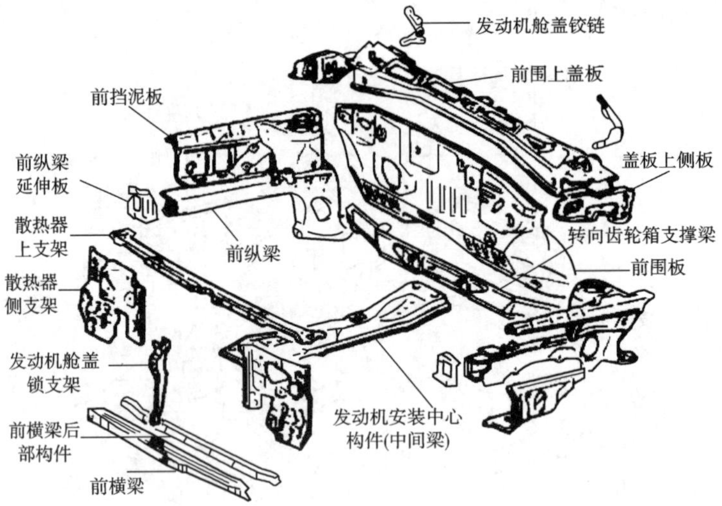

图1-2-11　前置前驱汽车横向放置发动机的前车身

2.2.2　中车身

前置前驱汽车和前置后驱汽车的中车身基本相同,它们都由地板、地板纵梁、加强梁、地板横梁组成地板纵梁高强度钢板制成,位于乘客室下端,又称为车门槛内板。前置前驱(FF)汽车车身没有传动轴,车地板拱起空间小,因此,能够提供较大的腿部活动空间,如图1-2-12所示。

2.2.3　后车身

前置前驱汽车的后车身由上下两部分组成,上部由后门板、下后板、后侧板、后轮罩外板、后轮罩内板组成,底部由后地板横梁和后地板纵梁组成。因其前置前驱,油箱安装在中央底部车身地板下面,这使后地板纵梁比后轮驱动的地板低。当发生汽车后面碰撞时,大部分撞击力就可以由行李舱空间吸收。后地板纵梁的后段都经过波纹加工,以提高撞击的能量,如图1-2-13所示。后地板纵梁的后段和后地板纵梁是分开的,车身维修时有利于更换作业。后地板纵梁的较低部分与后悬架臂连接。后轮采用独立的滑柱式悬架,这样可以改进转向操纵性能和行驶的稳定性,当发生车身后部碰撞时,对后轮定位的影响比后轮驱动汽车要大得多。因此,每次在后车身修复完成后都应当检查后轮的定位。

2.2.4　其他部件

前置前驱汽车车身的发动机舱盖、车门、行李舱盖等部件与前置后驱车身的相同。

四轮驱动汽车的前车身与前置前驱汽车的前车身类似,中、后车身与后轮驱动汽车的中、后车身类似。

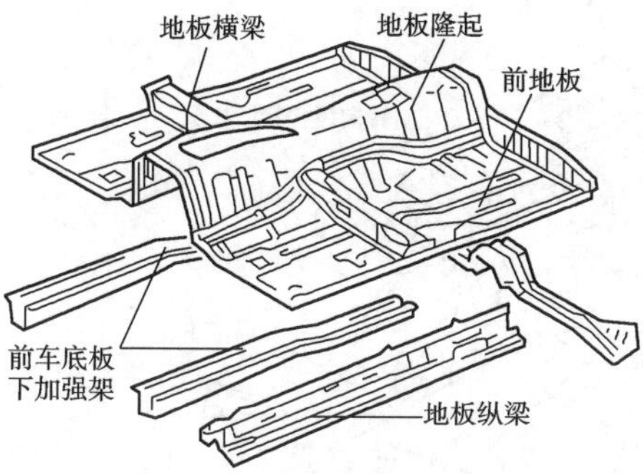

图 1-2-12 前置前驱汽车的中车身组成

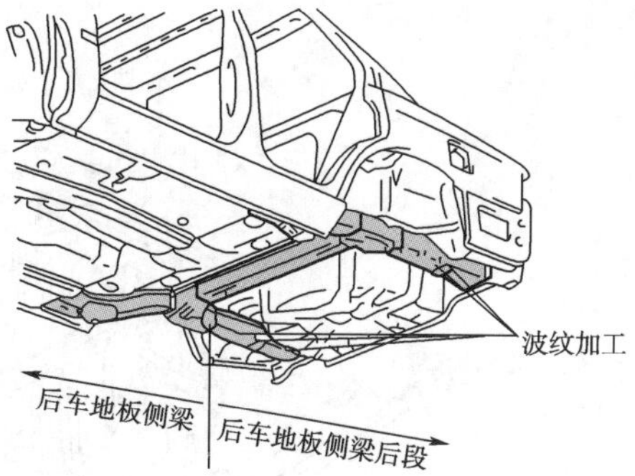

图 1-2-13 车身后部结构

2.3 中置发动机后轮驱动(MR)汽车的车身

2.3.1 车身特点

中置后驱汽车的发动机和动力转向装置分布在乘客室和后桥之间。这种形式的汽车不仅纵断面低、质心低,且大部分质量靠近汽车的中心,车身普遍采用高强度厢式结构,这样减少了很多质量。这种形式汽车的特点有:

(1)质量集中在汽车的中心,改善了操纵性。

(2)发动机在汽车的中部,前罩板向下倾斜,从而降低了质心,改善了驾驶员的视野。

(3)发动机的进气效率和冷却效率降低。

(4)在发动机和乘客室之间装有隔板来降低乘客室的噪声、振动和热量辐射。

常见的中置后驱汽车,如图 1-2-14 所示。

图 1-2-14 中置后驱汽车(保时捷 Boxter)

2.3.2 前车身

中置后驱汽车的前车身安装有前悬架、转向系、散热器和空调冷凝器等机械部件。由于发动机和变速驱动桥分别在中车身和后车身放置,车身前部空间可以设置前行李舱。整个车身的形状是后面高、前面低而扁,故车身的形状是低而尖的。独立的前悬架由前挡泥板和前纵梁支撑。结构件的组成如图 1-2-15 所示。

水箱框架、前横梁和前侧支架用点焊焊接在前纵梁上。前行李舱端板和地板的上部以点焊固连到前纵梁上,与以点焊固连在转向齿轮箱支撑梁的前行李舱地板一起形成前行李舱。转向杆系穿过前纵梁上的环形孔,前、后纵梁点焊成一体,下操纵臂和门槛板也连接在纵梁上,有效提高了车身的强度。

2.3.3 车身底部

车身底部承受路面荷载,并将它传递到车身侧板、车身立柱和车顶板,如图 1-2-16 所示。车身底部的部件由高强度钢制成。此外,前地板结构通道的提高,使车身底部的强度增加。

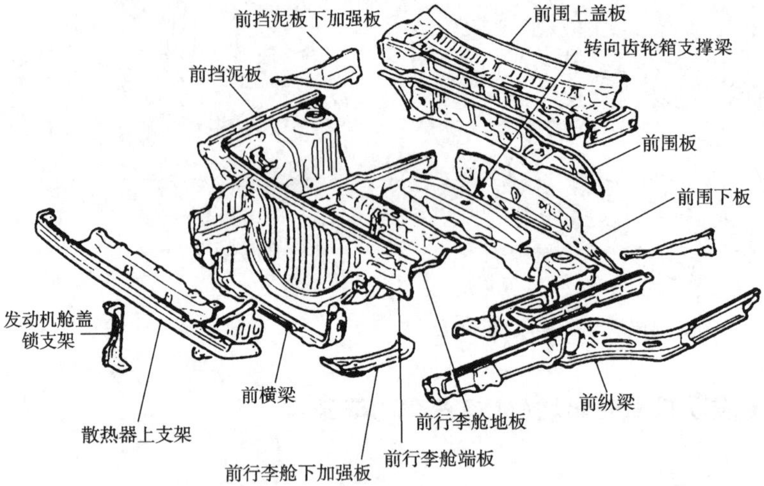

图 1-2-15　中置后驱汽车的前车身组成

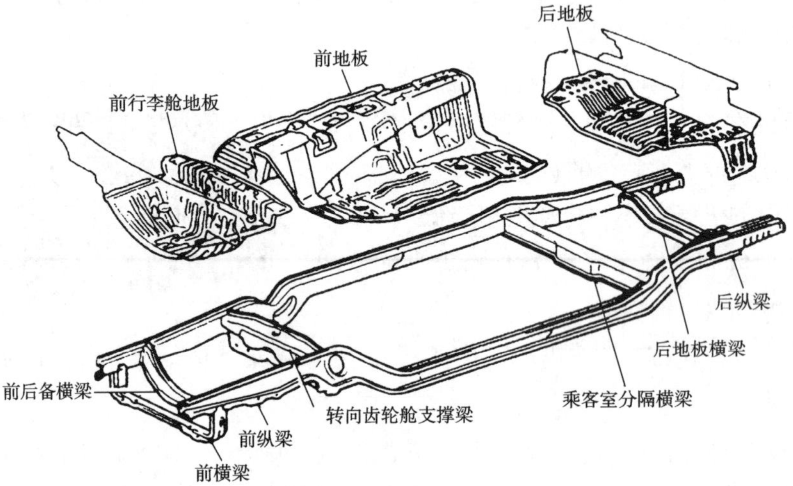

图 1-2-16　中置后驱汽车的车身底部组成

2.3.4　车门

车门由高强度内外门板构成。门靠铰链实现开闭，并通过密封条达到密封的目的。门的加强件保护，使乘客室在碰撞或发生事故翻车时不易损伤。

2.3.5　后车身

中置后驱汽车的后车身由后侧板、后行李舱、发动机舱盖、车身下后板、乘客室分隔横梁、后地板分隔板和后地板纵梁组成，如图 1-2-17 所示。发动机和后行李舱之间用后地板隔板分开。后地板、乘客室隔板和后地板隔板以深波纹结构强化并和后纵梁焊接，形成一个高强度的整体。

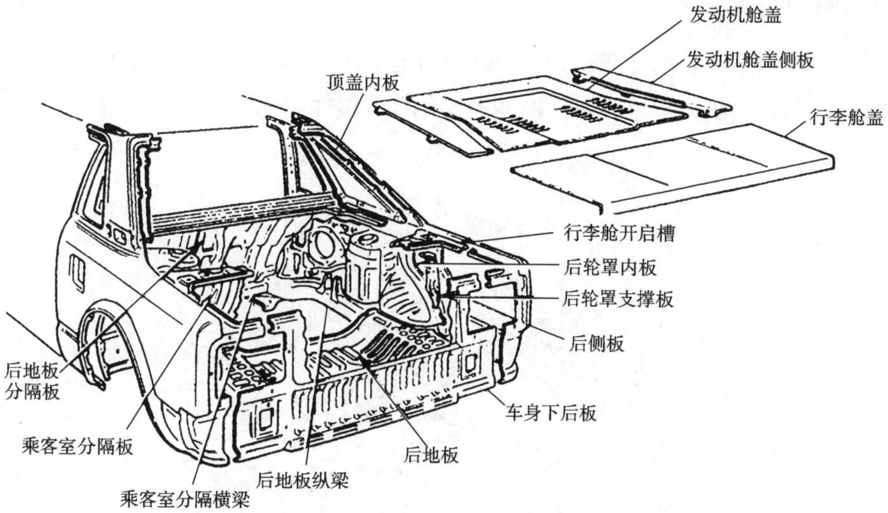

图1-2-17 中置后驱汽车车身后部组成

横向放置的发动机安装在右后纵梁、乘客室分隔横梁和后地板横梁上。发动机安装在乘客室后边,在乘客室和发动机之间有三层结构的隔板来隔离噪声、振动和热。后悬架是独立滑柱悬架,后纵梁和后轮罩板的维修精度对后轮的定位有一定影响。

2.4 后置发动机后轮驱动(RR)汽车的车身

后置发动机后轮驱动汽车(RR)类似于中置发动机汽车,发动机位于后桥的后面。车辆重心后移,提高了牵引力。

2.4.1 优点

RR早期广泛应用在微型车上,其结构紧凑,既没有沉重的传动轴,又没有复杂的前轮转向兼驱动结构。由于车内布置趋于合理,且对车内噪声和温度有所改善,RR以其独特的结构和良好的使用性能受到用户的欢迎。

2.4.2 缺点

后轴荷较大,在操控性方面会产生与FF相反的转向过度倾向,即高速过弯的稳定性差,容易侧滑。现在仍采用RR布局的轿车已经很少。常见的后置后驱汽车如图1-2-18所示。

图1-2-18 后置后驱汽车(保时捷911)

3 任务实施

3.1 准备工作

准备一台前置前驱汽车的车身外壳,进行车身认知实训。

3.2 操作过程

仔细观察前置前驱的前车身,如图 1-2-19 所示;中车身,如图 1-2-20 所示;后车身,如图 1-2-21所示。对结构件进行认知,并填写正确的结构件名称。

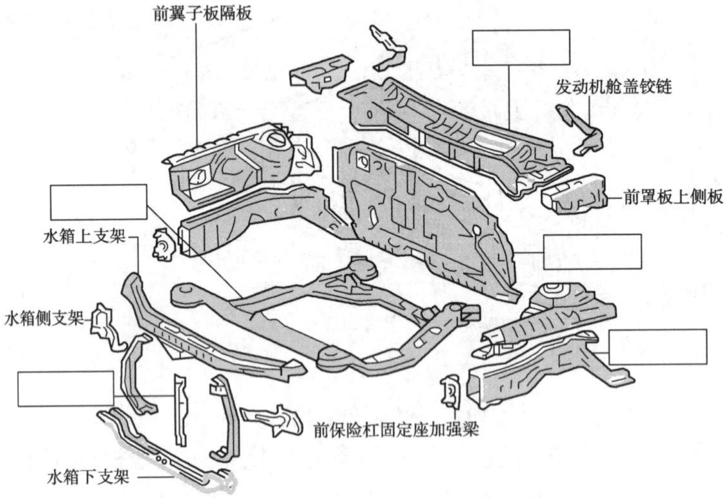

图 1-2-19 前置前驱汽车的前车身组成

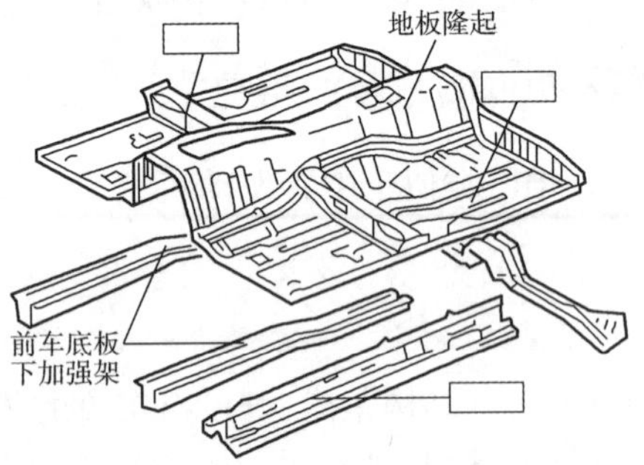

图 1-2-20 前置前驱汽车的中车身组成

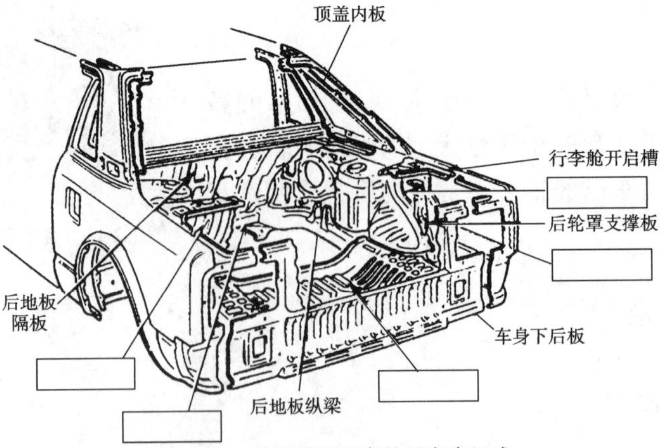

图 1-2-21 前置前驱汽车的后车身组成

项目 2 车辆损伤评估

Chapter 2

任务 1 车辆损伤分析

1 任务引入

为了高质量地修好汽车，必须要对车辆碰撞损伤作出精确的诊断，确定导致变形的主要原因，确定损伤的类型及其严重程度，分析损伤的范围，找出受损的所有部件。

2 相关理论知识

2.1 事故车辆诊断分析的一般过程

(1)了解汽车车身构造。

(2)目测确定碰撞点。

(3)目测确定碰撞力的方向及大小，然后检查可能存在的损伤。

(4)确定损伤的波及范围，如车轮、悬架、发动机等。

(5)沿着碰撞路线系统地检查部件的损伤，直到没有任何损伤痕迹的位置。

(6)测量主要构件定位参数，将实测的定位参数与修复手册或标准值进行比较。

(7)检查悬架和整车的其他系统。

2.2 事故车辆修复过程

事故车辆修复过程如图 2-1-1 所示。

2.3 汽车的碰撞变形及其影响因素

2.3.1 汽车的碰撞

汽车车身不仅需要经受住日常驾驶中的振动及荷载，还要在碰撞中能给乘客提供安全保护。因此汽车车身前部和车身后部要设计成在某种程度上容易损伤,以形成一个能吸收碰撞能量的结构,同时,车身中部要保证设计的结实牢固,给乘客提供一个安全的生存空间。

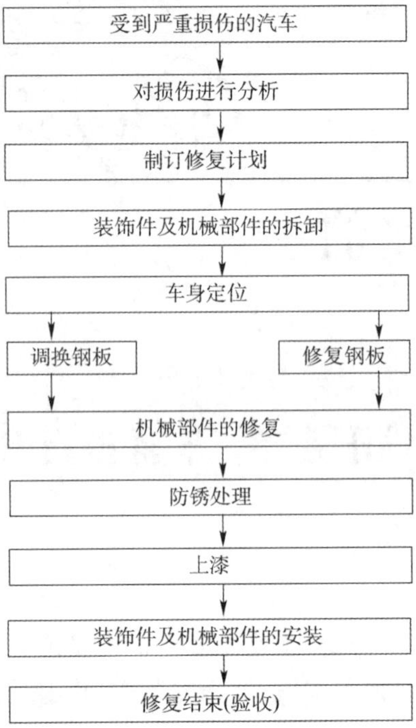

图 2-1-1　事故车辆修复流程图

汽车的安全性一般通过汽车碰撞实验来测得,当汽车以 50km/h 的速度撞向障碍物时,发动机舱的长度会被压缩 30% ~40%,乘客室的长度被压缩 1% ~2%。

2.3.2　碰撞对汽车损伤的影响

汽车碰撞时,产生的碰撞力及受损程度取决于事故发生时的状况,通过了解碰撞的过程,能够部分确定出汽车的损伤。定损评估人员可以从顾客那里得到关于事故状况的信息,这种损伤评估的方法是极为必要的,它便于估算出修复的费用。因此,车身维修人员还应与定损人员做好交流。

车身维修人员应注意考虑以下因素对碰撞变形的影响:

(1)被碰撞汽车的尺寸、构造、碰撞位置。

(2)碰撞时,汽车的速度。

(3)碰撞时,汽车的角度和方向。

(4)碰撞时,汽车上的乘客、货物的数量及位置。

一个优秀的车身维修人员在深入掌握事故信息以后,通常能够分析确定碰撞引起损伤的真正原因。

剐蹭损伤:由于碰撞发生前驾驶员会有预先反应,某些类型的撞伤多数会按一定的形式和次序发生,如图 2-1-2 所示。如果驾驶员的第一反应是要绕离危险区,汽车的侧面会被碰撞剐蹭,如图 2-1-3 所示。严重时,这会引起汽车前部、中部或后部的弯曲变形。

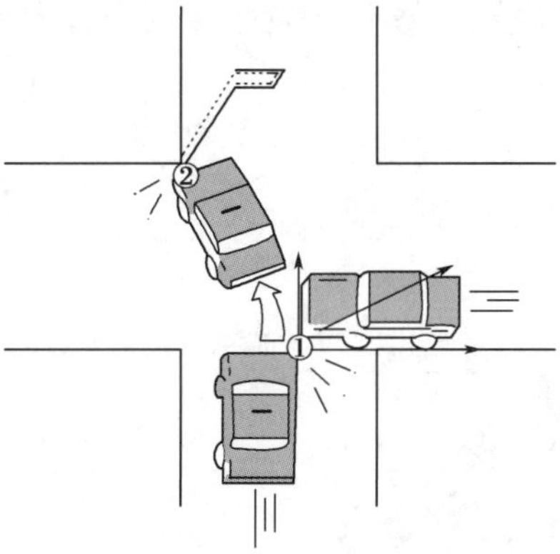

图 2-1-2　剐蹭损伤

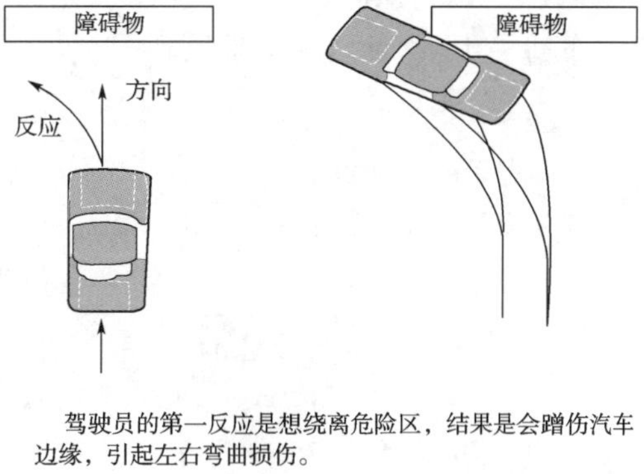

图 2-1-3　汽车侧面碰撞蹭伤

2.4 碰撞位置的高低对碰撞损伤的影响

当发生碰撞时，若驾驶员猛踩制动踏板，则碰撞损伤的部位是汽车的前部；当碰撞点在汽车前端较高部位，就会引起车壳和车顶后移及后部下沉；当碰撞点在汽车前端下方，因车身惯性使汽车后部向上变形、车顶被迫上移，在车门的前上方与车顶板之间形成一个极大的裂口。

2.5 碰撞物不同对变形的影响

车辆以相同的速度碰撞其他物体，当撞击对象不同时，撞伤结果差异就很大。汽车撞上电线杆和撞上一堵墙壁的结果就大不一样：如果撞上墙，其碰撞面较大，损伤程度就较轻；相反，如果撞上电线杆，因碰撞面积较小，其撞伤的程度就较严重，汽车保险杠、发动机舱盖、水箱框架、水箱等部件都严重变形，发动机也被向后推，碰撞的影响还会扩展到后部的悬架等部位，如图 2-1-4 所示。

图 2-1-4　汽车与不同面积障碍物碰撞后的结果

2.6 行驶方向不同对碰撞损伤的影响

当横向行驶的汽车撞击纵向行驶汽车的侧面时，纵向行驶汽车的中部会产生弯曲变形，而横向行驶汽车除产生压缩变形外，还会被纵向行驶的汽车向前牵引，导致弯曲变形。

从图2-1-5看出,横向行驶的汽车虽然只有一次碰撞,但损伤却发生在两个方向。在十字路口汽车碰撞中,这种情况常常见到。

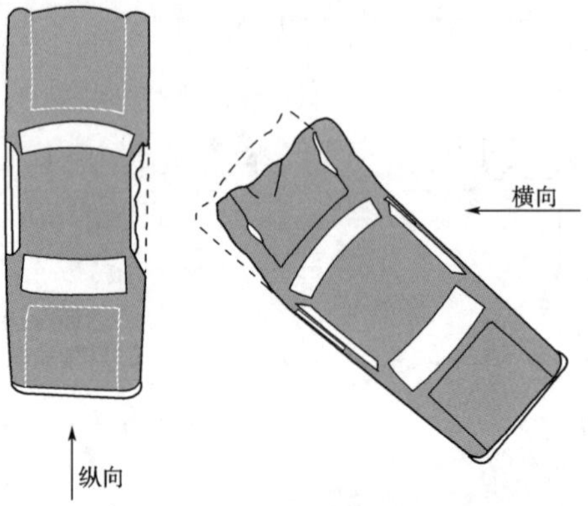

图2-1-5 行驶方向对碰撞后的结果

2.7 车辆类型不同对碰撞损伤的影响

不同类型的车辆碰撞时,产生的变形也不一样。碰撞车辆质量越大,被碰撞车辆的变形越大。

一辆汽车与另一辆汽车相撞后,还可能再次发生碰撞损伤,因此就会产生不同损伤类型的组合。在评估之前,应尽可能多地了解事实真相,确定事故实际发生的过程,结合实际的测量才能制订出修复的具体步骤。这样虽然花费一些时间,但可在整个修复过程中节省更多的时间,而且也会减少一些复杂的工作。

2.8 非承载式车身的碰撞变形

非承载式车身由车架及其周围的可分解的部件组成,车身的前部和后部具有上弯的结构,碰撞时会变形,但可保持车架中部结构的完整,如图2-1-6所示。图2-1-6中黑色部位为非承载式车身上较弱的部位,主要用来缓冲。车身与车架之间有橡胶垫间隔,橡胶垫能减缓从车架传至车身上的振动效应。遇有强烈振动时,橡胶垫上的螺栓可能会折弯,并导致车架与车身之间出现裂缝。碰撞时由于振动的大小和方向不同,车架可能遭受损伤而车身没有。车架的中部较宽,可以抵挡从侧面的碰撞冲击,来保护乘客的安全。车架是否变形,可通过比较车门槛板与车架前后之间空间尺寸,比较前翼子板与轮罩前后的空间尺寸,以及比较前保险杠上的后孔到车架钢梁总成之间左右尺寸的大小来确定。车架受撞时的变形,大致可分为以下五种类型。

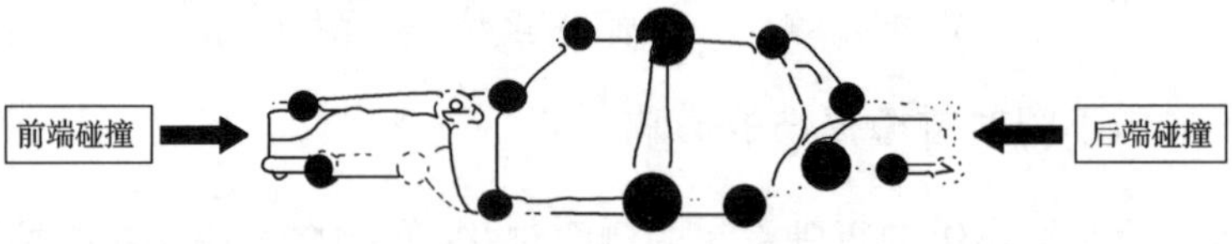

图2-1-6 非承载式车身的较弱部

2.8.1　左右弯曲变形

当汽车一侧被撞时，应观察被撞一侧钢梁的内侧及另外一侧钢梁的外侧是否有皱曲，车门长边上有无裂缝、短边是否有皱褶，或汽车被撞一侧是否有明显的碰撞损伤，车身和车顶盖是否有错位等情况，以此可确定汽车是否有左右弯曲变形。图2-1-7为车架前部、中部和后部的左右弯曲变形。

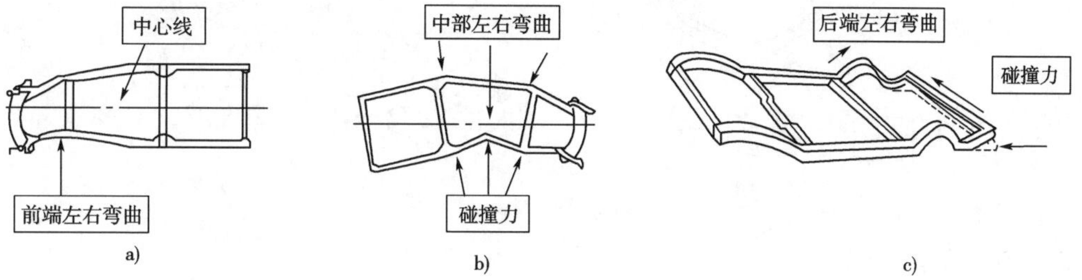

图2-1-7　左右弯曲变形

2.8.2　上下弯曲变形

当汽车被撞后，车身外壳表面会比正常位置低，结构上也有后倾现象，这就发生了上下弯曲变形，如图2-1-8所示。当碰撞直接发生在汽车的前部或后部时，会引起在汽车上一侧或两侧发生上下弯曲。可以从翼子板与车门之间的缝隙是否在顶部变窄、在下部变宽，车门在撞击后是否下垂，判别出汽车是否有上下弯曲变形。大多数车辆碰撞损伤中都会有上下弯曲变形，即使在车架上看不出皱褶和扭曲，严重的上下弯曲变形也能破坏车架上车身钢板的准直。

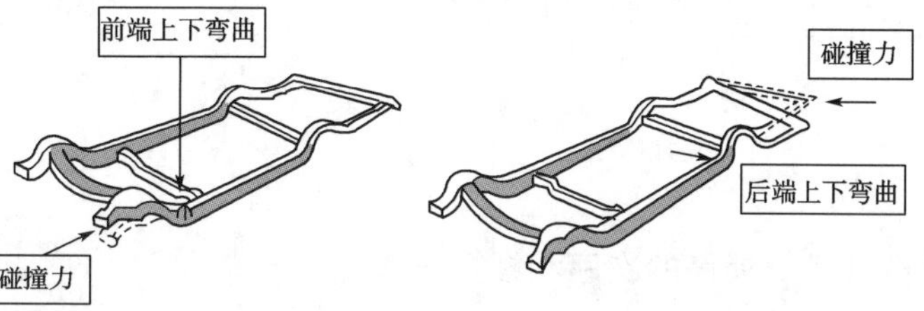

图2-1-8　上下弯曲变形

2.8.3　断裂变形

汽车发生碰撞后，当观察到发动机舱盖前移或后车窗后移；车身上的某个部件或车架元件的尺寸小于标准尺寸；车门可能吻合得很好，但挡板、车壳或车架的拐角处有皱褶或有其他严重变形；车架在车轮挡板圆顶处向上提升，引起弹性外壳损伤，在保险杠处会有一个非常微小的垂直位移时，表明车身上发生了断裂变形，如图2-1-9所示。

2.8.4　菱形变形

当前部（或后部）的任意侧角或偏心点受到撞击时，车架的一侧向后（或向前）移动，车架或车身歪斜成近似平行四边形的形状，这种变形称作菱形变形，如图2-1-10所示。菱形变形是整个车架的变形,可以明显看到发动机舱盖及行李舱盖发生错位;在接近后轮罩的相互垂直的钢板上或在垂直钢板接头的顶部可能出现皱褶;在乘客室及行李舱地板上也可能出现皱褶和弯曲。此外,菱形变形还会附加有许多断裂及弯曲的组合损伤,但菱形变形很少会发生在承载式车身上。

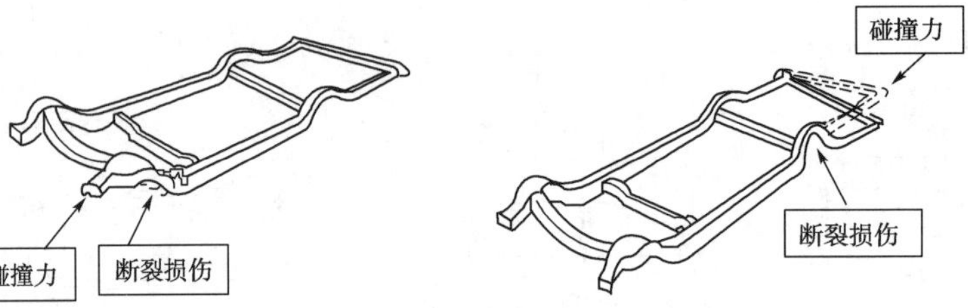

图 2-1-9　断裂变形

2.8.5　扭转变形

当汽车高速撞击到路缘石、路中隔离带或车身后侧角端发生碰撞时,就可能发生扭转变形,如图 2-1-11 所示。发生扭转变形后,汽车的某一角会比正常情况高,而相对的一角则会比正常情况低;汽车的一角会前移,而邻近的一角很可能被扭转向下。若汽车的一角下垂接近地面,就应对汽车进行扭转损伤检查。要特别注意的是,扭转变形往往隐藏在底层,在钢板表面检查有可能看不出任何明显的损伤。

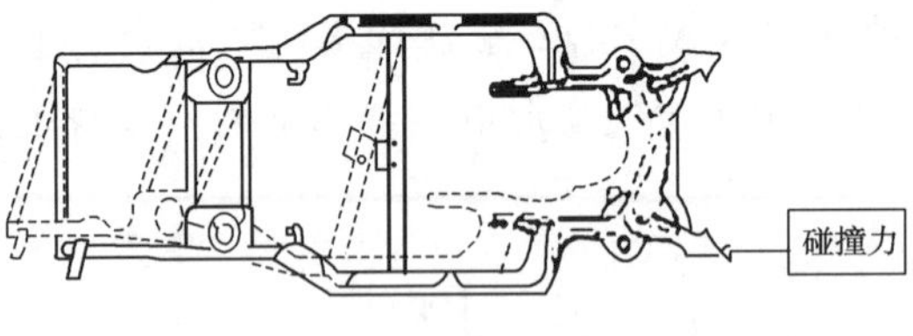

图 2-1-10　菱形变形

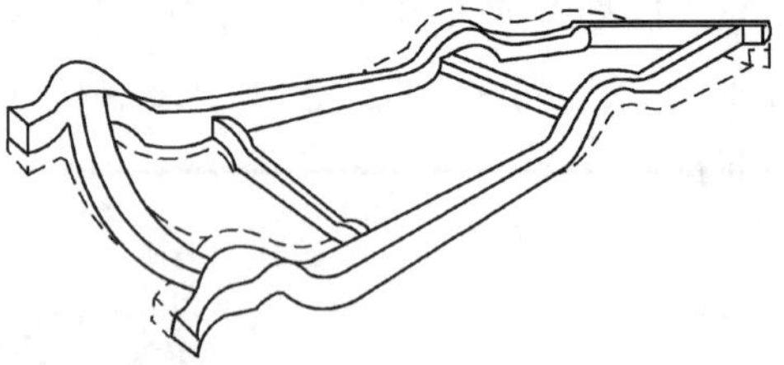

图 2-1-11　扭转变形

2.8.6　非承载式车身损伤的次序和修复的次序

非承载式车身上各类损伤发生的次序为:左右弯曲、上下弯曲、断裂变形、菱形变形和扭转变形。

修复车身或车架最重要的准则是颠倒方向和次序。这就是说,修复汽车的碰撞损伤时,对损伤部位拉或推的操作必须按照与碰撞相反的方向进行。事实上,大多数的碰撞及事故结果是以上所述损伤类型的混合(左右弯曲和上下弯曲变形几乎同时发生),此外,碰撞力的分力还作用在车架的横梁上。比如,在汽车侧翻事故中,发动机质量会使其支撑横梁受到推或拉而变形,造成上下弯曲,横梁会影响整个车辆修复工作的效果,因此不管横梁的损伤程度怎样,都必须对其修复。

车身维修人员在对车辆进行测量分析时,经常会运用点对点测量或对角测量,认为只要这些尺寸正确就可以了。实际上这只是进行了长度和宽度方向的测量,而忽视了高度方向的测量和调整。

2.9 车身的碰撞影响

2.9.1　碰撞损伤的范围

承载式车身通常设计成能够很好吸收碰撞时产生的能量的形式。这是因为在汽车受到冲击时,车身的某些部位折合收缩了碰撞能量,冲撞力就被逐渐扩散到车身更深的部位,直至完全被吸收。承载式车身前后底部在碰撞时力的传导路线,如图2-1-12所示。

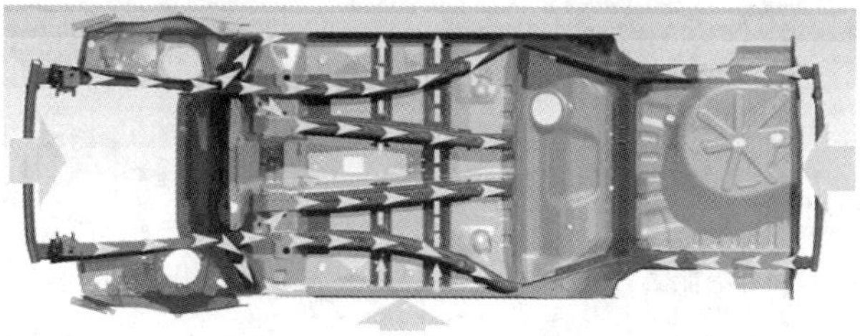

图2-1-12　力的传导路线

由薄钢板连接成的车身壳体,在碰撞中能吸收大部分振动,其中一部分碰撞能量被碰撞区域的部件通过变形吸收,另一部分能量会通过车身的刚性结构传递到远离碰撞区的区域,这些因传递的碰撞波引起的损伤称为二次损伤。二次损伤会损伤整体式车身的内部结构或与被撞击相反一侧的车身。

为了控制二次损伤变形,汽车在前部和后部设计了吸能区(抗挤压区域)如图2-1-13所示。前保险杠支撑、前纵梁、挡泥板、发动机舱盖,后保险杠支撑、后纵梁、挡泥板、行李舱盖等部位,都设计了波纹或结构强度上的局部弱化。在受到撞击时,这些结构就会按照预定的形式折曲,这样碰撞振动波在传送过程中就被大大削弱直至消散。中部的车身有很高的刚性,把前部(或后部)吸能区不能完全吸收而传过来的能量传递到车身的后部(或前部),引起远离碰撞点部件的变形,从而保证中部乘客室的结构安全。这是现代汽车安全性设计的一个重要特点。

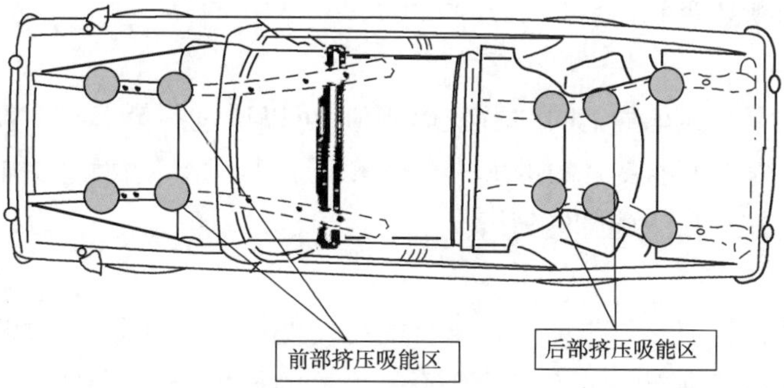

图2-1-13　车身吸能区

在所有碰撞中,超过70%的碰撞发生在汽车的前部。汽车前部吸能区,如图2-1-14所示。在碰撞力比较小时,由前部的保险杠、保险杠支撑等变形来吸收能量。碰撞剧烈时,前面的纵梁等能很好地吸收能量,在车身前部主要吸收能量的部件是前纵梁,如图2-1-15所示。前纵梁作为前部最坚固的部件,不仅有承载前部其他部件和荷载的能力,在碰撞中,它还作为主要吸能元件,通过变形吸收碰撞能量。

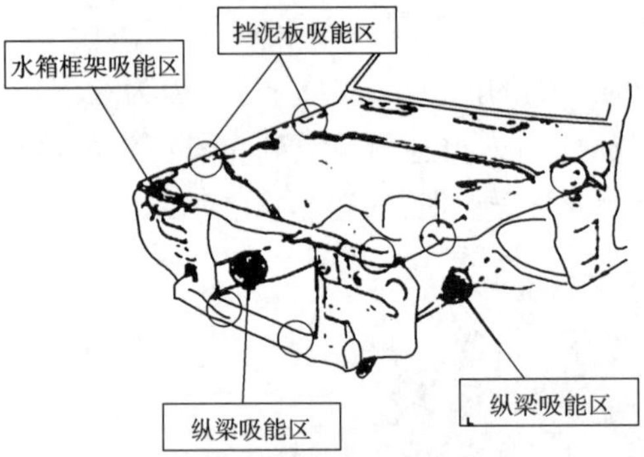

图 2-1-14 前部吸能区

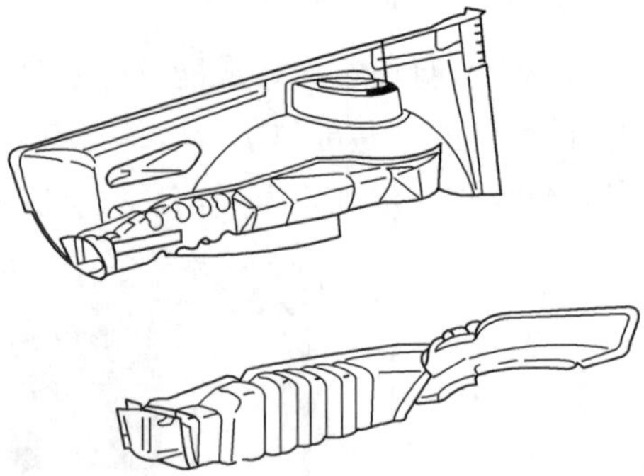
图 2-1-15 前部纵梁吸能区

经过波纹加工的新型保险杠加强件用螺栓连接在纵梁上,在碰撞时可以充分吸收碰撞能量,并且在维修时可以迅速更换。

2.9.2 承载式车身碰撞损伤的类型

承载式车身结构的碰撞损伤是按弯曲变形、断裂损伤、增宽变形和扭转变形的顺序进行的。

1)弯曲变形

在碰撞的瞬间,由于汽车结构具有弹性,碰撞振动传递到较远距离的大部分区域,从而引起中央结构上横向及垂直方向的变形。左右弯曲通常通过测量车身宽度或对角线是否超出配合公差来判断,上下弯曲通常通过测量车身部件的高度是否超出配合公差来判断。与非承载式车身结构的弯曲变形相似,这一变形可能只发生在汽车的一侧。

2)断裂变形

在碰撞过程中,碰撞点会产生显著的挤压,碰撞的能量被结构的折曲变形吸收,以保护乘客室。而较远距离的部位则可能会皱褶、断裂或松动。测量车身部件长度是否超出配合公差来判别是否为断裂变形。

3)增宽变形

增宽变形与非承载式车身上的左右变形相似,可以通过测量车身高度和宽度是否超出配合公差来判别。对于性能良好的承载式车身来说,碰撞力会使侧面结构偏向外侧弯曲,偏离乘客,同时纵梁和车门缝隙也将变形。

4)扭转变形

承载式车身的扭转变形与非承载式车身的扭转变形相似,可以通过测量其高度和宽度是否超出配合公差进行判断。由于扭转变形是碰撞的最后结果,即使最初的碰撞直接作用在中心点上,但冲击还是能够产生扭转力,引起汽车结构的扭转变形。

除菱形变形外,承载式车身和非承载式车身的变形类型是极为相似的,但是承载式车身的损伤要复杂得多。承载式车身的修复与非承载式车身的修复步骤一样,采用“先进后出”

的方法,首先校正最后发生的损伤部位,这是修复承载式车身的最佳方法。

任务2 车身损伤的拆检

1 任务引入

车辆碰撞后,需要对受损部位进行拆检。

2 相关理论知识

2.1 目测确定损伤的程度

在大多数情况下,碰撞部位能够显示出结构变形或者断裂的迹象。用肉眼进行检查时,先要离开汽车,对其进行总体估测。从碰撞的位置估计汽车受损尺寸的大小和方向,判断碰撞如何扩散并造成损伤。

车身上容易识别的损伤变形部位。在碰撞中,碰撞力穿过车身刚性部件,如车身前立柱(A柱)、车顶纵梁、地板纵梁等箱形截面梁,最终传递至车身部件内并损伤薄弱部件。因此,要找到汽车损伤,必须沿着碰撞力扩散的路径,按顺序一处一处地进行检查,确认出变形情况。检查中,要特别仔细观察板件连接点有没有错位断裂,加固材料(如加固件、盖板、加强筋、连接板)上有没有裂缝,各板件的连接焊点有没有变形,油漆层、内涂层及保护层有没有裂缝和剥落,以及零件的棱角和边缘有没有异样等。这样,损伤的部位就容易识别出来,如图2-2-1所示。

1)板件的连接部位

加固材料(如加固件、盖板、加强筋、连接板)上的缝隙,各板件的连接点等部位在碰撞中容易发生变形,如图2-2-2所示。

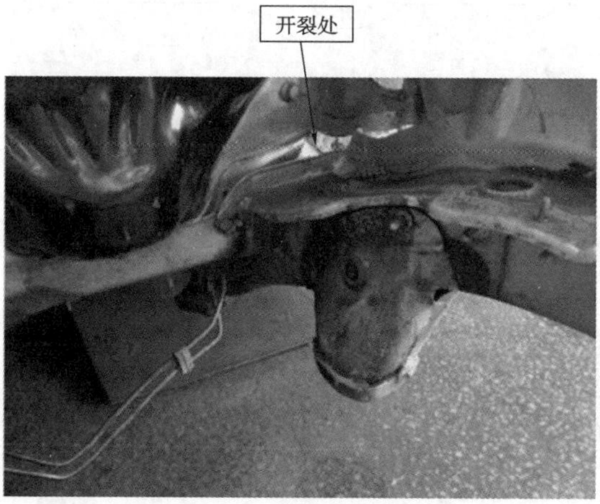

图2-2-1 纵梁开裂

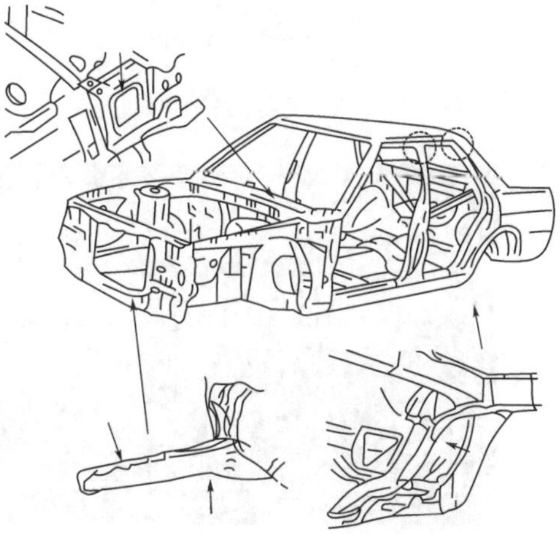

图2-2-2 容易识别的损伤部位

2)零件的棱角和边缘

车架部件(如侧边构件)的损伤程度,可以从其凹面上严重的凹痕或扭结形式来判断,而不是以部件凹面的另一面出现的变形来确定。

此外,还有一点要特别注意,同样的碰撞力,若碰撞点部件刚性不同,碰撞后的损伤情况也不一样。当碰撞点部件的刚性较小时,碰撞点附近的损伤迹象比较明显,当能量通过附近的结构逐渐消散时,其损伤迹象很小。反之,有时碰撞点上的损伤迹象虽然很小,而能量却穿过碰撞点而传递到车身内部很深的部位,即产生“内伤”,如图 2-2-3 所示。

检查车身部件的间隙和配合,如图 2-2-4 所示。在车身上的车门、翼子板、发动机舱盖、行李舱盖、车灯之间的配合间隙都有一定的尺寸要求,通过观察和测量它们之间间隙的变化可以判定车身发生了哪些变形。对比左右翼子板与发动机舱盖的间隙情况,翼子板是安装在翼子板骨架上的,可以通过简单观察翼子板与车门的间隙来确定车身是否受到损伤,如图 2-2-5所示。通过对比车门与翼子板间隙来确定车身的损伤变形情况,发现该车左侧变形严重,如图 2-2-6 所示。

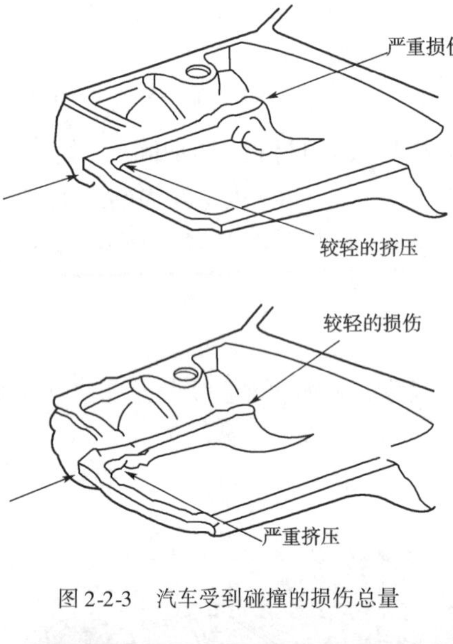

图 2-2-3　汽车受到碰撞的损伤总量

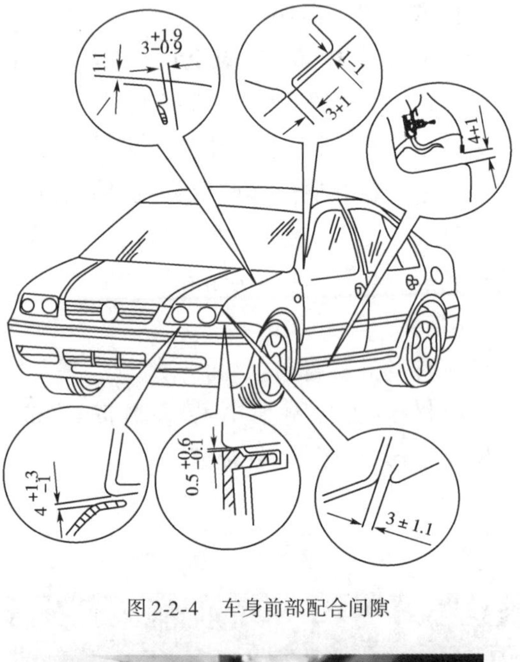

图 2-2-4　车身前部配合间隙

图 2-2-5　右翼子板与车门的配合间隙

图 2-2-6　左翼子板与车门的间隙

在车辆前部碰撞事故中，了解损伤最重要的是检查后车门与后顶侧板之间的间隙及水平差异；另一个较好的方法是比较汽车发动机舱盖与翼子板左侧与右侧的间隙。同样，先从总体上探查汽车是否有扭曲变形，再查看整车各部位，设法确定出损伤的位置以及所有的损伤是否都是由同一碰撞引起的。

碰撞力沿着车身扩散并使汽车的许多部位及某些部位发生变形（碰撞力具有容易穿过车身坚固部位，最终抵达并损伤薄弱部件，而后扩散深入至车身部件内的特性），按照顺序一一检查，确认出变形情况，如钢板连接点的错位、油漆层、内涂层及保护层的裂纹和剥落等。

2.2 检查汽车惯性损伤

当汽车受到碰撞时，一些沉重的部件，如发动机，其惯性会转化成巨大的作用力，使其保持原有状态而发生冲击，产生损伤，这就需要对固定件、周围部件及钢板进行检查。

对于非承载式车身汽车，车身安装在橡胶隔离垫上以减少其惯性冲击。但在碰撞中，剧烈的碰撞也会引起车身和车架的错位，破坏车身上的隔离件。

2.3 检查因乘客和行李造成的损伤

在碰撞中，乘客和行李由于惯性的原因还能引起对车身的二次损伤，损伤的程度因乘客位置及碰撞的力度而异。其中，损伤概率较高的部位有仪表板，转向盘，转向支柱和座位靠背，同时行李舱的行李也可能引起车身后顶侧板的损伤。

2.4 车身构件的损伤形式

按损伤程度，车身损伤分为局部损伤和整体变形。按损伤形式，构件损伤分为断裂、擦伤或划痕、凹陷、弯曲、扭曲等。按损伤原因，构件损伤又有直接损伤和间接损伤（波及损伤、诱发损伤和惯性损伤）之分，如图2-2-7所示。

1）直接损伤

直接损伤是外力直接作用在受损部位表面而导致的损伤。直接损伤通常以撕裂、断裂、擦伤、划痕、凹陷或弯折等形式出现，很容易被发现。在所有的损伤中，直接损伤通常只占10%～15%。但是，损伤以一条很长的擦伤或折痕方式出现时，它在总损伤中占80%。当今汽车上使用的钢板往往太薄，修复需花费很多时间，甚至有时是不可能修复的。所以，一般只对损伤较轻的车身板件（如凹陷）进行矫正，矫正后需涂敷原子灰；对于损伤严重的车身板件，通过更换新件来实现车身修复的目的。

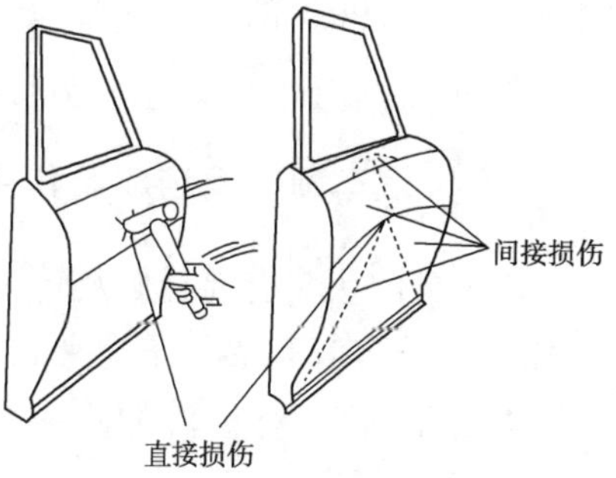

图2-2-7　直接损伤和间接损伤示意

2）间接损伤

间接损伤是由直接损伤引起的损伤。非直接的损伤都可看成是间接损伤，间接损伤包括波及损伤、诱发损伤、惯性损伤。

(1)波及损伤是指冲击力作用于车身上并分解后,其分力在通过车身构件过程中所形成的损伤。根据力的可传性,碰撞力在分解、传播、转移的过程中,比较容易通过强度或刚度高的构件。但对于强度、刚度相对较弱的构件,就十分容易形成不同程度的损伤。波及损伤产生时,会在某些薄弱环节上形成以弯曲(弯折、皱褶)、扭曲(扭转、菱形扭曲)、凹陷、翘曲、断裂等形式的损伤。

①弯曲(弧形弯曲)。部件变形后,两板面夹角大于90°,在损伤与未损伤区域之间的形状变化是平滑的、连续的。通过牵引可使变形恢复到碰撞前的状态,并使任何区域不存在的永久变形。

②弯折(角形弯曲)。部件变形后,两板面间形成尖锐的弯角(通常板面夹角小于90°)和折痕;矫正后,在金属上有一个可见的裂痕,或者存在永久变形,不使用过度加热就不能矫正到原来的形状。弯折过多则称为折叠或皱褶。

(2)诱发损伤是指车身构件发生了损伤或变形以后,同时引起与其相邻或装配在一起的其他构件的变形。诱发损伤与波及损伤的不同点在于:诱发损伤部位在受到碰撞过程中并不承载或很少承载,而主要是关联件的压迫、拉伸导致的诱发性损伤,其形式有弯曲、断裂和扭曲。

(3)惯性损伤是指汽车运动状态发生急剧变化,由强大惯性力作用下导致的损伤。汽车碰撞或紧急制动时,装配于车身上的发动机、底盘各总成、乘客或货物等,都会不同程度地产生一定的惯性力,而且这一惯性力有时还是非常剧烈和强大的。于是与车身装配的结合部就有可能因过载而损伤,被抛起的人或货物与车身撞击而造成另一种形式的损伤。惯性损伤多以撞伤、拉断或撕裂、局部弯曲等形式出现。

大多数碰撞都会同时造成直接损伤和间接损伤。在所有的损伤中,通常大部分都是间接损伤。间接损伤占所有损伤的80%~90%。因各种构件所受到的间接损伤基本相同,故80%~90%的金属板都可采用同样的方法修复,即采用一些基本的方法来修复大多数车身。

2.5 汽车前车身组成及作用

前车身除了装有前悬架及转向装置等总成外,发动机总成也装在前车身上。另外,汽车受到外力冲击时,也靠前车身来有效地吸收冲击能量。为此,前车身在构造上不仅应确保足够的强度和刚度,对位置的准确度、耐久性和可靠性的要求也十分严格,前车身部件如图2-2-8所示。

发动机前置前轮驱动轿车的前车身的结构。前车身主要由发动机散热框架、前纵梁前翼子板、前轮罩(又称翼子板内衬、翼子板骨架、前悬架支撑板、大包等)、前围板,以发动机安装支撑架(副车架、元宝梁)、保险杠等组成。另外,因发动机有前纵置与前横置之分,两种形式的前车身略有不同。

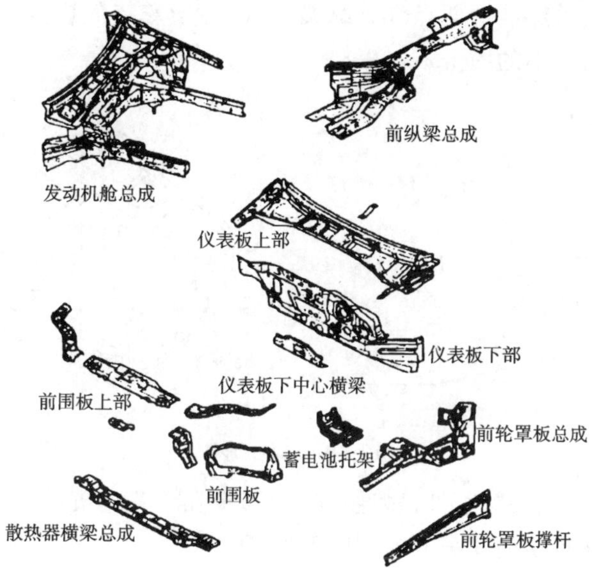

图 2-2-8　前车身部件

前车身兼作发动机舱。前车身上部的发动机舱盖，既是发动机舱的封闭罩，又是导风板，因此要求发动机舱盖既轻薄又有足够的刚度，同时还要具备隔音、减振和避免与发动机运转声共鸣的功能。发动机舱盖多用高强度钢板冲压成的网状骨架和蒙皮组焊而成。多数轿车还在夹层之间使用了耐热点焊胶，使之确保刚度并在其间形成良好的消声夹胶层。车身维修中，应有针对性地实施解体方案，不要轻易采用火焰法修复，以免破坏夹胶的减振与隔音作用。若将胶粘层破坏后，应使用环氧树脂液体聚硫橡胶先灌注，再点焊。

发动机舱盖通过支撑铰链固定到盖板上，有的发动机舱盖支撑铰链还带有平衡装置，在开启时，能比较轻松地掀开发动机舱盖，并使其停在开度大于 1/2 以上的任意位置。

前围板位于乘客室前部，通过前围板使发动机舱与乘客室分开。前围板的两端与壳体前立柱和前纵梁组焊成一体，使其整体刚性更好。前车身的后部构造还起着横向加固壳体的作用，因此一般采用双重式结构。靠近发动机舱一侧主要起辅助加强作用，靠近乘客室一侧则用高强度钢板冲压成型，并于两侧涂有沥青、毛毡、胶棉等绝缘材料，以求保证乘客室振动小、噪声低、热影响小。

轿车前悬架均采用独立悬架方式，故前车身不仅受力复杂，而且对汽车行驶稳定性也起着重要的保证作用。车轮除承载外，在起步、制动、加速和行驶过程中，还要承受前后两个方向的附加荷载；当转弯时，车轮还会受到横向力的作用。这些力从不同角度通过前悬架摆叉、纵向拉杆、减振器、悬架弹簧等，将来自各方面的冲击和振动荷载通过前车身传递、分散。

前纵梁作为前车身的主要强度件直接焊在车身下部，其上再焊接轮罩(有的前轮罩与前纵梁为一体式)等构件，这也是承载式车身与非承载式车身的主要区别点之一。为了满足承载和地面对前悬架、转向系统等支撑力的受力要求并使荷载分布均匀，前纵梁设计成前细后粗的形式，形成面积不等的截面，如图 2-2-9 所示。纵梁上钻有许多不同直径的小孔，用于发动机总成及汽车附件、散热器框架点焊到纵梁上,以便于安装散热器等;保险杠总成用螺栓连接到车身前端,以抵抗小的撞击。

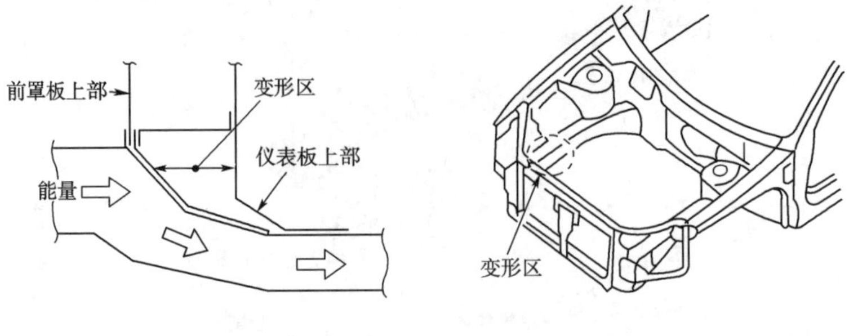

图 2-2-9　前部变形区

翼子板属前车身的主要覆盖件,多通过螺栓固定在前悬架支撑板上。它不仅起着使车身线条流畅的作用,而且使前车身的整体性更强了。

2.6 轿车车身零部件

车身修复人员要熟悉现代车身结构上的各种零件、部件和组件的名称。

如果一名车身修复人员不知道所要修复、校正、更换和涂装的零部件的正确用语,则会在订购零件和阅读修复规程时遇到很大困难。车身结构可分成若干个称为组件的小单元,它们本身还可以分成更小的单元,称作部件或零件。车身侧面部件,如图 2-2-10 所示。车身底部部件,如图 2-2-11 所示。车身外饰盖件,如图 2-2-12 所示。

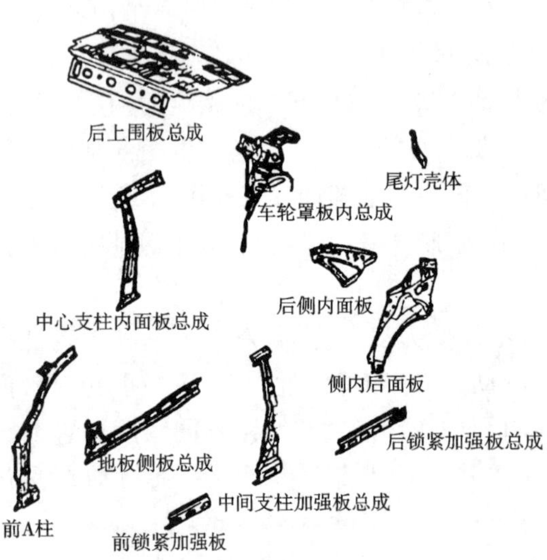

图 2-2-10　车身侧面部件

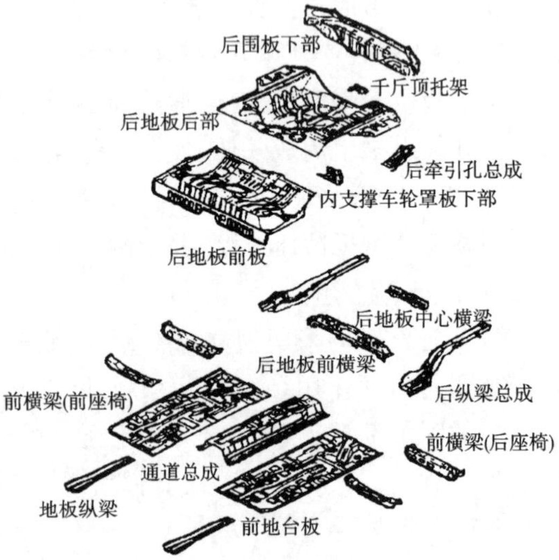

图 2-2-11　车身底部部件

要了解具体车型的车身零部件,就需阅读由汽车制造公司提供的修复手册。在这种手册中,对车身的形式、结构和零部件给出了重要而详细的描述。通过汽车手册,还可以掌握车辆识别代号(VIN)资料,熟悉每家汽车制造公司的汽车出厂编码方法及其含义,以尽可能多地获得被修汽车的所有资料。

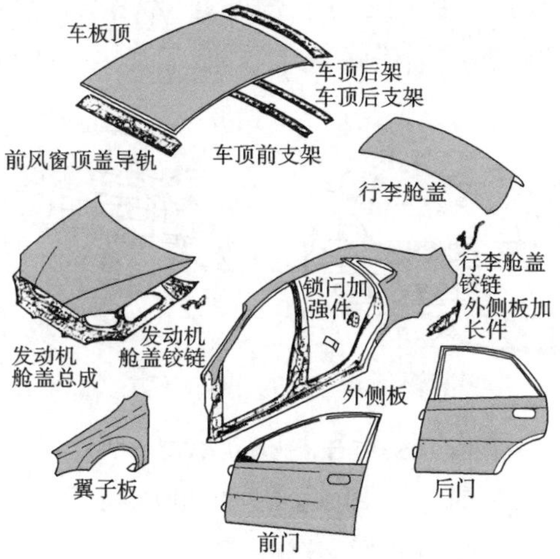

图 2-2-12　车身外饰盖件

2.7 拆解注意事项

2.7.1　举升机安全操作

参阅具体车辆的维修信息,找出推荐使用的车辆举升点位置。汽车举升接触点位置,如图 2-2-13 所示。

车辆举升点是为安全升起车辆设计的,举升机举升垫和移动式千斤顶应准确放置在举升点位置。如图 2-2-14 所示,车辆的中心应靠近举升机的中心,以免车辆失衡落下。

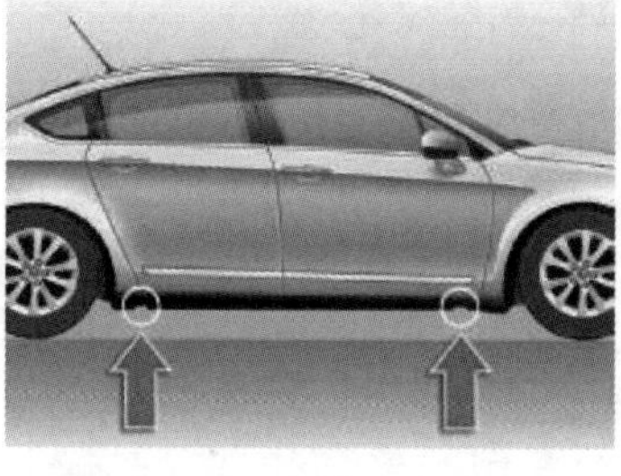

图 2-2-13　汽车举升接触点位置

图 2-2-14　举升点位置

慢慢升起举升机,车辆升高大约 150mm 时停止举升,检查车辆,确认车辆在举升机上是平衡的。如果听到异响,则表明车辆可能没有正确支撑,应降下车辆并重新对正车辆和举升垫。

车辆完全举起后,举升机的安全钩锁住后,人员才能在车底作业,此时,即使举升机液压系统失效,安全钩也能保证举升机和车辆不会落下。

注意:车辆举升时,车内不能有人员乘坐。

2.7.2 移动式千斤顶和支撑架的安全操作

(1)在工作中,修复人员经常用移动式千斤顶抬起车辆的前部、侧面或后部。为了避免车辆损坏,千斤顶的支座应放置在建议的举升点处(纵梁、夹紧焊缝、悬架臂或后桥),如图2-2-15所示。如果支座位置摆放不正确,可能会使车底的部件凹陷或损伤。

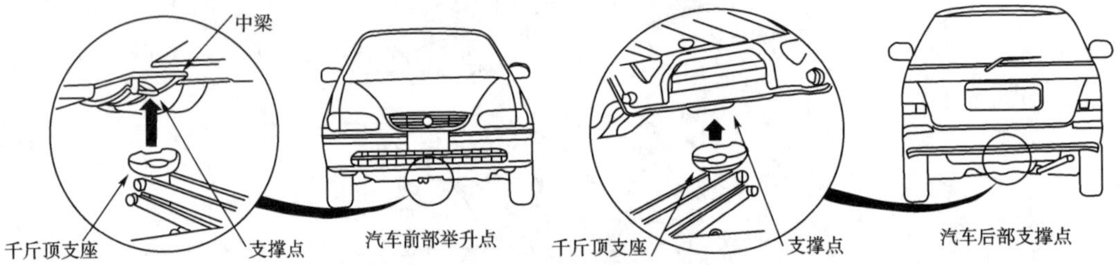

图2-2-15 千斤顶放置在各部位举升点

(2)顺时针转动千斤顶手柄时,关闭升起支座的液压阀,然后上下摇动手柄,缓慢升起车辆。车辆升到足够高度后,用支撑架进行支撑固定。

(3)车辆升起后,将车辆落到支撑架上。车辆变速器杆置于驻车挡位,然后拉紧驻车制动器并用木块塞住车轮。在用支撑架支撑车辆时,不要摇晃车辆。

(4)将车辆从千斤顶上放下来时,应逆时针慢慢转动手柄将车辆缓慢降下,防止车辆猛然降落,造成损伤。

(5)在车底作业时,要用支撑架将车辆支撑住,而不能单靠液压千斤顶支撑。液压千斤顶是用来升起车辆的,而不是用来支撑车辆的。

任务3 车身测量

1 任务引入

车辆碰撞后,需要对受损部位进行测量。

2 相关理论知识

2.1 测量工作的重要性

测量工作是顺利完成各种车身修复所必需的程序之一。

对承载式车身来说,测量工作对于损伤修复更为重要,因为转向系和悬架都装在车身上,而有的悬架则是依据装配要求设计的。

齿轮齿条式转向器通常装配在钢梁上,发动机、变速器、差速器等也被直接装配在车身构件支撑的支架上。所有这些测定元件的变形都会使转向器或悬架变形,使机械元件错位,导致转向失灵,使传动系出现振动和噪声,连杆端头、轮胎、齿轮齿条、常用接头或其他转向装置过度磨损。

为保证汽车的操纵性能,关键尺寸的配合公差不得超过 3mm。

精确的损伤情况可参照车身尺寸图的具体点测量估测出来。

测量点和测量公差要通过对损伤区域的检查来确定,一般引起车门轻微下垂的前端碰撞,其损伤不会越过汽车的中心,因而没有必要测量后部。在碰撞发生较严重的位置,必须进行大量的测量以保证适当的调整顺序。

在整个修复过程中,不论非承载式车身还是承载式车身,测量是非常重要的。必须对受伤部位的所有主要加工控制点依照厂家说明书进行复查。

车身定位孔的测量。在车身上,大多数的控制点都是孔洞,而测量尺寸也是中心点到中心点的距离。如果所测的孔不是同一尺寸,它们通常也是同一类型的圆孔、方孔或椭圆孔等。

2.2 车身的控制点

汽车上的控制点分别在车前部横梁、车颈横梁、后门横梁及后部的横梁上。非承载式车身如图 2-3-1 所示,承载式车身如图 2-3-2 所示。

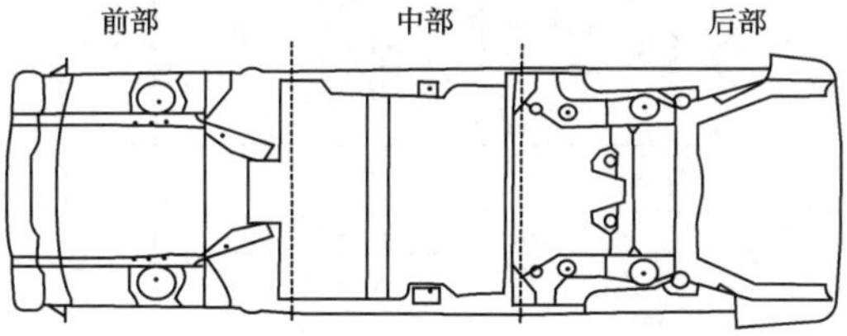

图 2-3-1　非承载式车身

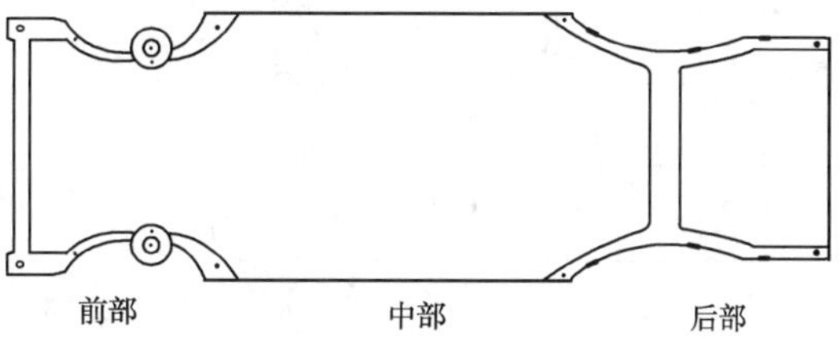

图 2-3-2　承载式车身

无论是非承载式车身还是承载式车身,在修复过程中,测量工作都是非常重要的。在对车身进行修复时,车身修复人员使用测量系统应该认真做到以下几点:

(1)准确地进行测量。

(2)进行多次测量。

(3)重新核实所有的测量结果。

由于测量系统不断地改进、发展,各种新型的测量系统都在汽车修复中得到应用,现在的测量操作不再是一项烦琐、低效的工作,它能够既快速又精准地测量出车身的所有数据,保证车身修复工作的高质量和高效率。修复中常用的机械式车身测量系统大致可分为三种基本类型:量规测量系统、专用测量系统和通用测量系统。随着现代电子技术的发展,各类传感器和计算机的广泛应用,在各种机械测量系统的基础上,发展出多种电子测量系统。

2.3 车身数据图的识读

各汽车制造商生产的汽车都有车身数据,有些数据公司也通过测量来获得数据。不同的数据公司和厂家提供的数据格式可能不同,但要表达的基本内容是一致的,都要提供出车身主要结构件、板件(车门、发动机舱盖、行李舱盖、翼子板等)的安装位置,机械部件(发动机、悬架、转向系统等)的安装尺寸。

2.3.1 车身底部数据图1

不同公司提供的数据图在形式上可能有所不同,但都要反映出车身上测量点长、宽、高的三维数据。下面以几种常见的数据图来解读车身数据图中的内容。

图2-3-3为车身底部的尺寸图,图2-3-3a)是俯视图,图2-3-3b)是侧视图。图的左侧部分代表车身的前方,右侧部分代表车身的后方。要读取数据,首先要找到图中长、宽、高的三个基准。

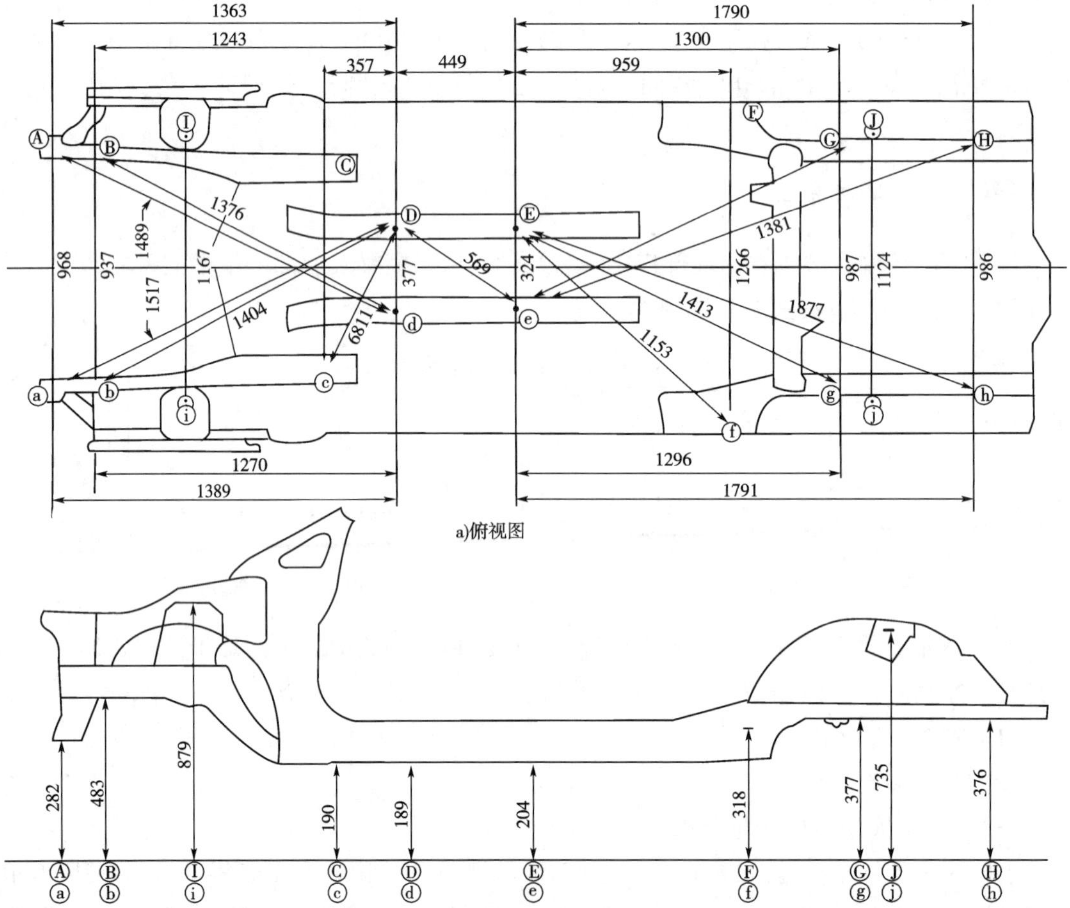

a)俯视图

b)侧视图

图2-3-3 车身底部数据图(单位:mm)

(1)宽度数据。在俯视图中间位置有一条贯穿左右的线,这条线就是中心面,又称为中心线,它把车身一分为二。在俯视图上的黑点表示车身上的测量点,一般的测量点是左右对称的。两个黑点之间的距离有数据显示,单位是mm(有些数据图还会在括号内标出英制数据,单位是in),每个测量点到中心线的宽度数据是图上标出的数据值的1/2。

(2)高度数据。在侧视图的下方有一条较粗的黑线,这条线就是车身高度的基准线(面)。线的下方有从A至H的字母,表示车身测量点的名称,每个字母表示的测量点一般在俯视图上都显示两个左右对称的测量点。俯视图上每个点到高度基准线都有数据表示，这些数据就是测量点的高度值。

(3)长度数据。例如，我们要找A点的长、宽、高的尺寸，首先要在图中找出A测量点在俯视图和侧视图上的表示位置，从俯视图中可以找出左右A点之间的距离是968mm，A点至中心线的宽度值是前述距离的一半(484mm)。从侧视图的高度基准线可以找出A点的高度为282mm。

在使用这种数据图配合测量系统进行测量时，首先要把测量系统的宽度的基准调整到与车辆的宽度基准一致或平行，然后调整车辆的高度，让车辆的高度基准与测量系统的高度基准平行，长度基准就在车身下部的基准孔位置。找到基准后，可以使用各种测量头对车身进行三维测量。

2.3.2　车身底部数据图2

图2-3-4中只用俯视图来表达，图中左侧为发动机舱数据图，右侧为车身底部数据图，同样，要找到图中长、宽、高的三个基准。图的左侧部分代表车身前方，右侧部分代表车身的后方。

(1)宽度数据。在俯视图的中心部位有一条线把车身一分为二，这条线代表中心面。车身上的测量点用1~18的数字表示，每个数字代表车身上左右两个测量点。分别通过每个测量点到中心面的数据，可以直接读出任意测量点的宽度数据。

(2)高度数据。在数据图的上方有一排图标，有圆圈、六角形和三角形等，内部有A、B、C和E等字母和数字。圆圈表示测量点是一个孔，六角形表示测量点是一个螺栓，三角形表示测量部件的表面。A、B、C、E等字母表示测量时所用测量头的型号。数字表示高度数值，有时同一个点有两个高度值，这是在测量有螺栓时和拆掉螺栓后的高度不同造成的。

(3)长度数据。使用这种数据图配合测量系统进行测量时，首先要调整车辆的高度到达要求的数值，然后把车辆固定在主夹具上。移动测量系统，把测量系统的中心调整到与车辆的宽度中心一致。长度基准的位置就在车身下部的基准孔位置，把测量系统的长度零点设定在此基准孔上。找到长、宽、高的基准以后，可以使用各种测量头对车身进行三维测量。

2.3.3　车身上部数据图

车身上部数据图主要显示车身上部的测量点，包括发动机舱部位翼子板安装点、水箱框架安装点、减振器支座安装点和其他一些测量点，还有前后风窗的测量点，前、后门测量点，前、中、后立柱铰链和门锁的测量点，行李舱的测量点等。

车身上部的这些测量点，如发动机舱的测量点对车身的性能影响很大，其他的测量点数据对车身的外观尺寸调整非常重要。

有些数据图显示的是车身上部测量点的点对点之间的数据，如图2-3-5所示。车身数据图的识读如下所示。

车身数据图包括发动机舱，前、后风窗，前、后门，前、中、后立柱和行李舱的尺寸。发动机舱的数据图中，显示发动机舱部位的主要部件的安装点数据，可以通过点对点的测量方式测量，一般可以使用卷尺、轨道式量规等工具进行测量。

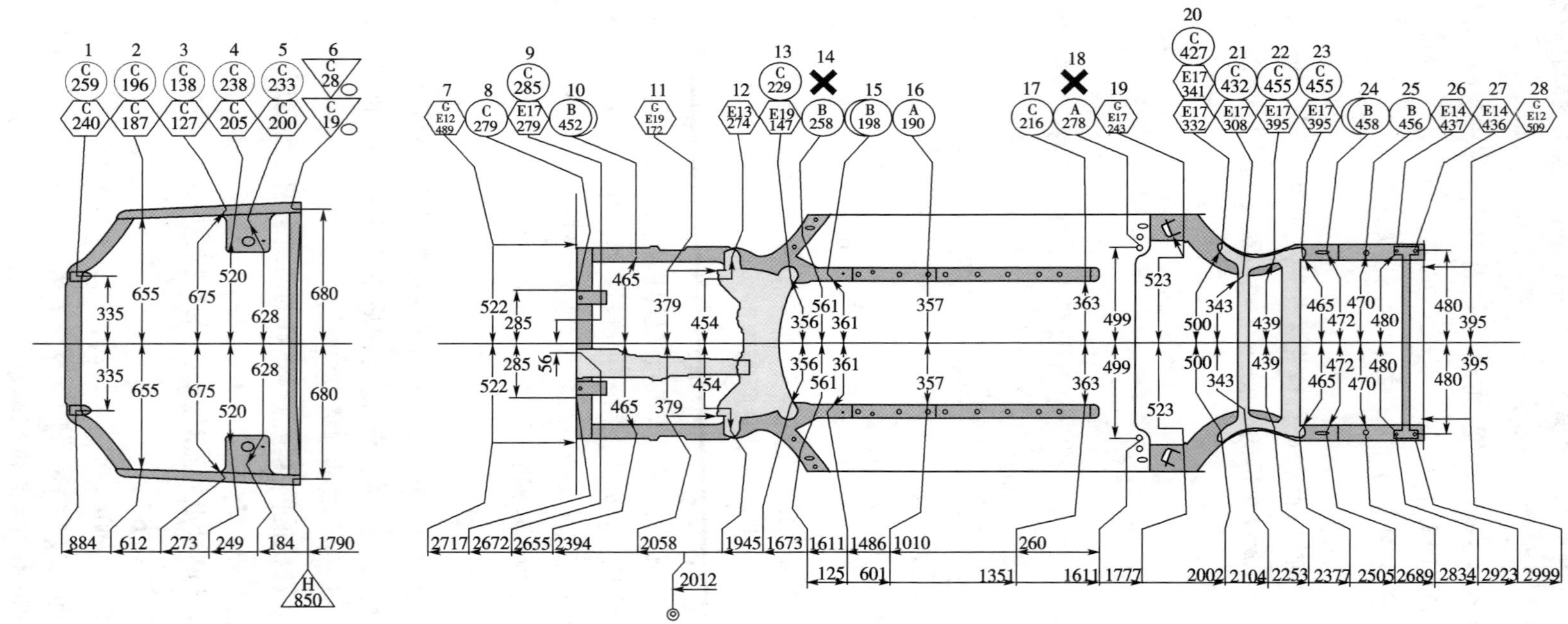

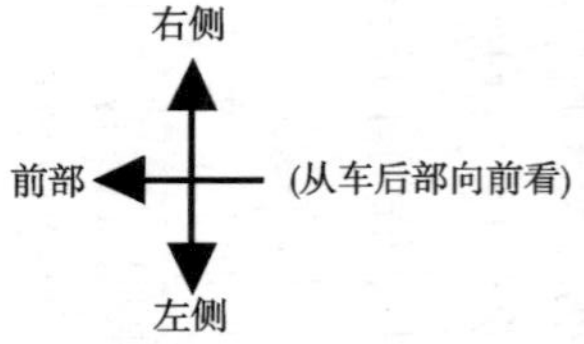

228mm标尺尺寸数据

孔号	尺柱位置	长度	⬡ 高度	○高度
11	X	117	GE19140	
12	Y	154	E13242	
13	Z	34	E19115	C197

长度尺寸设置均以Y为基准

螺钉去除后高度变化

孔号	⬡高度	○ 高度
2	C185	C194
7	GE12 492	
10		B454
12	E13 242	
28	E19 115	

极限偏差

长度方向：8mm
宽度方向：mm
高度方向：5mm

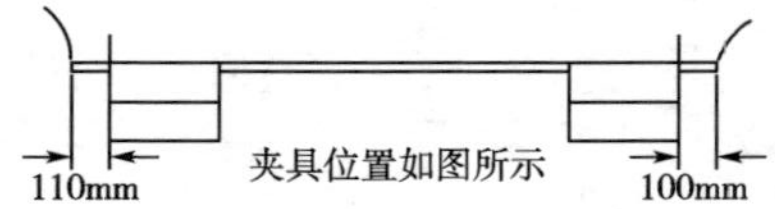

图 2-3-4　车身底部数据图(单位:mm)

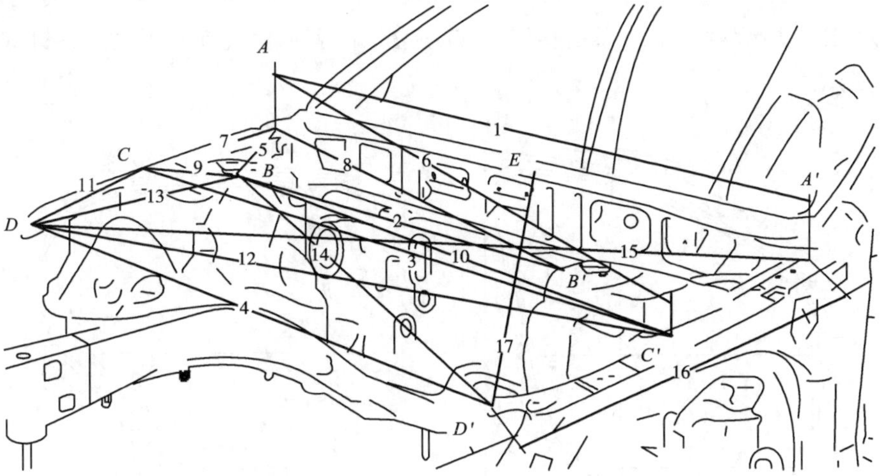

图 2-3-5 点对点的测量

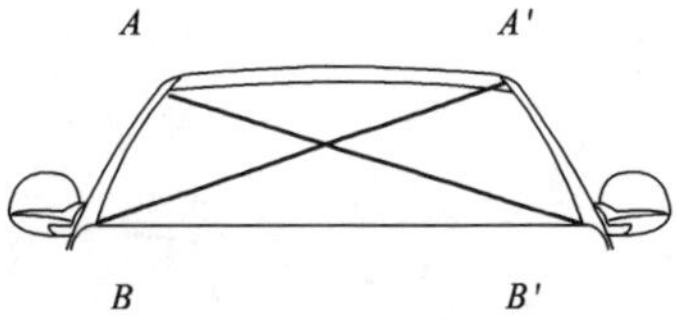

图 2-3-6 前风窗的尺寸测量

(1)前风窗的尺寸通过测量图中 A、A′、B、B′四个点相互间的尺寸得到,A 和 A′是车身顶板的拐角,B 和 B′是 A 柱下端的边缘,如图 2-3-6 所示。

(2)后风窗的尺寸通过测量图中 A、A′、B、B′四点相互间的尺寸得到。A 和 A′是车顶板的角,B 和 B′是行李舱焊接裙边上一条搭接缝隙,如图 2-3-7 所示。

(3)前门的尺寸通过测图中 A、B、C、D 四个点相互间的尺寸得到,A 点表示风窗立柱上的搭接焊缝位置,B 点表示前柱铰链的上表面,C 点表示中柱门锁闩的上表面,D 点表示中柱门铰链的上表面,如图 2-3-8 所示。

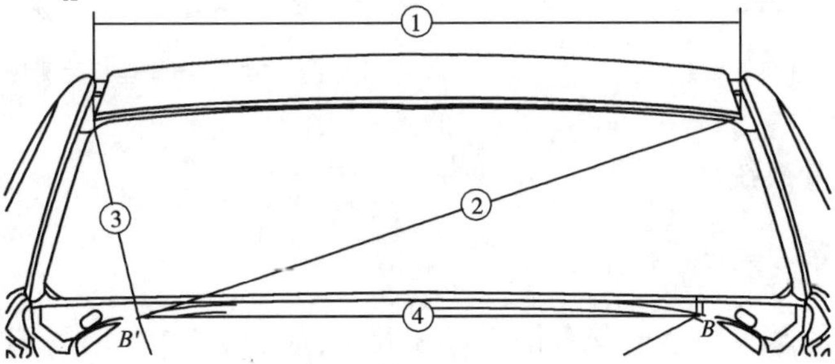

图 2-3-7 后风窗的尺寸测量

(4)后门的尺寸通过测量图中 A、B 两点的尺寸得到,A 点表示后柱门锁闩的表面,B 点表示中柱门铰链的上表面,如图 2-3-9 所示。

(5)中柱的尺寸可以通过测量图中 A、B 两点间的尺寸得到,A、B 点都表示中柱门锁闩的上面固定螺栓的中心,如图 2-3-10 所示。

(6)行李舱的尺寸可以通过测量图中 A、B、D、E、A'、B'、D'、E' 相互间的尺寸得到,A、B、A'、B' 表示行李舱电焊裙边上一条搭接缝隙,D、E、D'、E' 表示保险杠上不固定螺钉的中心,如图2-3-11所示。

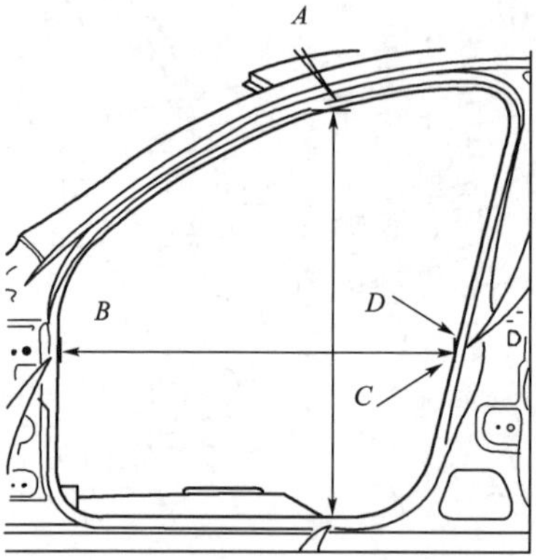

图2-3-8　前门尺寸测量

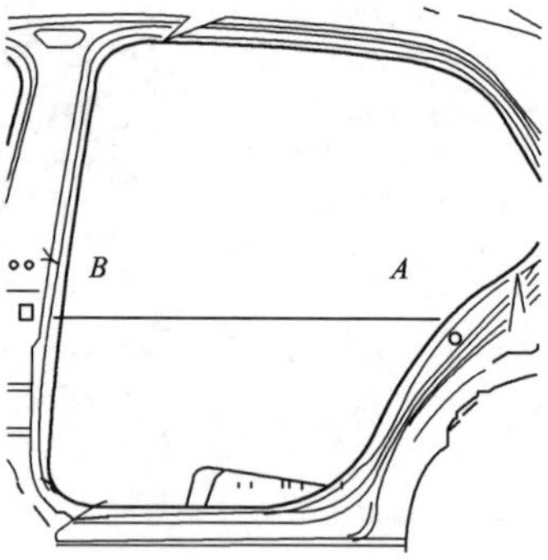

图2-3-9　后门尺寸测量

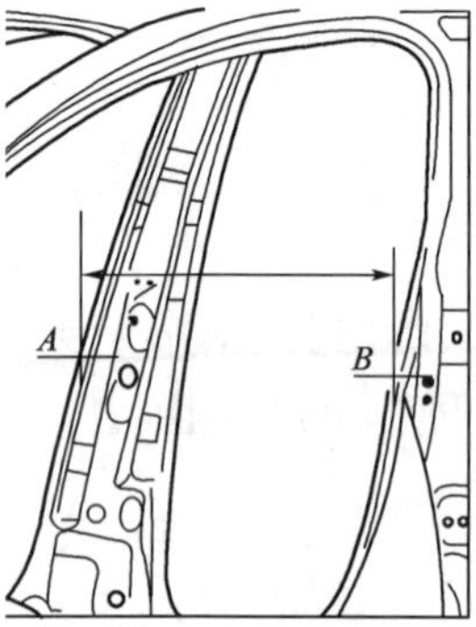

图2-3-10　中柱尺寸测量

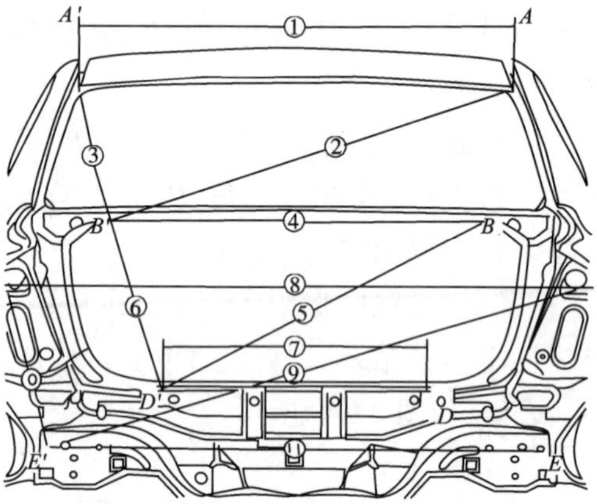

图2-3-11　行李舱尺寸测量

2.4 车身测量系统

2.4.1　常规的车身测量工具

修复人员常用的基本测量工具有钢板尺和卷尺,如图2-3-12所示。这两种尺可以测量两个测量点之间的距离,将卷尺的前端进行加工后,再插入控制孔测量时,会使测量结果更为精确。当各个测量点之间有障碍时,将会使测量不准确,这就需要使用轨道式量规。

2.4.2　量规测量系统

量规主要有轨道式量规、中心量规和麦弗逊撑杆式中心量规等,它们既可以单独使用,也可互相配合使用。轨道式量规多用于测量点对点之间的距离,中心量规用来检验部件之间是否发生错位,麦弗逊撑杆式中心量规可以测量麦弗逊悬架支座(减振器支座)是否发生错位。轨道式量规和麦弗逊撑杆式中心量规既可作为一个整体使用,也可以单独使用。

1)轨道式量规

轨道式量规不仅每次能测量和记录一对测量点,同时还可以和另外两个控制点进行交叉测量和对比检验,其中至少有一个为对角线测定。用轨道式量规测量的最佳位置为悬架和机械元件上的焊点、测量孔等。他们对于部件的对中具有关键性作用。修复车身时,对关键控制点必须用轨道式量规反复测定并记录,以监测维修进度,防止过度拉伸。车身上部的测量可以大量使用轨道式量规来进行,在一些小的碰撞损伤中,用这种方法既快速又有效。用轨道式量规还可以对车身下部和车身侧面尺寸进行测量。

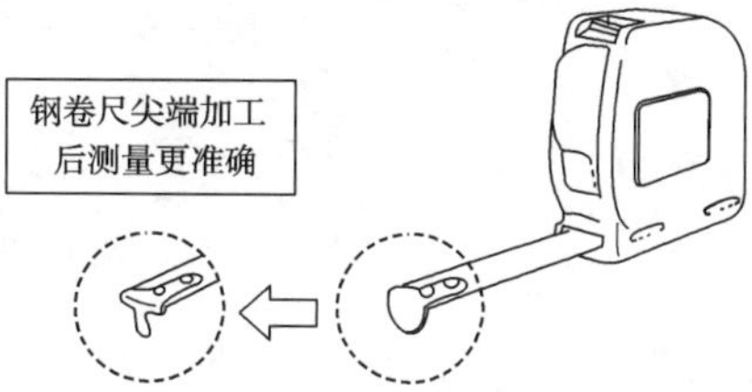

图 2-3-12　卷尺测量

在修复工作中,这些测量点必须进行多次的测量并做记录,在进行每一步修复工作时,测量结果都应记录下来,包括刚刚校正过的尺寸。汽车修复的过程和结果能够通过测量数据表得知。

有些轨道式量规上还附有刻度,一般都是法定单位,如果在测量中配合使用经过精度检验的钢尺会更为快捷。用轨道式量规进行点对点测量的方法如下:

在车身结构中,大多数的控制点实际上都是孔、洞,而测量尺寸一般都是中心点至中心点的距离。用轨道式量规对孔进行测量时,一般测量孔的直径比轨道式量规的锥头要小,测量头的锥头起到自定心的作用,如图 2-3-13 所示。当测量孔径大于测量头直径时(图 2-3-14),为了用轨道式量规进行精确测量,在测量孔的直径相同时,就需用同缘测量法,如图 2-3-15 所示,即两个测量孔直径相同时,孔中心的距离就是两孔同侧边缘的距离。

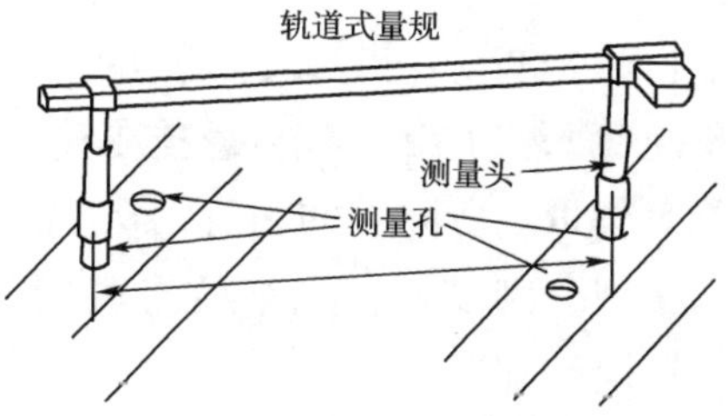

图 2-3-13　轨道式进行点对点测量

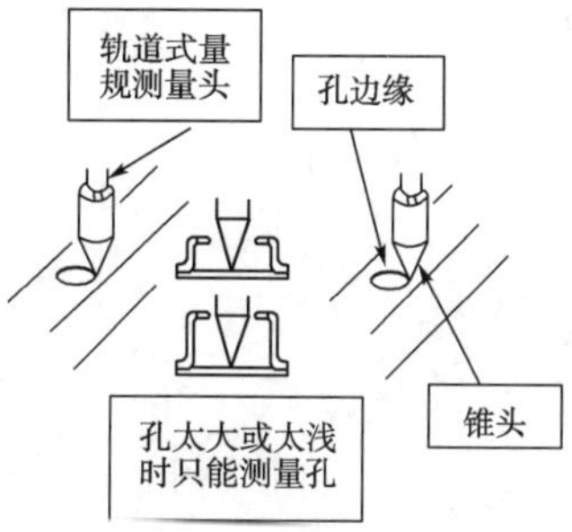

图 2-3-14　测量头直径小于测量口

如果需要测量的孔径不是同一尺寸,有时甚至不是同一类型的孔,要测出孔中心点间的距离,就要先测得两孔内缘间距,然后测得两孔外缘间距,最后将两次测得的结果相加再除以 2 即可。也就是说,孔径不同时,内边缘和外边缘的平均值与孔中心距离相同。例如,有两个圆孔,一个圆孔直径为 10mm,另一个直径为 25mm,测得其内缘间距为 300mm,外缘间距为 336mm,则孔中心距为(300 + 336) ÷ 2 = 318mm,即轨道式量规测得的两个测量孔的尺寸为 318mm。

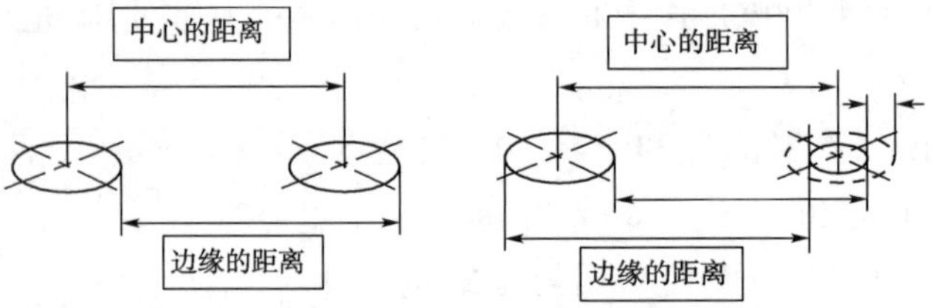

图 2-3-15　同缘测量法

在使用轨道式量规进行测量时,要根据车身的标准尺寸来精准地测量汽车损伤,使车身结构修复至原来的尺寸。如果没有标准尺寸,则可用一辆没有损伤且是同一厂家、同一年份、同一型号的汽车作为参照。如果仅仅是车身一侧受到损伤而且不严重,那么就可测得未损伤一侧的尺寸并以此作为损伤一侧的对照尺寸。使用轨道式量规测量的注意事项如下:

(1)注意汽车上固定点位置,如螺栓孔的测量位置是中心。

(2)点至点测量为两点间直线的距离测量。

(3)量规臂应与汽车车身平行,这就要求量规臂上的指针在测量某些尺寸时要设置成不同长度。

(4)某些标准车身数据要求平行测量,有些则只要求点至点之间的长度测量,而有的则两者都用。修复人员必须使用与车身表述的数据一致的测量方法,否则就很容易发生错误的测量。

(5)按车身标准数据测量损伤车辆上所有的点,损伤的程度通常用标准数据减去实际测量数据来表示。

2)中心量规

中心量规最常用的是自定心量规,如图 2-3-16 所示。自定心量规的结构同轨道式量规很相似,但它不是用来测量的,自定心量规可安装在汽车的不同位置,在量规上有两个由里向外滑动时总保持平行的横臂,可使量规安装在汽车不同测量孔上。量规(通常为 3 或 4 个)悬挂在汽车上后,每一个横臂相对于量规所附着的车身结构都是平行的,将 4 个中心量规分别安置在汽车最前端、最后端、前轮的后部和后轮前部。

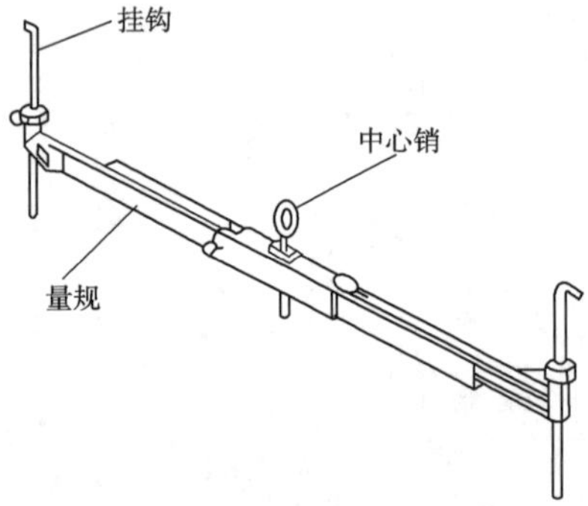

图 2-3-16　自定心量规

自定心中心量规测量的原理是,找到车辆的基准面、中心面和零点平面等基准,找出它们的偏移量。这在车身维修中只能做一个大体的分析,它不能显示测量的具体数据。具体到每一个尺寸的变形量的测量,则需要使用三维测量系统来测量。用中心量规检查车辆,如图 2-3-17 所示。

3)麦弗逊撑杆式中心量规

麦弗逊撑杆式中心量规可以测量出减振器拱形座或车身上部部件相对于中心线平面和基准面的不对中情况。它一般安装在减振器的拱形座上,利用减振器拱形座量规就能观察到车身上部的对中情况。

麦弗逊撑杆式中心量规有一根上横梁和一根下横梁。下横梁有一个中心销，上横梁上有两个测量指针，指针的作用是将量规安装到减振器拱形座或车身上部。上横梁一般是从中心向外标定的。

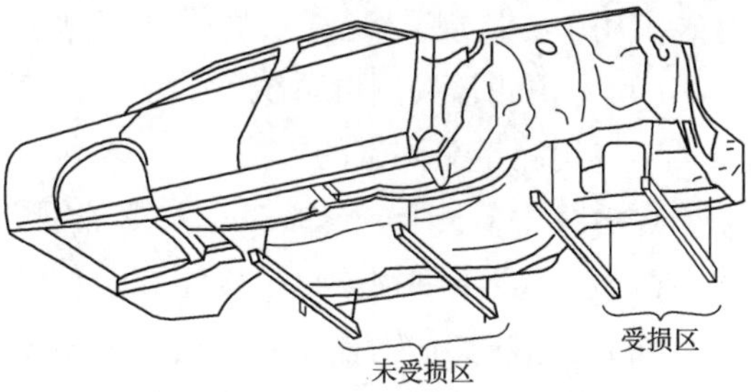

图 2-3-17 中心量规检查车辆

测量指针有两种类型：锥形和倒锥形。倒锥形量针带有槽口，以便在车身上安装（如在未拆卸螺栓头上安装）。指针一般用碟形螺钉固定在套管上。指针的长度有很多种，以适用不同高度的测量。在使用不同高度的指针安装量规时，标尺的读数是不一样的。

在上、下横梁之间有两根垂直立尺连接，上、下横梁的间距通过调整立尺的高度来达到。借助标准车身数据，维修人员可以利用连接上、下横梁的垂直立尺将下横梁设在基准面内，以便将减振器拱形座量规调整到正确的尺寸。在下横梁定位好后，上部定位杆应当处于减振器拱形座的基准点处，否则表明减振器拱形座已经受到损伤或者定位失准，维修人员就需要进行校正，以便使前悬架和车轮能正确定位。

麦弗逊撑杆式中心量规一般是用来检测减振器拱形座的不对中情况。另外，它还可以用来检测散热器支架、中立柱、车颈部和后侧围板的不对中情况。

2.4.3 专用测量系统

1）专用测量系统的测量原理

专用测量系统的设计原理来源于车身的制造过程，在制造焊接过程中，车身板件都是固定在车身模具上的，车身模具是根据车身尺寸制作的，通过模具可以对板件进行快速定位、安装和焊接。专用测量工具根据车身上的主要测量点的三维空间尺寸，制作出一套包含主要测量控制点的测量头（也称为定位器）。在车身变形后，专用测量工具可以通过车身上每个主要控制测量点，与它专用的测量头配合，就能够确定测量点的尺寸是否已经恢复到位。专用测量系统是把注意力放到控制点与测量头的配合上，而不是像其他测量系统那样要测量出数据，然后与标准数据对比才能知道尺寸是否正确。

一套标准的测量头由 4 ~ 25 个既可单独使用又可一起使用的专用测量头组成，很多测量头既可以与固定不动的机械部件结合使用，也可以和能够移动的部件结合使用。一套测量头一般可用来测量车身型号相同的汽车。

2）专用测量头的功能

（1）能够通过视觉确定出应该进行检测的测量控制点。如果测量控制点与专用测量头无法配合，就必须对失常的控制点进行校正。

（2）可以同时对所有的控制点进行测定，而不需进行具体的测量。所有控制点都校正准直之后，汽车上的转向系统、悬架及发动机装置等也就在正确的位置上了。

（3）再进一步校正，将受损部件调整到正确位置，它们就会与测量头正好吻合。这样就打破了用中心量规、轨道式量规或通用测量系统必须遵照的测量顺序。

(4)专用测量头测量系统可保证在对零件进行焊接之前的定位。

3)专用测量头测量的方法

在承载式车身上,例如,对车身下部钢板和撑杆支柱总成的校正,其工作顺序如下:

(1)将车身下部钢梁钢板固定在定位器上。

(2)将撑杆支柱钢板安置并固定在钢梁上。

(3)将钢板钢梁焊接在正确的位置上。

这类专用测量头最大的优点是专用性,每一款汽车就有一套专用测量头,可以快速精准地修复汽车。但它最大的缺点也是专用性,由于一套专用测量头只适用于一个车型,这就限制了它的应用范围。

随着现代汽车品牌之间日益激烈的竞争和车辆个性化的发展,车辆的品种越来越多,专用测量头已经不能满足多样性修复的需要,所以现在修复汽车时越来越广泛地应用通用测量系统。

2.4.4 机械式通用测量系统

1)门式通用测量系统

门式通用测量系统如图2-3-18所示。门式通用测量系统不仅能够同时测量所有基准点,而且又能使一部分测量更容易、更精准。

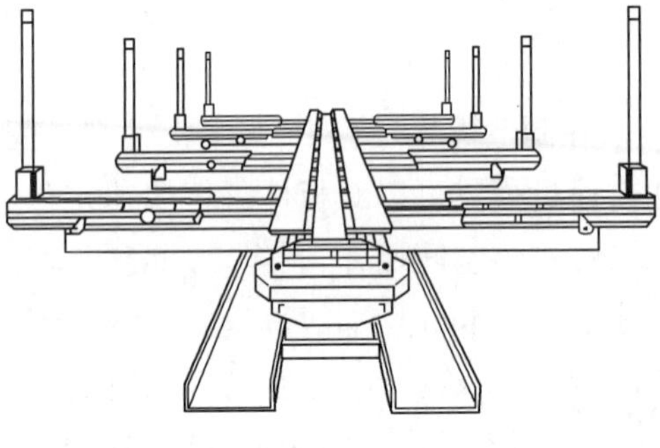

图2-3-18 门式通用测量系统

在测量时,将通用测量系统绕车辆移动,不仅能检查车辆所有基准点,而且能快速确定车辆上的每个基准点的位置。

正确安装测量系统的各个部件,用测量头来测量基准点,如果车辆上的基准点与标准数据图上的位置不同,则车辆上的基准点可能发生了变形。如果测量头不在正确的基准点位置,则车辆尺寸是不正确的。不在正确位置的基准点必须被恢复到事故前的标准值,然后才能对其他点进行测量。

在开始任何测量工作前,要做以下准备工作:

(1)拆下可拆卸的损伤件,包括机械部件和车身覆盖件。

(2)如果损伤非常严重,则对车辆的中部或基础部分先进行粗略的校正,然后将中部基准点的尺寸恢复标准数值。

(3)如果某些机械部件不需要拆除,对这些部件要进行必要的支撑。

2)米桥式通用测量系统

米桥式通用测量系统主要由底部的米桥尺、横尺及测量头、门形立尺及上横尺,以及许多辅助测量头和安装各种用途量尺的固定器组成。对于机械式测量系统,它的测量精度在

±1～±1.5mm之间时，才能作为一个合格的车身测量工具。

在测量时，首先建立起车辆和测量系统的基准，在测量桥或测量架上安装好横尺，将测量头安装在横尺上，就可以同时测量受损车辆上的多个基准点。

该测量系统的各个部件一般都是铝合金制造的，在使用过程中，必须小心操作、轻拿轻放，以确保测量系统部件不被损伤。这种测量系统的精确度取决于测量头的位置和精确性。与轨道式量规比较，通用测量系统具有即时读取测量数据的优点。

在实际测量操作过程中，修复人员首先要用测量头来测量基准点。通过各基准点实际测量数据与标准数据相比较，就能很快地确定各个基准点所处的位置是否变形，如果车身上的基准点的数据超过±3mm的公差，就必须对基准点先进行校正。

基准点找好以后，就可以利用安装在测量架上的测量头来测量车身上的各个测量点，如图2-3-19所示。根据每个车辆的标准数据，通过测量、对比数据的变化来判定车身部件是否变形，校正工作是否准确，或者更换部件的定位是否正确。

图2-3-19　米桥式通用测量系统测量车身底部数据

2.4.5　电子式车身测量系统

电子式测量系统使用计算机和专门的电子传感器来迅速、便捷地测量车身结构的损伤情况，性能好的电子测量系统能够在车身拉伸校正过程中给出实时的测量数据。

在测量系统的计算机数据库中，存储了大量的不同厂家、不同年代的车身数据，这些标准车身数据图可以随时被调出。系统就可以自动地将实际的测量值与标准值进行比较，不用再去人工翻查、印刷数据手册或记录测量值，这些数据都可以在计算机屏幕上显示出来。车身电子测量系统主要有以下几种类型：

1）半机械半电子测量系统

常见的半机械半电子测量系统，它的测量工具是一个类似轨道式量规的测尺，在量规上安装了位移传感器，在测尺上可以电子显示测量的高度、长度两个方面的数值，一次只能测量两个点之间的高度和长度或高度和宽度，然后把数据传输到计算机的软件系统内，软件系统将测量的数据与系统内标准数据相比，可以得知测量结果。

这种测量系统在测量中每次只能测量一个控制点，即得到两个控制点之间的位置参数，不能同时测量多个控制点，同时不能随着测量点数据的变化而及时反馈，需要不断反复测量不同的控制点来确定相关数据的正确性，操作比较烦琐、效率较低。

2）半自动半电子测量系统

常见的半自动半电子测量系统使用自由臂方式进行测量，测量自由臂由一个个可以转动的关节连接，每两个臂可以在平面内进行360°转动，多个臂的转动可以移动到空间的任意一个位置，在连接处有角度位移传感器，任何一个关节转动的任何一个角度会被传输记录到计算机上。自由臂的每个臂长是一定的,计算机会自动计算出自由臂端部到达的空间位置的三维数据尺寸。

自由臂测量系统只有一个测量臂,每次只能测量一个控制点,有的测量臂的端部是测量指针,控制点变形后,则测量不准确(如测量一个孔的尺寸时,它无法直接找到孔的中心,就需要测量孔的三个边缘才能测量出一个孔的尺寸,孔如有变形,则测量不准确)。在有些自由臂测量系统中,配备了不同的测量头,测量起来则相对简单一些。

在实际拉伸修复中,经常要同时监控多个控制点,而自由臂测量系统不能做到多点同步进行测量。在测量中要不断重复测量不同的控制点,否则有可能在拉伸中导致有些点拉伸数据的失控。同时,在测量时只能做到适时测量(合适的时间进行测量)而不实时测量(随时可以显示当时的测量数据)。在每次拉伸后,要进行控制点的测量,以得到数据,而不能随着拉伸的进程随时监控数据变化,因此容易导致过度拉伸而使修复失败。在测量前,计算机接收系统需要进行调平,在测量过程中,任何移动都会导致基准变化而使测量数据不准确。

3)全自动电子测量系统

(1)激光测量系统。激光测量系统包括反射靶、一个激光发射接收器和一台计算机。现代激光测量系统使用起来相对比较容易而且非常精确。它采用激光测量技术,由两个准分子激光发射器发射激光投射到标靶,每个标靶上有不同的反射光栅,通过接收光栅反射的激光束测量出数据并传输给计算机,由计算机通过计算可以得到测量点的空间三维尺寸。

激光系统提供直接且瞬时的尺寸读数。在拉伸和校正作业过程中,车辆的损伤区域和未损伤区域中的基准点都可被持续监测。

将车辆装到校正架上之后,在车辆的中部下面放置激光发射接收器,然后将激光发射接收器的电缆插到计算机上。调出被修车辆的车身数据尺寸图。车身数据尺寸图可能有一个、两个或三个视图,一些图表还给出了发动机舱盖下部和车身上部的尺寸。

按照计算机的提示选择合适数字标靶、标杆和磁性安装头,并安装到车辆的测量点上。标靶和安装在测量孔上的磁性(或弹簧片)安装头通常存放在机柜里。磁性安装头(标靶座)将标靶固定在指定的位置或车辆的基准点上。弹簧片或可调节的安装头(标靶座),他们可以张大,便于安装在车身不同尺寸的孔上。

为了测量车身上部的各个点,要在悬架拱形座(挡泥板上冲压成型的减振器支座)上安装一个专用支架。在量针接触减振器拱形座上特定的点时,支架底部的标靶反射的激光就可以被激光发射接收器读取。

在车辆上安装好激光发射接收器和标靶之后,使用计算机对系统进行标定,然后再读取车辆的尺寸,通过一系列的计算机命令,测量系统就可以完成对结构损伤的精确测量。

(2)超声波测量系统。全自动电子测量系统中,目前应用最广泛的一种是超声波测量系统,它的测量误差可以达到±1mm以下,测量稳定、精确,可以瞬时测量,操作简便、高效。可以对车辆的预检、修复中的测量和修复后的检验等工作提供有效帮助,现在也用于一些二手车辆交易中的车身检验工作。

①超声波测量原理。超声波测量系统由超声波发生器、超声波接收器、控制柜(包括计算机,也称主机)及各种测量头组成,如图2-3-20所示。超声波测量系统的加长杆,如图2-3-21所示。发射器、测量头及测量头转接器安装到车身某一构件的测量孔上,接收器装设在测量横梁上,发射器发送超声波,由于声音是以等速传播的,接收器可快速精确地测量声波在车辆上不同基准点之间传播所用的时间。计算机根据每个接收器的接受情况自动计算出每个测量的三维数据。

图2-3-20 测量点安装量头

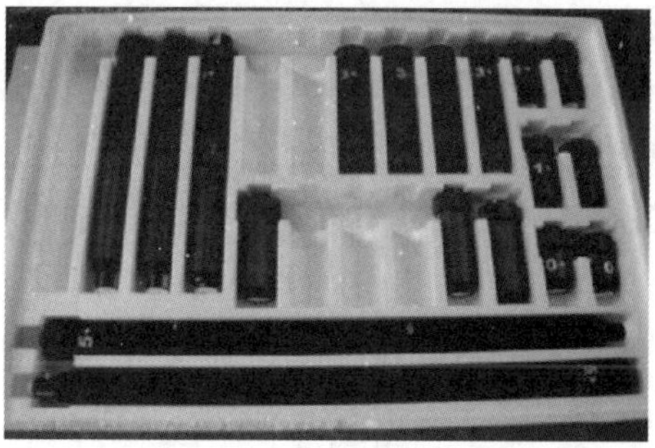

图2-3-21 加长杆

②超声波测量系统的操作。超声波测量系统一般使用快捷键来操作,操作相对简单,其操作步骤如下:

a. 进入系统界面,选择语言的种类。为了方便各国的使用者,系统内安装了包括汉语在内的世界主要语言。

b. 记录用户信息,包括车辆的信息和车主的信息,这些信息可以与后面测量的结果一起存储,方便以后再次查询。

c. 根据事故车的类型选择汽车制造公司、汽车品牌、生产年代,从数据系统内调出符合的车型数据图。

d. 选择测量基准。在使用时,超声波测量系统大大简化了操作过程。由于每个超声波发射器有两个发射源,接收装置也有多个,系统可以自动计算出宽度和高度的基准,不用再去人工调整。根据车辆的损伤情况来选择长度基准,若汽车前端发生碰撞,则选择后面的基准点作为长度基准;若汽车的后端发生碰撞,则选择前面的基准点作为长度基准;如果车身中部发生碰撞,则要对车身中部进行整修,直到车身中部四个基准点有三点的尺寸被恢复。

e. 测量点传感器的安装。根据车身的损伤情况来选择车身上哪些点需要测量,需要测量的点按照计算机的提示选择合适的安装头,计算机还可以显示要测量点的位置图片。把传感器通过合适的安装头来安装到车身,把传感器的连接线连接到选定的接口上。

f. 选择测量模式。模式选定后,计算机根据需要能自动地把测量的实际值、标准数值和两者差值显示出来。

g. 拉伸校正中的测量。超声波测量系统一次可以测量多个测量点,能同时对几个点测量监控,可以选择持续测量实时监控模式,系统会自动每隔很短时间发射一次超声波进行测量,并把最新的测量结果在显示器上实时刷新。在校正过程中,修复人员可以很直观地观察到车身尺寸的变化情况。在测量过程中,超声波测量系统的测量不会相互干扰,系统每隔1~2s会自动重新测量一次,把环境对它的影响减小到最小。操作中,不用人工调节水平,计算机会自动调节,而且不会因为发射器、接收器的位置移动而改变数据。超声波测量系统可以实现车辆碰撞修复前的预检、测量、定损、修复中的测量监控、修复后的数据存储及打印等工作。

做好修复的准备工作之后,就要对车辆进行诊断测量,并制订科学的修复方案。这一阶段的主要工作是:观察车身受损状况,弄清楚碰撞后车身如何受力,力是如何沿着车体传递的;对直接受损部位、间接受损部位及惯性效应受损部位应如何修复;车身各部位材料的应用情况,以及采用什么样的焊接工艺进行修复;使用辅助支撑定位在矫正拉伸过程中有什么帮助;在实施焊接换件作业中,如何对所需更换部件进行准确定位等,均应认真思考,从而避免在焊接完毕后,再对所更换的部件位置进行矫正。制订的修复方案既要保证修复质量,又要尽可能地提高工作效率,降低劳动强度。

2.5 车身测量基准

有如使用直尺测量数据一样,要有一个零点作为尺寸的起点。同样,车身三维测量也必须先找到长度、宽带和高度的测量基准。

2.5.1 基准面

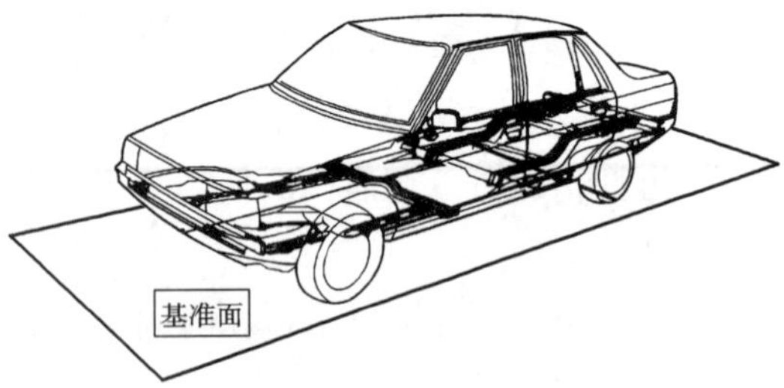

图2-3-22 三维测量的高度基准面

基准面是一个假想的面,其与车身地板平行并与之有固定的距离,如图2-3-22所示。基准面用来作为车身所有垂直轮廓测量的参照面,汽车高度尺寸数据就是从基准面得到的测量结果。

基准面是一个假想平面,故可以增加或减小基准面高度,以使测量读数更方便。在实际的测量过程中,只要找到一个与基准面平行的平面为测量的基准面,而读取高度数值时,只考虑所有的测量值与标准值的差距变化即可。

使用某些测量系统寻找高度基准时,要在车身中部找到两对对称而没有变形的测量点,通过测量一对测量点的高度,调整另一对测量点的高度,使两对测量点的实际测量值和标准数值的差相等。例如,其中一对测量点的实际测量值和标准数值的差是50mm,那么整个车身的测量基准面与标准基准面的差距就是50mm。在测量时,只需考虑测量点的实际测量数据与标准测量数据的差值是否在±3mm内就可以了,而不用关心基准面在哪里。

由于测量基准面和车辆的基准面不一定相同,为了方便找到测量基准面,一般的做法是用四个高度相同的主夹具,将车身的夹持部位完全落入主夹具钳口内,并且把夹具高度位置锁紧,此时,就以现在的车辆高度作为基准,而不用找到真正的车辆高度基准。例如,奔腾米桥式通用测量系统，在测量时把四个测量基准点的高度都调整到距某一平面176mm，那么这个平面就是测量的基准面和车辆的基准面。在测量数据的高度时，不用再换算，用直接读数与标准值比较，误差在±3mm以内就可以了。

2.5.2 中心面

中心面是三维测量的宽度基准，它将汽车分成左右两部分。如图2-3-23所示，汽车的所有宽度尺寸都是以中心面为基准测得的。大部分汽车都是对称的，对称意味着汽车右侧尺寸与左侧尺寸是完全相同的。

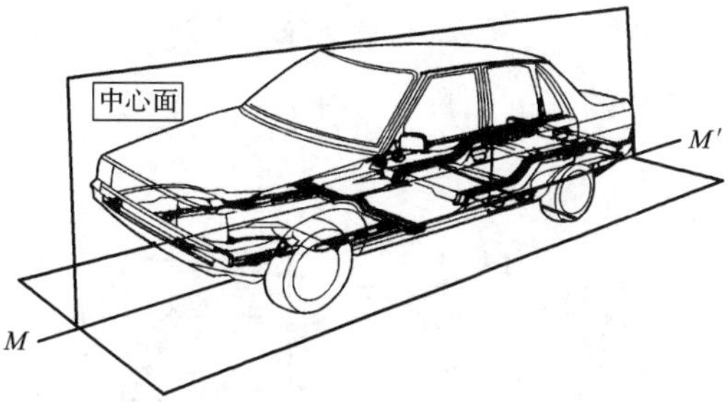

图2-3-23 三维测量的宽度基准面

如果汽车不对称，这些尺寸就不同了。因此，校正不对称的汽车车身部件时，要使用车身数据图来不断测量和校正。图2-3-24为左右不对称的汽车数据。

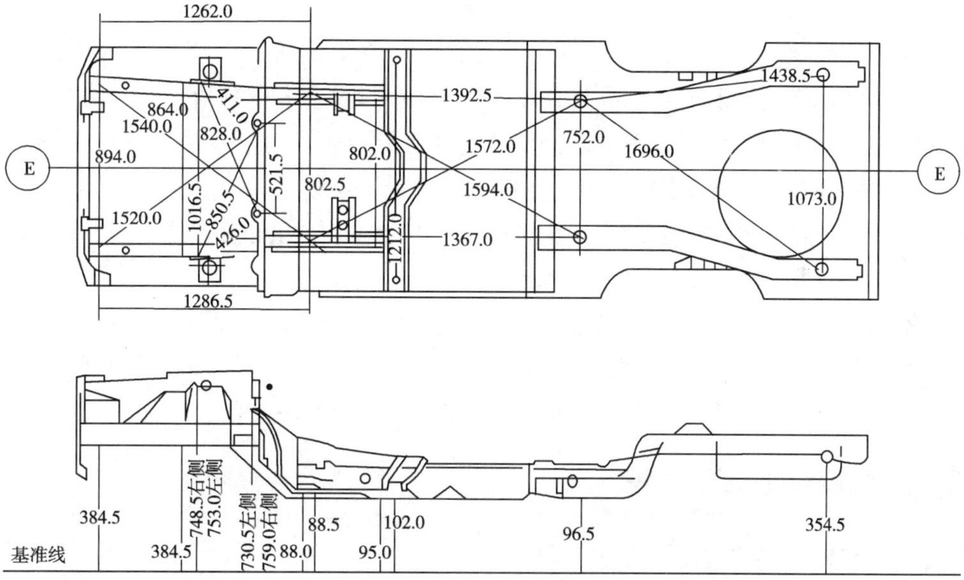

图2-3-24 左右不对称的汽车数据(单位:mm)

使用通用测量系统找中心面时，要在车身中部没有变形的部位找到两个没有变形的测量孔，将底部测量头对准要测量的孔，通过尺上的宽度读数可以知道两个孔到中心线的宽度，调整米桥尺(有时可能需要调整车辆的中心面与测量系统中心面对齐)，直到两个宽度读数相同并与标准数据一致。再找另外两个测量孔，重复以上操作，通过两对左右对称的测量点就能把车辆的中心面找到。

有些测量系统在找到中心时需要调整车辆或测量尺，把测量系统的中心与车辆的中心重合，之后测量得到的读数就是实际数值，有时要求测量系统的中心与车辆的中心平行即可。但要知道两个中心面的距离,测量点的宽度数值也要考虑到这两个中心面距离的因素之中,否则可能读数错误。

2.5.3 零平面

为了正确分析汽车损伤,一般将汽车看作一个矩形结构,并将其分成前、中、后三部分,三部分的基准面称作零平面,如图2-3-25所示,这三部分在汽车的设计中已形成。不论非承载式车身还是承载式车身结构,中部区域可用来作为观测车身结构对中情况的基础,所有的测量及对中观测结果都与中心零平面有关。在实际测量中,零平面也叫零点,是长度的基准。

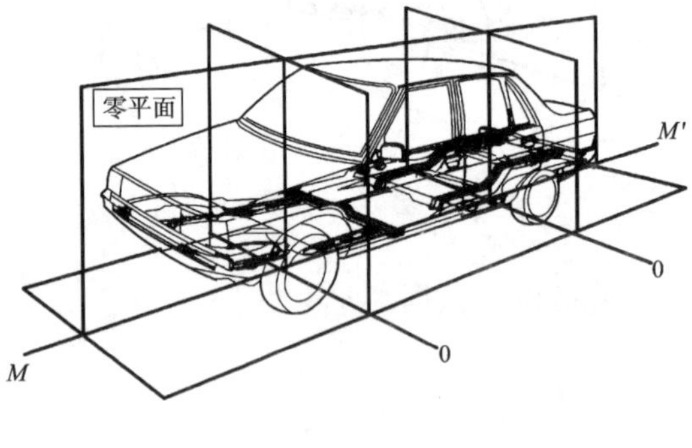

图2-3-25　三维测量的长度基准面

首先应该测量中间段。如果中间段不方正,就移到车上未受损伤的一端找到位置正确的三个基准点。注意,要对车身进行准确的测量,必须从至少三个已知确定的尺寸开始测量,这样做的目的是要测量车身的方正情况。如果汽车不对称,那么为了测量的准确,就要参阅尺寸图表来进行测量。

通过检验损伤的部位,可以确定出需要测量的点的位置和范围。通常,车前端的碰撞会引起车门轻度变形,其损伤范围不会超过中间段,因而无须测量后段。当发生了严重的碰撞时,则应进行多样测量,以便能得到正确的变形状况,但是测量过多也会引起无谓的混乱。基准点间的距离可以用杆规或卷尺进行测量。

在实际测量工作中,确定高度基准面,一般使用车身校正仪的平台平面;宽度中心面是车辆的中心面与测量系统的中心面重合或平行;长度的基准不在平台或测量尺上,而是在车身上,可以找到前或后的零平面作为长度基准,来测量其他测量点的长度数据。

2.6 车身尺寸的测量方法

2.6.1 点对点测量方法测量车身尺寸

1)车身前部尺寸的测量

车身损伤变形的程度也可用导轨式量规或卷尺来确定,其基本测量方法与前述相同。每辆车都有汽车制造厂提供的说明书,上面标出了车身上部最重要的控制点的尺寸规格,可以通过测量这些点之间的尺寸检验车身是否有变形或者校正是否到位。

由于受损汽车需进行发动机舱盖前缘及前端部件调换,在修复的同时进行测量是合理的。当车身的前右侧受到碰撞时,汽车左侧通常也常常会受到损伤。因此,在测量之前必须检验变形的程度。图2-3-26给出了典型的车身前部控制点,对照标准数据就可以对其进行检验。

检验汽车前端尺寸时,轨道式量规测量的最佳位置是悬架及机械元件上的安装点,因为它们对中的正确与否很关键。每一尺寸应该对照另外的两个基准点进行检验,其中至少有一个基准点要进行对角线的测量。通常,测量的尺寸越长,其精确度越高。例如,测量从车颈(前车身与中车身的交界处成为车颈)下端至发动机底座前部之间的尺寸,要比测量车颈下端至另一侧车颈下端尺寸要好,因为它是在汽车较大范围内测得的一个较长尺寸。从每个控制点测得两个或多个数据,既保证了更高的精度,又能够帮助修复人员辨别出钢板损伤的范围及方向。

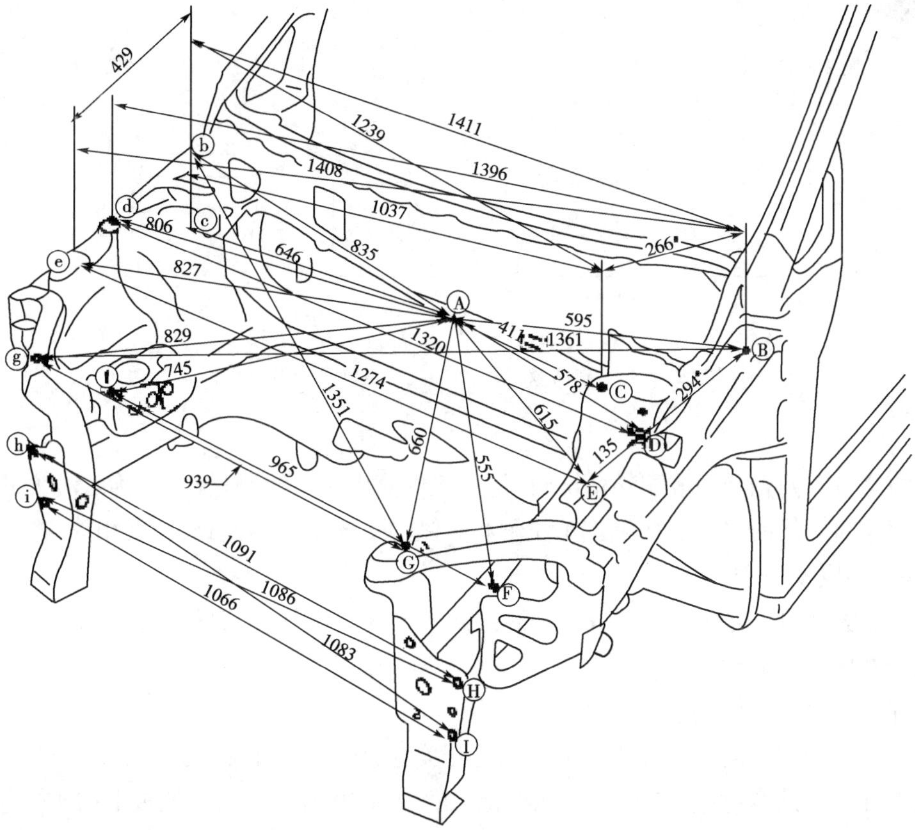

图 2-3-26　发动机舱尺寸(单位:mm)

2)车身侧面尺寸的测量

车身侧边结构的任何损伤都可以通过车门开关时的状态或通过检验车门周边缝隙的均匀来确定。车身侧板的测量主要使用导轨式量规,其测量点如图 2-3-27 所示。

在进行点对点测量时,经常要利用车身的左右对称性。运用对角线测量法可检测出车身的翘曲,如图 2-3-28 所示。在发动机舱及车身下部数据遗失、车身尺寸表上没有可提供的数据或汽车在倾翻中受到严重创伤时,都可以使用对角线对比测量方法进行修复,如图 2-3-29所示。

图 2-3-27　车身侧面尺寸

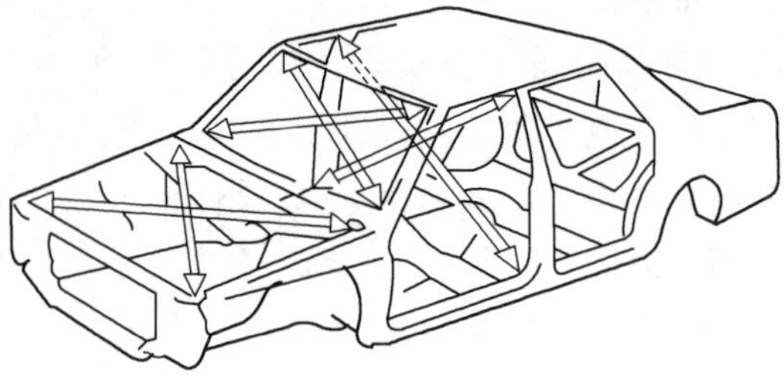

图 2-3-28　对角线测量

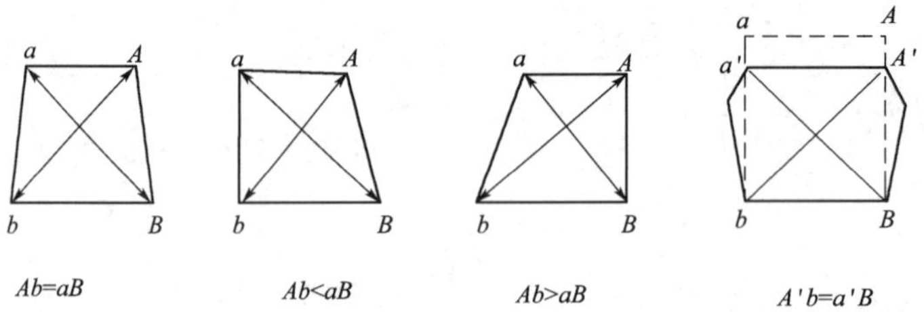

a)车身没有翘曲　b)车身向左或向右　c)车身两侧均发生变形

图 2-3-29　对角线测量

在检测汽车两侧受损或扭转情况时,不能仅仅使用对角线测量法,因为这种方式无法测量出这两条对角线的差异。如果汽车左侧和右侧的变形相同,对角线长度相等(图 2-3-29c)时,此法就不宜使用了。

在图 2-3-29 中,通过长度 *Ab*、*aB* 的测定和比较,可对损伤情况作出很好的判断,这一方法适用于左侧和右侧对称的部位。

3)车身后部尺寸的测量

车身后部的变形大致上可通过行李舱盖开关缝隙的变化估测出来。为了确定损伤及漏水的可能性,有必要对测量点进行精确测量,如图 2-3-30 所示。后部地板上的皱褶通常都是由于后部元件的扭弯而引起的,因此,测量车身后部的同时,也要测量车身的底部,接下来的展平修复工作才能有效完成。

2.6.2　三维测量方法测量车身尺寸

在测量时,首先要有所测车辆的标准数据。下面以米桥式通用测量系统为例,说明测量的过程。

1)调整车辆基准与测量系统基准

(1)将事故车安装在车身校正仪上时,尽量要把车辆放置在平台的中部。调整四个主要夹具的位置和钳口开合程度,车身底部裙边要完全落入主夹具的钳口中。高度的基准按照要求调整到这套测量系统所要求的高度。

(2)把测量米桥尺(梯形尺架)放入到车身底部,在长梯上安装固定座和测量头(按照图纸说明选择合适的量锥头)，选择车身中部四个测量点，来进行定位测量，如图2-3-31所示。

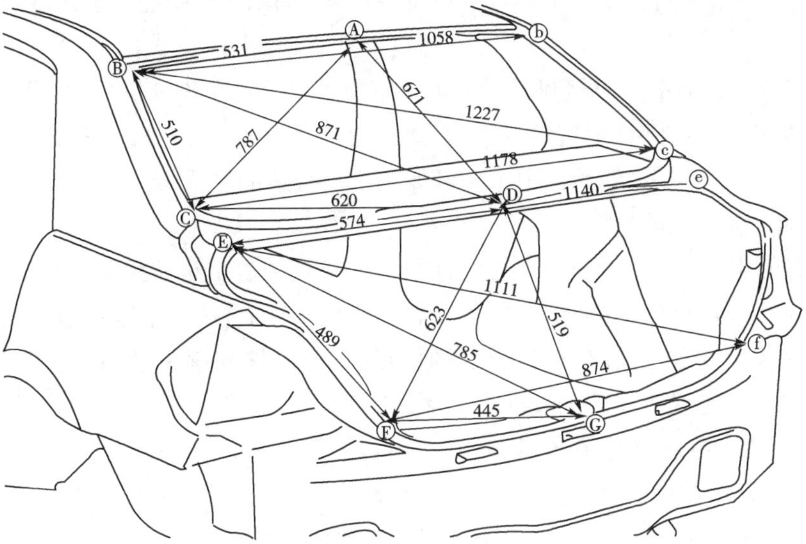

图2-3-30　车身后部尺寸(尺寸单位:mm)

(3)测量车身中部前后基准点的宽度尺寸，移动米桥尺(梯形尺架)，使得前后两边基准点的宽度尺寸相等，这时，测量系统的中心线和车辆的中心线是重合的。

(4)根据车辆的损伤情况，选择长度方向的基准点，如图2-3-32所示。如果是汽车前部碰撞，就选择后面的基准点作为长度基准点；如果汽车后部碰撞，就选择前面的基准点作为长度基准点；如果汽车中部发生碰撞，就需要对车辆中部进行整修，直到中部四个基准点有三个尺寸准确时，按照前后损伤的情形，选择前面或后面的基准点作为长度基准点。

图2-3-31　安装测量标杆尺

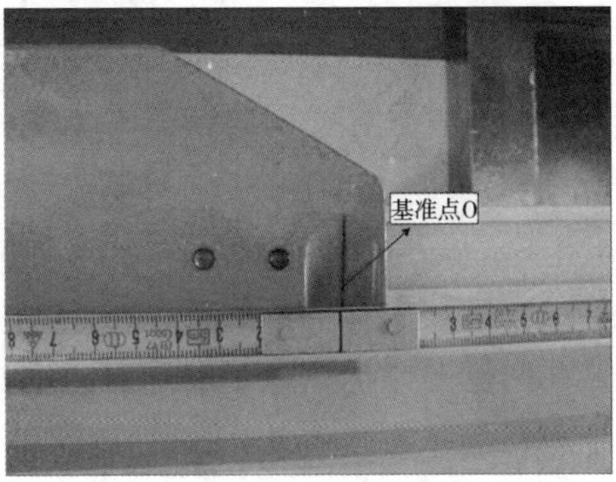

图2-3-32　设置长度基准

2)测量方法

(1)根据车辆的损伤情况，确定要测量的点，在车身上找出要测量的那个点后，在图纸上找出相应的标准数据。

(2)根据数据图的提示，在机柜内选择正确的量杆和量头，并安装在中心线杆(横尺)上，把量头与要测量的测量点配合。量头选择的正确与否非常重要，若选择错误的量头，那么测量的高度数据尺寸将是错误的。

(3)从梯形尺架上读出长度数据,从中心线杆(横尺)上读出宽度数据,从不同高度的量杆上读出高度数据。那么,要测量的点的三维数据就出来了,与标准数据对比就可以知道数据的偏差。

(4)侧面数据的测量。根据图纸的要求把三角立尺放置在长米桥尺上,设置好立尺的长度基准。在立尺上安装刚性量规的安装座,把刚性量规安装好,把标尺安装在刚性量规上,把标尺筒安装在长标尺上,然后再根据图纸要求选择合适的测量探头,对侧面测量点或测量面进行数据测量和对比测量。

(5)上部尺寸的测量。根据图纸的要求把三角立尺放置在米桥尺上,设置好立尺的长度基准。调整上横尺高度的基准,把上横尺安装到两个立尺上,然后把刚性量规安装在上横尺上。在刚性量规上安装标尺座,选择合适的标尺筒、标尺柱和量头,然后安装在标尺座上就可以对上部发动机舱或行李舱的尺寸进行测量。

(6)拉伸操作中的测量。在拉伸测量时,可以把测量头定在标准的宽度、长度和高度尺寸上拉伸部件,直到要测量点的尺寸达到标准值。用测量头可以同时测量几组要拉伸的数据,同时监控拉伸中的数据变化情况,保证修复后数据的准确性。

碰撞修复工作基本完成之后要进行最终检测,即对修复后的车身进行整体测量。测量时,需要使用工具进行,不能凭借肉眼和经验,经测量满足原厂相关技术要求后,再进入下一道工序。

检测作为承上启下的一道工序,它既要确保碰撞修复的质量可靠,防止车辆上路出现故障而返修,又要对喷漆工序负责,保证喷涂工作的正常进行,因此检测中,必须注重细节,以避免带来重复性工作。汽车碰撞修复工作是一项耗时费力的复杂工作,如果在维修中出现返修,势必再次花费人力和物力,因此,要避免出现重复性工作,必须对维修中的每一个细节都有足够的重视,尤其是在定位和调整方面。

项目 3

Chapter 3

车身外部部件更换

本项目主要介绍车身外部部件的更换，主要包括保险杠的更换、车身前翼子板的更换、发动机舱盖的更换、行李舱盖的更换、车门的更换、倒车镜的更换和汽车玻璃的更换。

车身外部许多部件是用螺栓固定在车上的。保险杠、翼子板、车门、行李舱盖都是可以进行调整的板件。修复或更换这些板件后，应对它们进行正确的调整。特别是汽车发生碰撞或使用多年后，车身这些板件均会发生变形。如果这些板件调整不正确，在关闭和打开时，容易发卡或发涩，而且还会产生噪声。

车身维修技师应熟悉这些板件的正确调整方法；能讲述更换汽车玻璃所需的一般知识；能参考维修手册正确更换玻璃。

任务1　保险杠的更换

1 任务引入

汽车发生碰撞，保险杠损伤，若无法修复，则必须更换。

2 相关理论知识

2.1 保险杠

保险杠系统是汽车车身的一个重要组成部分。汽车在发生碰撞的时候，保险杠可以吸收和缓和外界冲击力，对车身前后部起到保护作用。当汽车与其他车辆或障碍物发生低速碰撞（通常小于 10km/h）时，保险杠可以保护翼子板、散热器、发动机舱盖和灯具等部件。

几十年前，轿车前后保险杠以金属材料为主。把厚度为 3mm 以上的钢板冲压成 U 形槽钢，表面镀铬，与车架纵梁铆接或焊接在一起，但与车身有一段较大的间隙，好像是一件附加上去的部件。今天的轿车，前后保险杠除了保持原有的保护功能外，还要追求与车体造型的和谐与统一,追求本身的轻量化。为了达到这种目的,目前轿车的前后保险杠使用塑料制造。塑料保险杠是由外板、缓冲材料和横梁等三部分组成。其中,外板和缓冲材料用塑料制成,塑料件后面使用塑料蜂窝结构。横梁用厚度为1.5mm左右的冷轧薄板冲压成U形槽;外板和缓冲材料附着在横梁上,横梁与车架纵梁螺栓连接,可以随时拆卸下来。这种塑料保险杠一般使用聚酯系和聚丙烯系两种材料,采用注射成型法制成。国外还有一种称为聚碳酯系的塑料,是将合金成分渗入塑料,采用合金注射成型的方法制成。这种材料制成的保险杠不但具有高强度,还具有可以焊接的特点,而且涂装性、装饰性好,在轿车上的用量越来越多。

保险杠系统在"低速碰撞"和"行人保护"这两方面起着决定性的作用,是国内外汽车被动安全领域中的重点研究内容。

前保险杠主要由保险杠盖板连接板、保险杠壳、防护条、扰流板、通风格栅等组成。后保险杠主要由牵引环罩盖、保险杠壳、扰流板、防护条(装饰条)等组成。由于车型的不同,保险杠组成也有差异。

2.2 保险杠缓冲器

常用的保险杠缓冲器有液压吸能式和可变形泡沫塑料式两种。

2.2.1 液压吸能式缓冲器

液压吸能式缓冲器如图3-1-1所示,常用作保险杠的支架。当汽车与障碍物发生碰撞时,冲击力通过横杠内侧加强件传到活塞上,活塞推动液压油通过节流孔压向活塞右腔,推动活塞向左移动,并使惰性气体受到压缩。这样利用液压油的节流力吸收能量,其效率可以高达80%,工作特性比较稳定。撞击后靠惰性气体产生复原动力,使保险杠复位。这种保险杠由于造价较高,通常使用在高档的轿车上。

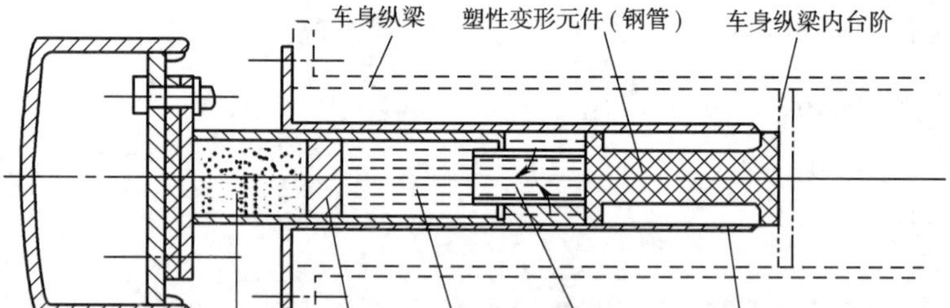

图3-1-1 液压吸能式缓冲器

2.2.2 可变形泡沫塑料式缓冲器

现代新型汽车保险杠外罩与保险杠骨架之间安装了一块厚泡沫衬块,如图3-1-2所示,它取代了车架与保险杠之间的缓冲器。衬块在车速低于4km/h发生碰撞后能恢复原状。前端部件上加装了泡沫件作为缓冲材料附着在保险杠横梁上,在车辆与行人发生低速碰撞时,不仅能起到保护前后车体的作用,更能有效地对所撞行人起到缓冲作用,从而减小对其伤害程度。可变形泡沫塑料式缓冲器在实际车辆前部上的安装位置,如图3-1-3所示。可变形泡沫塑料式缓冲器在实际车辆后部上的安装位置,如图3-1-4所示。

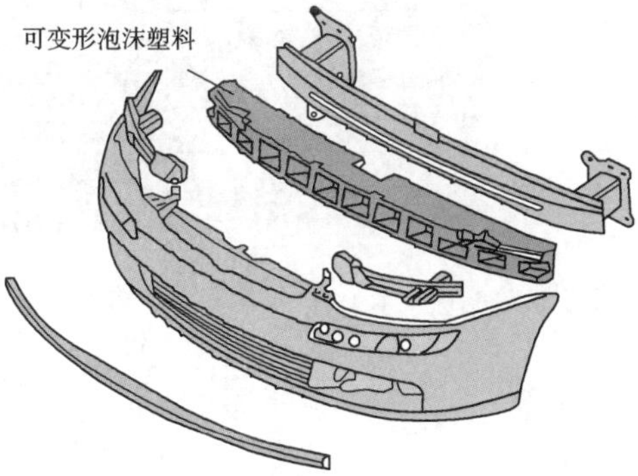

图3-1-2　可变形泡沫塑料式缓冲器

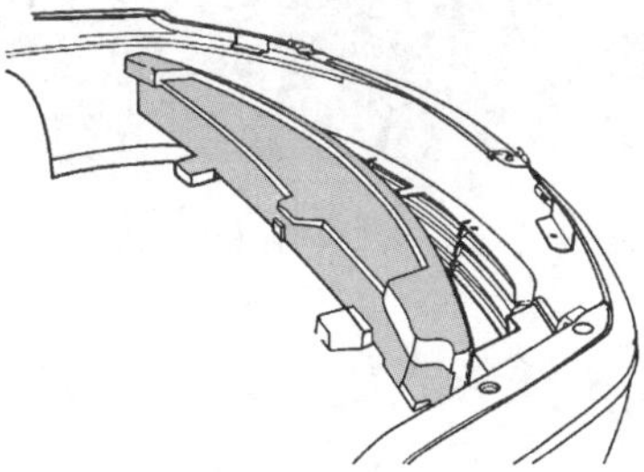

图3-1-3　前部变形泡沫塑料式缓冲器

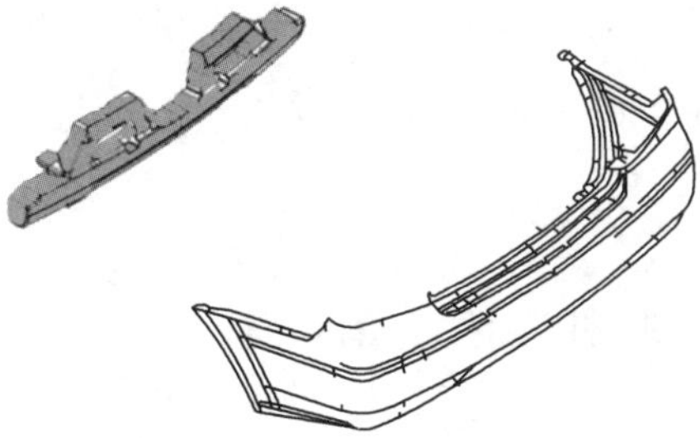

图3-1-4　后部变形泡沫塑料式缓冲器

2.3 常用工具

1)内梅花头扳手

梅花头套筒如图3-1-5所示,内梅花头旋具如图3-1-6所示。内梅花头扳手是一种六角紧固件,使用时易于抓牢,不容易打滑,又称为星形紧固件。内梅花头紧固件还有防止随意拆卸的功能。现在大多数车辆都在使用内梅花头扳手,尺寸有T20、T25、T30、T40、T50、T55、T60等。

图3-1-5　梅花头套筒

2)螺丝刀

螺丝刀是一种用来拧转螺栓以使其就位的工具,通常有一个薄楔形头,可插入螺钉头的槽缝或凹口内。如图3-1-7所示,螺丝刀主要有一字头和十字头两种。

图3-1-6　内梅花头旋具

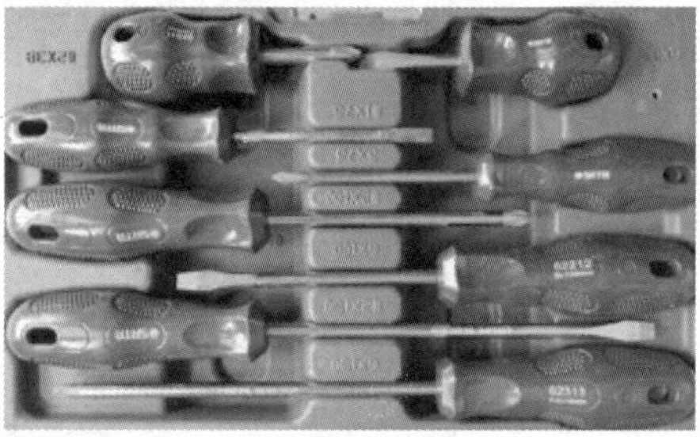

图3-1-7　螺丝刀

3 任务实施

3.1 准备工作

由于车型的不同,保险杠更换的方法有一些差异,保险杠的更换应该参阅具体车型的维修手册,制订保险杠拆装实施方案。准备仪器、设备和工具。

3.2 操作过程

下面以更换某款车型前保险杠为例,介绍保险杠的更换步骤。

(1)拆卸发动机下护板,打开轮罩壳下面的快速接头,旋出轮罩壳下面的所有螺栓。

(2)拆下保险杠上部的螺栓。

(3)拆下保险杠下部左右两侧的车轮扰流板。

(4)将保险杠外罩从导向件中拉出。

(5)拔下雾灯连接器。

按照与拆卸相反顺序进行保险杠的安装。

3.3 操作提示

(1)有的车型带散热器空气导流板,先拆下散热器空气导流板上的卡子,然后拆下散热器空气导流板。

(2)有的车型带前照灯清洁装置,拆卸时注意前照灯清洁盖板。

(3)拔掉电器部件的电器连接插头,脱开清洗液管路上的软管接头。

(4)一些车型的螺栓隐藏在翼子板的轮罩内板里,还需要拆下一部分轮罩内板。

(5)保险杠左右两侧固定在翼子板上的螺栓有的比较隐蔽,拆卸时须注意。

保险杠拆卸时往往需要一位助手,有些车辆的保险杠比较沉,拆卸最后的螺栓时需要两人一起把保险杠拿下来。有些车辆的保险杠是两人一起向外平移出来的,以免伤害到左右翼子板的漆面。

检查保险杠上附件有无损坏，损坏的附件需要更换，未损坏的附件则安装到新保险杠上。

在安装前保险杠时，螺栓拧紧力矩要合乎标准，同时注意保险杠与翼子板两边的间隙一致。维修期间驾驶车辆时，还应注意下列安全事项。

(1)小心驾驶。在车间内应慢速驾驶并始终保持有一个窗户是开着的，让驾驶人更容易听到同事发出的警示。车辆在车间内移动时要在车间内规定的固定路线行驶。

(2)细心观察车辆行驶方向的状况。在车间移动车辆时，应查看各个方向，确保没有人或物品挡住道路。同时要特别注意正在车底作业的人员是否把他们的腿伸到行驶路线上。

(3)安全固定所有的车辆。在对车辆进行作业时应拉起驻车制动器。如果车辆装自动变速器，则应置于驻车挡。如果车辆为手动变速器，则挂入空挡。最好用楔形木块垫住轮胎防止车辆移动。

(4)避免接触旋转中的部件。维修中不要穿着宽松的衣服，衣物、身体应远离运动部件，特别是散热器风扇叶片和传动带。传动带很容易将手指、头发卷入传动轮，造成手指折断或更严重的伤害。

(5)点火钥匙转到关闭位置。如果钥匙位于打开位置而变速器又挂着挡，在转动发动机曲轴时，发动机可能会起动。

任务2　前翼子板的更换

1 任务引入

汽车发生碰撞，前翼子板可能出现断裂、拱曲、凹陷和皱褶等损伤。若损伤面积超过翼子板2/3时，翼子板必须更换。

2 相关理论知识

2.1 前翼子板

翼子板是遮盖车轮的车身外板，因旧式车身的该部件形状及位置似鸟翼而得名。轿车的前翼子板基本是独立装配的且碰撞机会比较多，所以容易整件更换。前翼子板螺栓位置如图3-2-1所示。塑性材料具有缓冲性，安全性较高，有些车的前翼子板用有一定弹性的塑性材料做成。

左右两个前翼子板分别与前围护面及发动机舱盖相连，并将左右两个前轮的上半部罩住，里面衬有左右两个轮罩。这两个轮罩具有挡住汽车行驶时前轮带起泥水的作用。它不仅使车身线条流畅，而且使前车身的整体性更强。汽车翼子板的形状有直线和曲线两种流线型。这两种流线型翼子板具有不同的风格和特点,它直接影响到车身的美观程度。

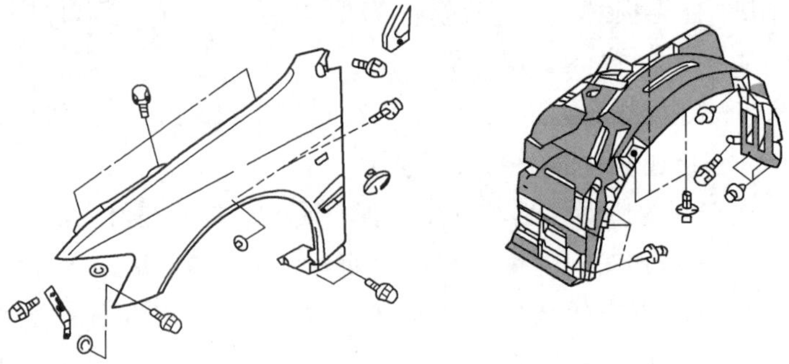

图 3-2-1　前翼子板螺栓位置

翼子板弹性设计,用于加强汽车碰撞时对行人的保护。应用这种设计时,翼子板不是直接用螺栓固定在边梁上的,而是一个组合件,如图 3-2-2 所示。汽车发生碰撞时翼子板脱落。

2.2　常用工具

1)呆扳手

它的一端或两端带有固定尺寸的开口,如图 3-2-3 所示。双头呆扳手两端的开口大小一般是根据标准螺母相邻的两个尺寸而定。一把呆扳手最多只能拧动两种相邻规格的六角头或方头螺栓、螺母,故使用范围比活动扳手小。

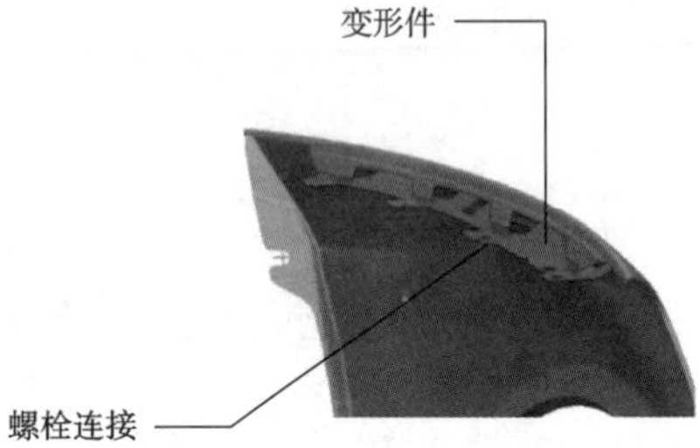

图 3-2-2　翼子板的行人保护作用

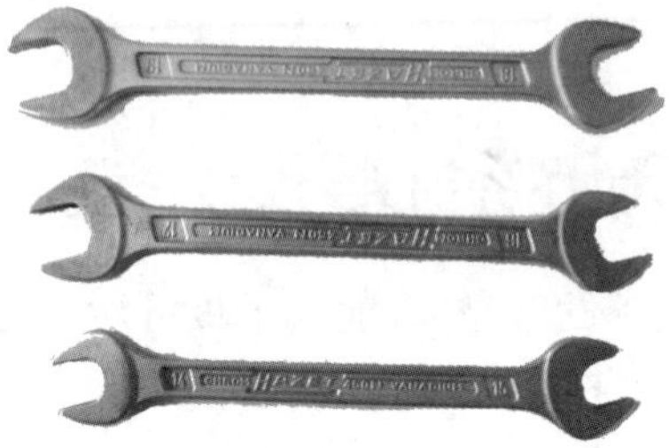

图 3-2-3　呆扳手

2)梅花扳手

在摆动角度小于 60°的地方,可选择梅花扳手,如图 3-2-4 所示。梅花扳手的两端带有空心的圈状扳口,扳口内侧呈六角、十二角的梅花形纹,并且两端分别弯成一定角度。梅花扳手由于具有扳口壁薄和摆动角度小的特点,所以在工作空间狭窄的地方或者螺母密布的地方使用最为适宜。

3)两用扳手

两用扳手是呆扳手与梅花扳手的合成形式,其两端分别为呆扳手和梅花扳手,故而兼有呆扳手和梅花扳手的优点,如图 3-2-5 所示。一把两用扳手只能拧转一种尺寸的螺栓或螺母。

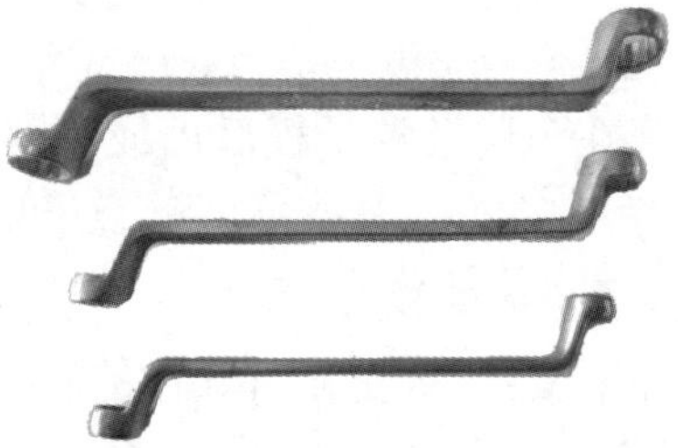

图 3-2-4　梅花扳手

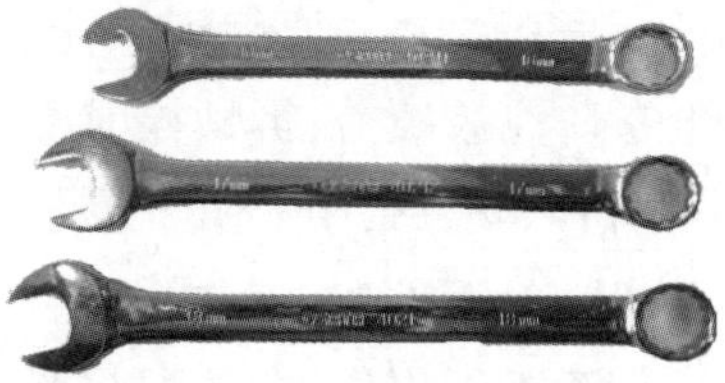

图 3-2-5　两用扳手

3 任务实施

3.1 准备工作

由于车型的不同，前翼子板更换的方法有一些差异，应该参阅具体车型维修手册，制订前翼子板拆装实施方案。准备仪器、设备和工具。

3.2 操作过程

下面以某车型前翼子板为例，介绍前翼子板的更换步骤。

（1）拆下前保险杠。

（2）拆下车轮罩衬板，如图 3-2-6 所示。

（3）松开前照灯，拔下转向信号灯电气连接插头。

（4）拆下前翼子板的螺栓，如图 3-2-7 所示。

（5）将前翼子板从车身上移开。

（6）安装新的前翼子板。

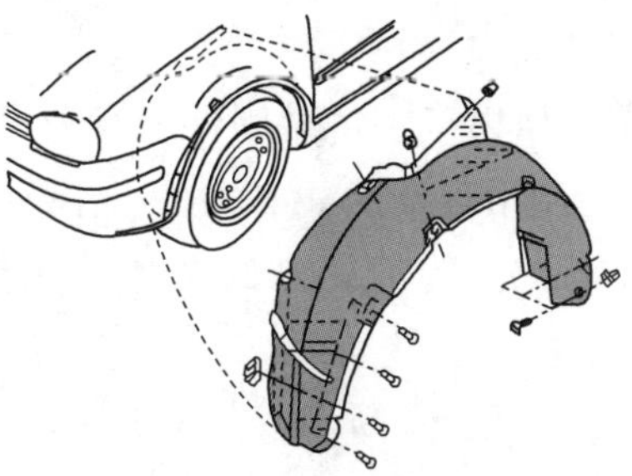

图 3-2-6　车轮罩衬板

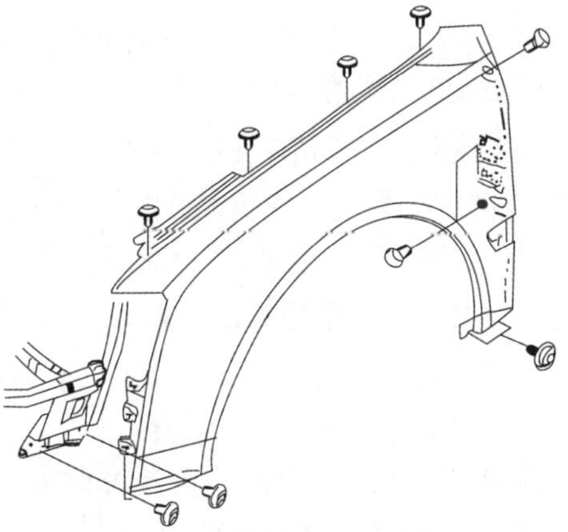

图 3-2-7　前翼子板螺栓位置

按照与拆卸相反的顺序进行前翼子板的安装。

3.3 操作提示

拆卸前翼子板时首先要找到螺栓。有的螺栓隐藏在车门及翼子板后面或下部;有些车型的螺栓会被防腐胶覆盖,拆螺栓前要处理掉防腐胶。

拆卸完所有螺栓后,小心拿下翼子板,同时注意翼子板内的线束。

将一些必需的零件(如卡扣)从旧的翼子板上拆卸下来,然后安装到新的翼子板上。

如果车门漆面无损伤,在装配前翼子板时,要把车门靠近前翼子板的一侧用遮蔽纸进行遮蔽。安装螺栓时,先不要拧紧,以便对前翼子板进行调整。

车身前翼子板的调整主要是前翼子板与车门间隙、前翼子板与发动机舱盖间隙的调整。间隙、缝隙的尺寸以毫米为单位。

车身前翼子板一般是靠螺栓固定在上轮罩纵梁和前门立柱及车身底部门槛前端,把螺栓松开后,前翼子板可作前后移动。

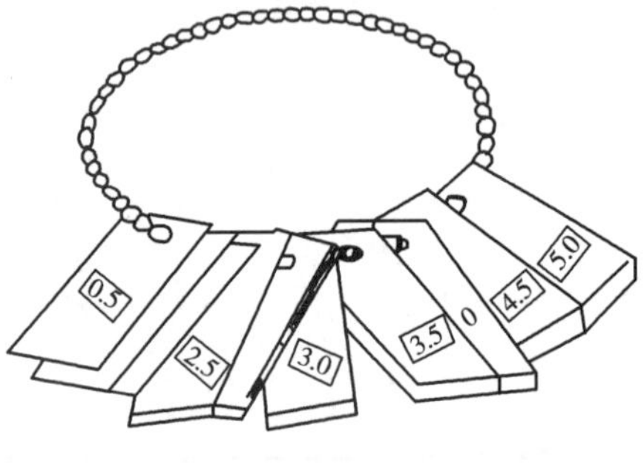

图3-2-8　专用工具3371

目测间隙合适后,从前翼子板的后部开始,朝向翼子板的前部,逐个拧紧螺栓。再用专用工具检测,如图3-2-8所示。

间隙调整好以后,还要检查翼子板的曲率与车门边缘是否一致,如果翼子板低于车门,可导致车辆在行驶时产生风噪。确保翼子板曲率与车门边缘一致后拧紧翼子板中部的螺栓。如果翼子板中部没有安装螺栓,需要调整翼子板后部上、下螺栓孔的位置,使翼子板与车门在一个平面上。

调整完毕后,检查螺栓的拧紧力矩。

3.4 手动工具的安全操作

(1)请勿将手动工具做任何非设计规定用途之用,如不要对锉或旋具进行敲击,工具可能会断裂甚至造成人身伤害。

(2)手动工具应保持清洁和良好的工作状况。工具粘满润滑脂、机油后容易从手中滑脱,可能造成关节挫伤或手指折断。工具使用完毕后应将其擦拭干净。

(3)使用扳手进行操作时,用拉而不是推的动作。如果扳手从紧固件上意外滑脱,手就会被撞伤。如果不得不采用推的动作时,应伸开五指,用手掌推动。

(4)不要同时打开多个工具柜抽屉。否则,因盛满工具的工具柜非常重,容易倾翻。在打开下一个抽屉前要关闭前一个抽屉。

(5)在使用手动工具前,应检查是否存在裂纹、碎片、毛刺、断齿或其他的情况。如果工具存在问题,需修理或更换后再使用。

(6)在使用锋利或带尖的工具时应特别当心,例如凿子和冲子应正确研磨,保持锋利。凿子刃应该锋利而且方正,长时间使用后,凿子和冲子的头部会变形或变大。利用砂轮机消除工具头部的变形部位,重新修整倒角(带锥度边)。

(7)在进行其他操作时,不要把旋具、冲子或其他尖锐的手动工具放到口袋里,否则可能刺伤自己或损坏车辆。

(8)将所有的零件和工具整齐且正确地存放在指定位置,保证其他工作人员不会被绊倒,同时还能缩短寻找零件或工具的时间。

任务3 发动机舱盖的更换

1 任务引入

汽车发生碰撞,经检查,发动机舱盖出现拱曲、凹陷与皱褶等损伤,达不到使用要求,则必须更换发动机舱盖。

2 相关理论知识

发动机舱盖在结构上一般由外板和内板以及加强梁组成,中间夹以隔热材料,内板起到增强刚性的作用,如图3-3-1所示。发动机舱盖开启时一般是向后翻转,也有小部分是向前翻转。向后翻转的发动机舱盖打开至预定角度时,不应与前风窗玻璃接触,应有一个约为10mm的最小间距。为防止发动机舱盖在行驶中由于振动自行开启,发动机舱盖前端要有保险锁钩锁止装置,锁止装置开关设置在车厢仪表板下面。当车门锁住时,发动机舱盖也应同时锁住。

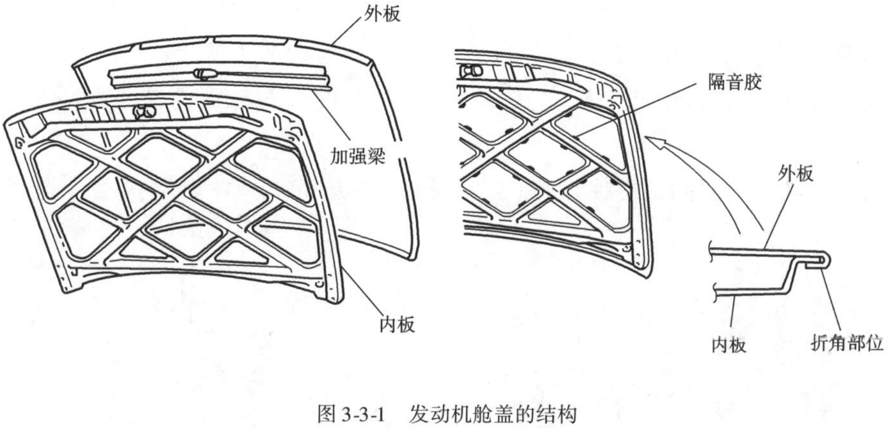

图3-3-1 发动机舱盖的结构

雪铁龙C6在行人保护方面的设计颇为优异,主要是由于其装配了主动式行人保护发动机舱盖,如图3-3-2所示。一般来说,发动机舱内的动力装置占空间很大,在发动机和发动机舱盖之间基本没有空间来吸收撞击产生的能量。为解决这个难题,C6装备有主动式行人保护发动机舱盖,在与行人发生碰撞时,其能自动弹起。通过一个探测碰撞的传感器和一个燃爆机构,使发动机舱盖能在40ms的瞬间抬高65mm,并通过第二个机构保持在较高的位置,从而有效地在碰撞时将对行人的伤害减到最小。

图 3-3-2　主动式行人保护发动机舱盖（雪铁龙 C6）

发动机舱盖机械装置的组成：

(1)发动机舱盖开启手柄,位于仪表板下部或驾驶室左侧,拉动手柄,拉线移动。

(2)发动机舱盖开启拉线是一根钢丝,一端连接开启手柄,一端连接发动机舱盖锁扣。

(3)发动机舱盖锁扣(俗称发动机下锁)上有固定发动机锁钩的金属臂。发动机舱盖关闭时,金属臂锁住发动机锁钩,拉动拉线时,金属臂松开发动机锁钩,发动机舱盖就可以打开了。

(4)发动机舱盖锁钩(俗称发动机上锁)固定在发动机舱盖上。发动机舱盖关闭时与发动机舱盖锁扣啮合。

发动机舱盖锁的调整就是调整发动机舱盖锁扣和发动机舱盖锁钩,以使它们正确啮合。

3 任务实施

3.1 准备工作

由于车型的不同,更换发动机舱盖的方法有一些差异,应参阅具体车型维修手册,制订发动机舱盖的拆卸实施方案。准备仪器、设备和工具。

3.2 操作过程

下面以更换某款车型发动机舱盖为例,介绍发动机舱盖的更换步骤。

(1)拆下发动机舱盖隔音衬垫,如图 3-3-3 所示。拆下前风窗清洗系统管路和清洗器喷嘴。

(2)松开发动机舱盖固定螺栓,如图 3-3-4 所示。

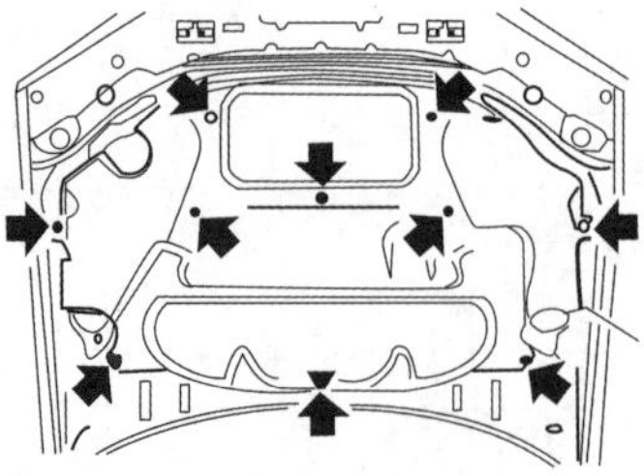
图 3-3-3　发动机舱盖隔音衬垫

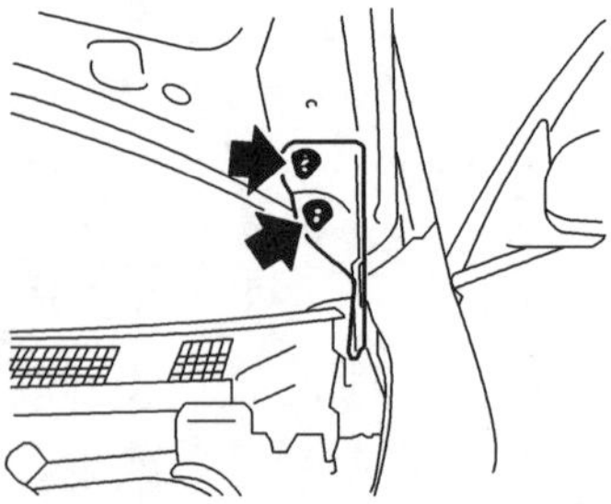
图 3-3-4　松开固定螺栓

(3)拆下充气弹簧支撑杆。

(4)将发动机舱盖从车身上移走。

(5)安装新的发动机舱盖。

(6)安装发动机舱盖的附属件。

安装前风窗清洗系统管路和清洗器喷嘴,安装发动机舱盖隔音衬垫。

3.3 操作提示

在拆卸充气弹簧支撑杆时,要把弹簧夹移开一段距离,直至其能滑过球座。如果弹簧夹移开距离过大,弹簧夹会损伤,导致充气弹簧支撑杆不可用。

松开左侧和右侧铰链上的固定螺栓,但不要拧出。这时需要有一位助手帮助:一人扶住发动机舱盖,将肩部放在发动机舱盖的下面,用一只手托住发动机舱盖的底缘,避免发动机舱盖滑落损伤风窗玻璃、翼子板等。此时,用另一只手拆卸发动机舱盖固定螺栓。与此同时,另外一人也需要在对侧重复此过程。

3.3.1 发动机舱盖与铰链间的调整

将发动机舱盖与铰链间的螺栓稍微松开,调整时,螺栓留有一定的旋紧度,这样既能固定住发动机舱盖,又能移动发动机舱盖。慢慢关上发动机舱盖,调整好正确位置,再轻轻打开发动机舱盖,另外一人把螺栓紧固。需要注意的是,发动机舱盖和前围板之间应留有一定的距离,以免发动机舱盖开启时与前围板剐碰。

若调整过后发现与标准值还有差距,应再次调整,如还达不到标准值,则可能是翼子板位置不正确。

3.3.2 发动机舱盖的高度调整

在调整发动机舱盖位置的高低时,可将铰链与翼子板或前围板上的螺栓稍微松开,慢慢盖上发动机舱盖,根据标准升高或降低发动机舱盖的边缘。发动机舱盖的后部与翼子板和前围板在一个平面时,打开发动机舱盖,将螺栓拧紧。

在发动机舱盖的高度调整到合适位置后,必须检查缓冲件。检查的目的是使缓冲件与发动机舱盖结合,避免发动机舱盖移动和振动以及在行驶时产生噪声。现代汽车缓冲件一般位于发动机舱盖四角,前部缓冲件控制发动机舱盖前部的高度。通过旋转缓冲件,使发动机机舱盖前部与翼子板在一个平面上,如图 3-3-5 所示。调整完毕后,带锁紧螺母的需重新拧紧。

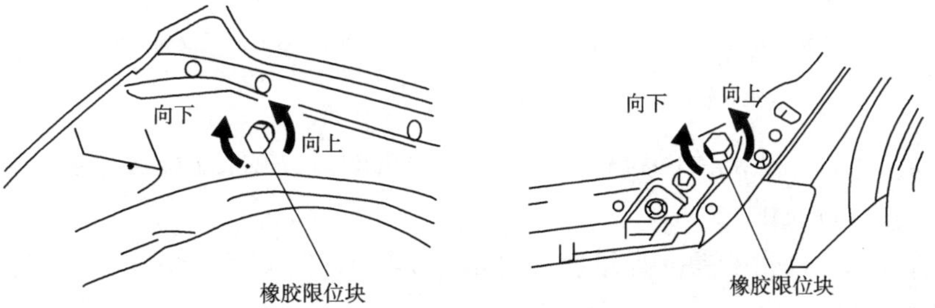

图 3-3-5 高度调整

新更换的发动机舱盖容易出现图3-3-6所示的边缘弯曲现象,而仅调整铰链并不能消除构件的变形,应调整发动机舱盖的边缘曲线。

用手扳动拱曲部位使其复位,如图3-3-7所示。在发动机舱盖前端垫上布团、棉丝等物,然后用手掌轻轻下压拱曲部位,使其达到与翼子板边缘等高的程度,如图3-3-8所示。校正过程中,应均匀用力,避免发生因校正过度而引起的二次变形。

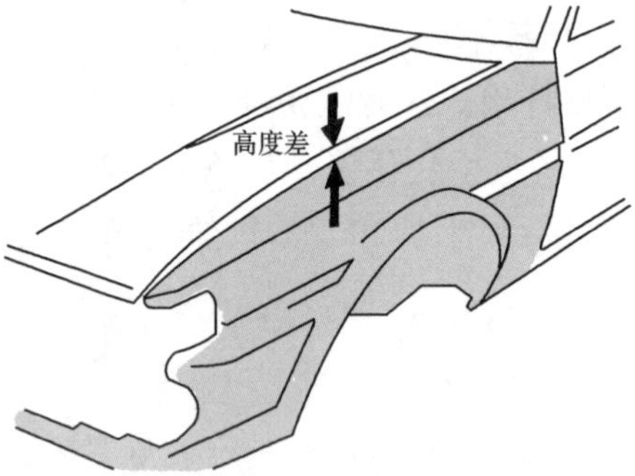

图3-3-6 边缘弯曲造成的高度差

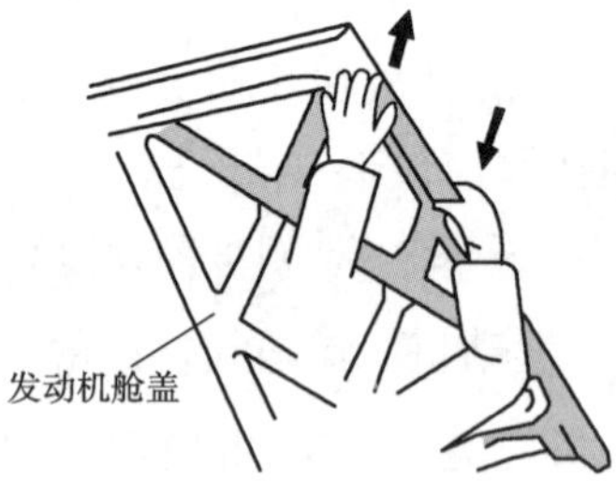

图3-3-7 用手将弯曲调平

3.3.3 发动机舱盖锁的调整

进行高度和横向的调整以后,要检验发动机舱盖是否能正确锁定。如果发动机舱盖与拉钩需猛烈地撞击才能扣上,应提升拉钩。当锁住时,如果发动机舱盖不接触前定位器,应降低拉钩。

发动机舱盖安全拉钩的调整方法如下:

(1)从散热器固定框上拆下发动机舱盖拉钩组件,如图3-3-9所示,并降低发动机舱盖高度。

图3-3-8 垫上布团往下按压

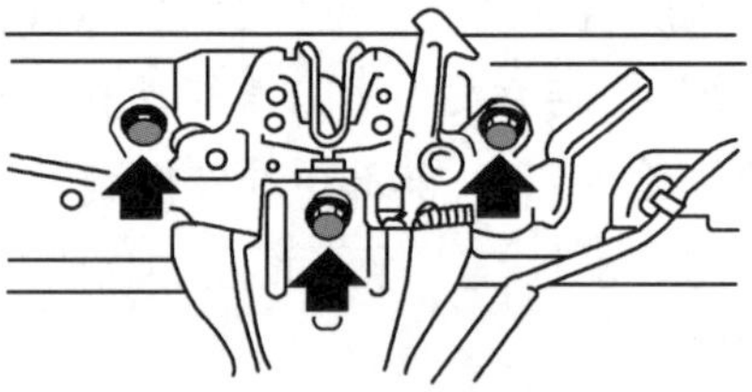

图3-3-9 拆下发动机拉钩

(2)围绕发动机舱盖,检查所有的间隙是否调整正确。

(3)重新安装发动机舱盖的拉钩,并降低发动机舱盖高度,直到它接触第一个拉钩(辅助拉钩或安全拉钩)为止。

(4)试着提起发动机舱盖。如果发动机舱盖仍能打开,则调整安全拉钩,使它扣住发动机舱盖。但有时候发动机舱盖会因辅助拉钩未扣住而弯曲。

(5)慢慢地降低发动机舱盖,当发动机舱盖被锁住时,看看发动机舱盖是否移动到一边。

用螺栓固定到发动机舱盖上的撞针,应对准 U 形挂钩。当锁住发动机舱盖时,发动机盖应与周围的金属构件紧紧地配合。

(6)将发动机舱盖拉钩的附属构件松开至刚好足以维持紧密的配合,但能够移动拉钩。

(7)反复从一边向另一边移动拉钩,直至它与发动机舱盖上的挂钩对准。上下移动拉钩,使其向发动机舱盖的前部施加向上的压力,发动机舱盖和翼子板前部之间配合平齐。

(8)紧固发动机舱盖拉钩的附属金属构件。

(9)先打开发动机舱盖,再关闭发动机舱盖,观察左边和右边的前角。

安装或调整后,需要对铰链和螺栓进行防腐处理。手指要远离处于拉伸状态的弹簧。发动机舱盖的铰链弹簧非常有力,小心手指不要被弹簧夹伤或割破。

任务4 行李舱盖的更换

1 任务引入

汽车发生碰撞,经检查,行李舱盖出现拱曲、凹陷与皱褶等损伤,达不到使用要求,则必须更换行李舱盖。

2 相关理论知识

行李舱盖具有良好的刚性,结构上基本与发动机舱盖相同,也有外板和内板,内板有加强筋,两根铰链将行李舱盖连接到车身后部上,行李舱盖上装有行李舱上锁,如图3-4-1所示。一些被称为“两厢半”的轿车,其行李舱向上延伸,包括后风窗玻璃在内,使开启面积增加,形成一扇门,因此又称为背门,这样既保持一种三厢车形状,又能够方便存放物品。

如果采用背门形式,背门内板侧要嵌装橡胶密封条,围绕一圈以防水防尘。行李舱盖开启的支撑件一般用钩形铰链及四连杆铰链,铰链装有平衡弹簧,使启闭箱盖省力,并可将其自动固定在打开位置,便于提取物品。带电控的后行李舱通过遥控钥匙自动开启,如图 3-4-2 所示。

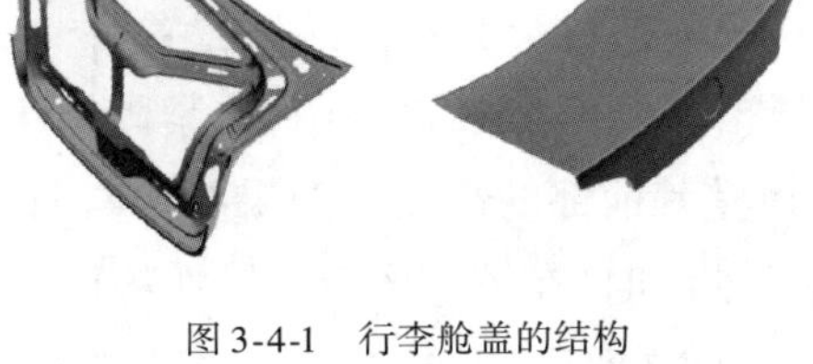

图 3-4-1 行李舱盖的结构

图 3-4-2 通过遥控钥匙自动开启行李舱

3 任务实施

3.1 准备工作

由于车型不同,行李舱的更换方法有一些差异,应参阅具体车型的维修手册,制订行李舱盖的拆卸实施方案。准备仪器、设备和工具。

3.2 操作过程

下面以更换某款车型行李舱盖为例,介绍行李舱盖的更换步骤。

1)行李舱盖的更换

(1)断开蓄电池负极电缆。拆下行李舱盖衬板。

(2)断开所有线束插头。

(3)拆下充气弹簧支撑杆。

(4)松开行李舱盖固定螺栓,如图3-4-3所示。

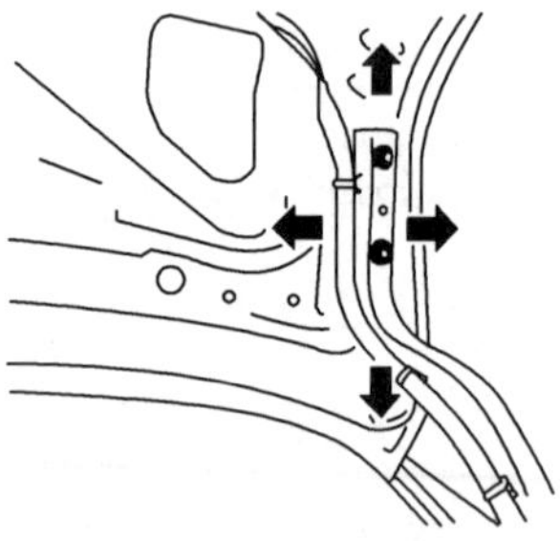

图3-4-3 松开固定螺栓

(5)将行李舱盖从车身上移开。

(6)安装新的行李舱盖。

2)行李舱盖的调整

行李舱盖调整的目的是使行李舱盖均匀放置在左右后翼子板之间,使行李舱盖与密封条紧密接触,防止漏水和漏气,保证上下锁紧密结合。

(1)用扳手将调整缓冲块逆时针拧90°,并从孔中取出。

(2)从调整缓冲块上取下橡胶缓冲块,松开夹紧螺栓,取下带槽的滑块。

(3)将带槽的滑块拉出,插入调整缓冲块,转动90°,使之固定于孔中。

3.3 操作提示

在拆卸充气弹簧支撑杆时,要把弹簧夹移开一段距离,直至其能滑过球座。如果弹簧夹移开距离过大,弹簧夹会损伤,导致充气弹簧支撑杆不可用。

松开左侧和右侧铰链上的固定螺栓,但不要拧出。取下行李舱盖时需要一位助手的帮助,最后拧出螺栓。

铰链上的长孔可使行李舱盖前后左右移动。在调整行李舱盖的前后位置时,将行李舱盖铰链上的螺栓稍稍松开,慢慢关闭行李舱盖,根据需要作出必要的调整,紧固螺栓。有时可能需要在铰链和行李舱盖之间加调整垫片,以调整其前部的高度。如果要抬高前缘,应在前部螺栓部位的铰链和行李舱盖处增加垫片;降低前缘时,在铰链的后部增加垫片。

各处的间隙尺寸都是均匀的,则表明行李舱盖调整到位,不允许过度内凹或外凸,轮廓也必须对齐。调整的时候注意拧紧力矩。调整工作结束后,对铰链和螺栓进行防腐处理。

任务5　车门的更换

1 任务引入

汽车发生碰撞,经检查,车门出现拱曲、凹陷与皱褶等损伤,达不到使用要求,则必须更换车门。

2 相关理论知识

车门通过铰链安装在车身壳体上,其结构较复杂,是保证车身使用性能的重要部件。车门作为一个综合的转动部件,和车厢一起构成乘员的周围空间范围,因此应具有足够大的强度、刚度和良好的振动特性,以满足车门闭合时耐冲击性及发生侧碰时的耐撞性等各项性能的要求。

前车门以绕安装于车门前侧的铰链为旋转轴来实现开启和关闭。承担荷载的部件有外门板、内门板、上加强板、下加强板、门锁加强板、铰链加强板和铰链,由薄板冲压成型并通过焊接连成一个整体的受力结构。

2.1 车门的类型

根据车门窗框结构可分为整体式车门(图3-5-1)和分体式车门(图3-5-2)。大多数轿车是有框的,有框车门可以提高车门的刚性和密封。无框车门多用于敞篷车和硬顶车。

图3-5-1　整体式车门

图3-5-2　分体式车门

在工作中,我们遇到最多的是整体式车门,整体式车门的玻璃窗框是与门内、外板一体冲压制成的,其优点是车门零件数少,组装方便、车门刚度好,并便于设置两道密封条。缺点是加工困难,需大型冲压设备。

最具代表性的分体式车门是奥迪乘用车的车门。这种车门的面板与内骨架是分离的,维修时需要拆卸门内饰板和骨架。

2.2 车门的组成

车门的组成如图3-5-3所示。

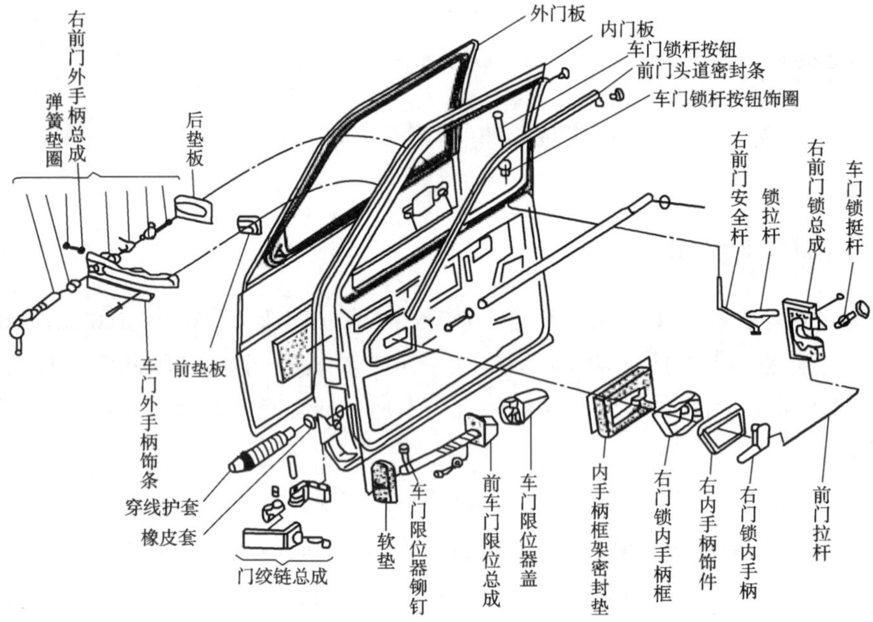

图3-5-3　车门的组成

(1)门框:车门的主体框架,车门的一些部件,如铰链、把手都安装在门框上。

(2)车门板:固定在门框的外面,它可以由钢、铝、塑料等组成。

(3)车门玻璃升降机:用来升降玻璃。

(4)门锁:与车身上的车门锁钩啮合以保持车门关闭。图3-5-4所示为奥迪车门锁,图3-5-5所示为宝来车门锁。

图3-5-4　奥迪车门锁

图3-5-5　宝来车门锁

(5)车门开度限制器:使车门开启后能停止在最大开度或使车门停留在某一角度的部件。它的基本要求是力矩损失小、塑料磨损小,金属材料要求有好的性能、注塑罩壳要求有好的尺寸控制,滑块与限位器为点接触。前后门均可实现25°、45°、68°三挡位角度开启,并在30%的坡上保持车门限位开启,如图3-5-6所示。

(6)车门上的儿童锁:手动方式,它可防止从车里面打开两侧后车门,如图3-5-7所示。

图3-5-6　车门开度限制器

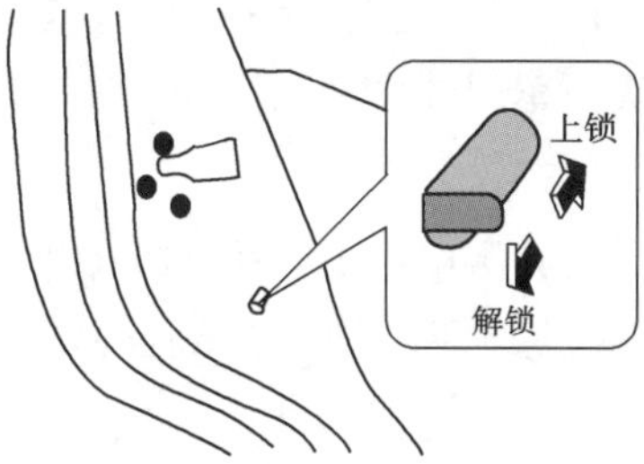

图3-5-7　儿童锁

(7)车门防撞杆:众所周知,当汽车受到侧面撞击时,车门很容易变形,从而直接伤害到车内乘员。为了提高汽车的安全性能,不少汽车制造商就在汽车两侧门夹层中间放置一两根非常坚固的钢梁,这就是侧门防撞杆。

防撞杆的防撞作用:门内部采用超高强度钢板制造加强防撞杆(板),坚固的防撞杆能大大减轻侧门的变形程度,当侧门受到撞击时,防撞杆能减少汽车撞击对车内乘员的伤害,如图3-5-8所示。为提高安全性,一些高级车门内板加强防撞杆设计成y形,大大提高了对乘员的保护,如图3-5-9所示。

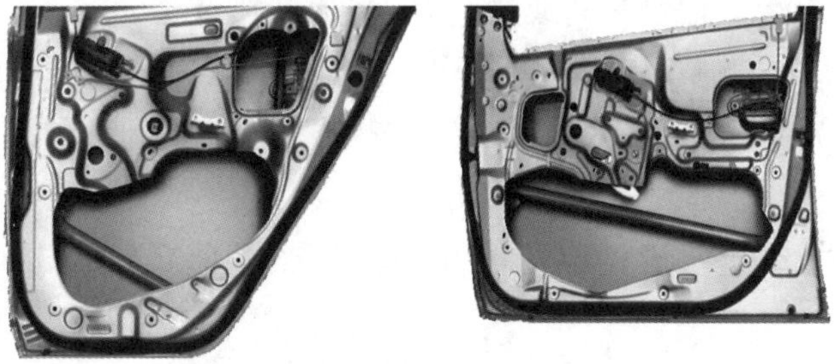

图3-5-8　车门内防撞杆

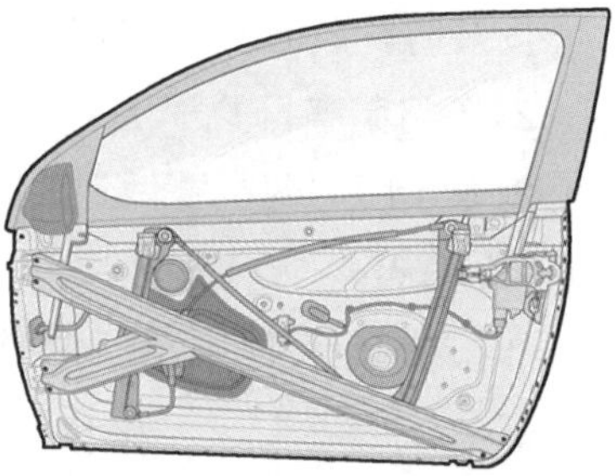

图3-5-9　y形车门内防撞杆

(8)车门内侧密封条,其形状不一样,有的是在车体门边上,有的是在车门的内侧。车身内侧密封条用的是密封的橡胶软皮,它会使车门有更好的密封性。

密封条的安装会让外界尘土无法进入车内,起到防尘作用,而且使车门密封好,起到隔音效果。

3 任务实施

3.1 准备工作

由于车型不同,车门的更换方法有一些差异,应该参阅具体车型维修手册,制订车门的拆卸实施方案。准备仪器、设备和工具。

3.2 操作过程

下面以更换某款车型前车门为例,介绍前车门的更换步骤。

(1)断开蓄电池负极电缆。拧开车门限位器固定到A柱上的螺栓。

(2)拆下前立柱下饰板,松开前立柱上的插头。

(3)将护套从前立柱上拉出,将电线从前立柱上拽出。

(4)从前车门铰链总成上拆下C形卡簧。

(5)提升并松开车门。

(6)安装新车门(与拆卸的相反顺序进行)。

(7)去掉保护膜,将防护条轻轻贴到车上,然后压紧防护条。

3.3 操作提示

1)调整前工作

拆卸车门以前,要检查车门和相关部件是否工作正常。检查车门总成、车门铰链。检查车门边缘的间隙是否均匀。

先断开进入门框的线束,然后断开车门铰链。车门外的一些线束很容易断开,而其他一些线束需要完全分解车门后才能断开。

车身修复人员除要修复车身结构件和覆盖件外,还要承担汽车装饰件的修复工作。有些装饰件和嵌条可以用粘接带粘接,有些可以用各种金属或塑料紧固件使其连接。

安装防护条时,工作温度大约为20℃。温度过高或过低均影响粘接质量。

2)车门调整目的

汽车车门的调整要做到关闭容易,且车辆在行驶时不会产生噪声、异响,做到不漏风、不漏水、不进灰。

车门的调整:使用车门调整扳手,对车门进行调整。调整时,需松开前立柱上的车门铰链。

3)车门调整方法

车门用铰链连接到车身上。铰链可以用螺栓装在车门和车身上,或焊接到车身或车门上。显然,焊接到车门上的铰链是无法调节的,然而车身这边的铰链可以向前、向后、向上及向下进行调节。

4)车门调整步骤

使用垫片也能使铰链按要求内外移动。具体步骤如下:

(1)首先要确定松开铰链上的哪个螺栓才能使车门向需要的方向移动。

(2)移动车门到需要的位置,将铰链螺栓拧紧并检查车门和安装位置,以确保没有与邻近的板件黏结或互相干扰。

(3)重复上述操作,直至获得理想的配合。为了准确地关闭车门,要检查车门撞板的对准情况。如图3-5-10所示。

(4)移动车门撞板螺栓并检查车门相对于门框的位置。

在一些车辆上,必须使用一种特殊的扳手来松开或拧紧螺栓。如果需拆卸铰链,应围绕

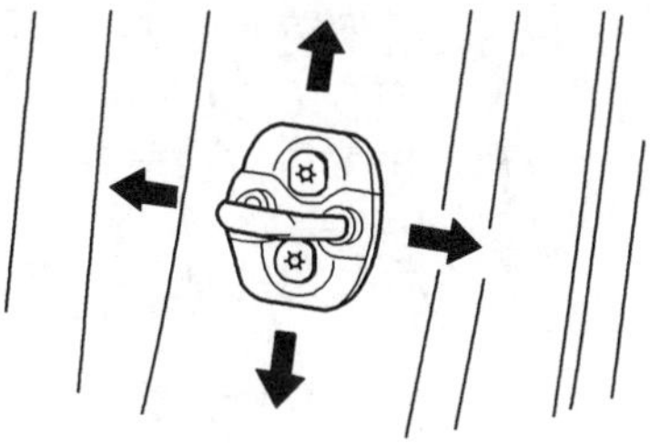

图 3-5-10 车门撞板

着铰链画线,标出其位置,这样便于重新安装时确定铰链的位置。在调整过程中,可能需要松开翼子板,这样可使钣金工能够接触到螺栓。如果铰链的销钉磨坏了,就需要更换铰链。有些铰链在销钉上装有轴套,如轴套磨坏,应将它们更换。这要重新紧固铰链中的销钉,也需将车门在一定的范围内重新调整。

车门向里和向外的调节也是非常重要的,车门不仅应正确地安装到门框上,而且也必须与车身板件正确对准。车门也必须使密封条紧密压紧于车身与门框之间,以使其具有良好的密闭性。

当对车门进行移动调节时,一定要小心进行。如果在上部铰链处将门移出,这不仅会影响门的上部,而且也会使相对的底角移进。如果门的底部在铰链处移进,这会使相应的上角移出。但如果车门在两个铰链处相等地移进或移出,这仅会影响车门的前部(因为向车门后部的调节量减少了)。中央门柱、车门撞板螺栓和锁,将决定车门安装时的位置。车门的前边在前缘上总是比另一板件的后边稍微向里一些,这有助于控制在车门面板前缘产生的风噪声。如果前缘超出另一板件的后缘,很可能会引起风噪声。

必须调节车门时,移动撞板有时候会更有利。当关车门时,如果发现车门被升高或被迫下降,说明车门撞板没有调节好。当车门关闭时,车门撞板只能使车门稍稍提升。车门撞板能做上下和内外移动。

调节完毕后,螺栓的拧紧力矩要按照维修手册的要求进行检查。

任务6 后视镜的更换

1 任务引入

汽车发生碰撞,经检查,后视镜损伤,达不到使用要求,必须更换。

2 相关理论知识

后视镜是车辆的重要安全件之一,用于在汽车倒车过程中观察后方路况以及驾驶员在驾驶车辆过程中观察车身周围情况。

汽车后视镜是通过镜面反射原理将轿车后下部的事物反射到驾驶室内驾驶员的视野里,从而避免事故发生。后视镜分为凸面反光镜一块(安装在轿车外后部外面的上沿中间)和平面反光镜一块(安装在轿车内后部中间)。两块镜面可以做一定程度的上下旋转。通过镜面反射从而使驾驶员坐在驾驶座上对轿车外后部下面的情况达到最佳的观察状态。

2.1 后视镜的结构

后视镜主要由后视镜壳体、底座、后视镜玻璃等组成,如图3-6-1所示。

2.2 后视镜的加热功能

后视镜加热功能是指,当汽车在雨、雪、雾等天气行驶时,可以通过镶嵌于镜片后的电热丝加热后视镜,确保镜片表面清晰,如图3-6-2所示。

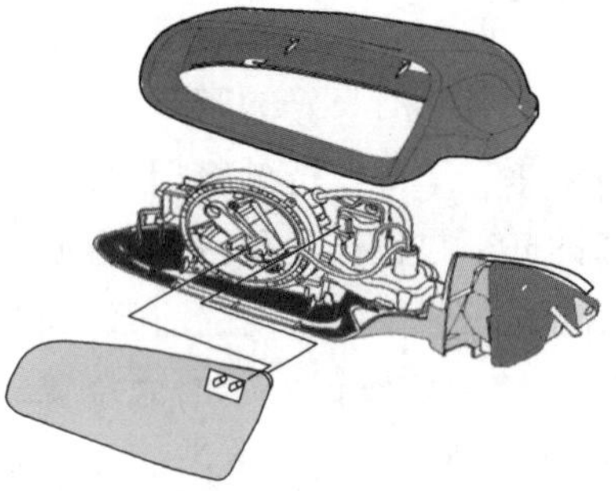

图3-6-1　后视镜组成

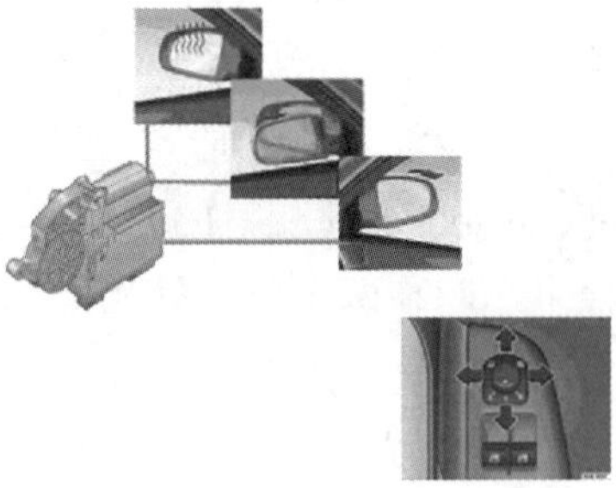

图3-6-2　后视镜功能及操作开关

当汽车在雾天或雨、雪天行驶时,由于雾气造成的后视镜镜面的积雾、冬天积霜或雨水侵袭会造成驾驶员对侧后方的视线不清,需要驾驶员不时地从车窗外对镜片表面进行清洁,这样不仅极不方便,又严重影响了行车安全,而且还只是暂时措施,雾气及雨水又会马上使之模糊不清。而具有加热功能的后视镜,当遇到上述情况时,驾驶员只需开启加热除霜按钮,后视镜就会被加热(一般在45℃左右),除去镜片表面的积雾、积霜等,使后视镜变得清晰。这不仅方便省事,而且还提高了行车时的安全系数。

目前在国内的中高档汽车上都配备了这种具有加热功能的后视镜。

现在一些车辆在倒车镜上安装转向灯。汽车倒车镜和转向灯合一,它由支架、外壳、转向灯、电源线、反光镜片等组成。

2.3 后视镜的伸缩功能

当驾驶员下车后,关闭车门,后视镜自动伸缩,如图3-6-3所示。

3 任务实施

3.1 准备工作

由于车型的不同,后视镜的更换方法有一些差异,应该参阅具体车型维修手册,制订后视镜的拆卸实施方案。准备仪器、设备和工具。

工具装配杆,如图3-6-4所示。

图3-6-3　后视镜伸缩功能

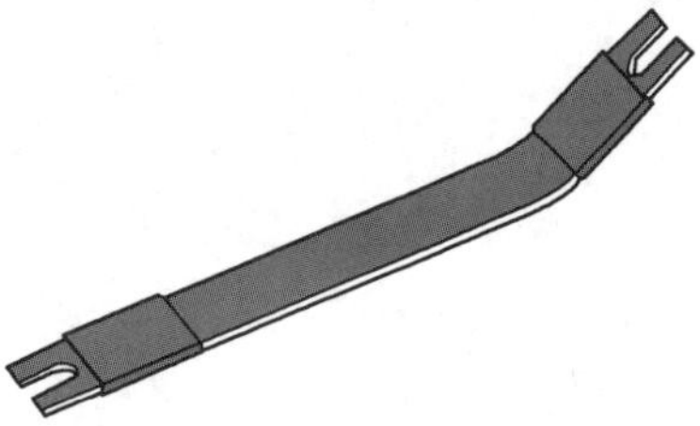

图3-6-4　装配杆

3.2 操作过程

3.2.1　后视镜的更换步骤

(1)拆下车门内护板。

(2)断开后视镜连接插头。

(3)取下后视镜罩盖。

(4)拆下后视镜固定螺栓。

(5)从车门上移开后视镜。

(6)安装新的后视镜。在安装时,按与拆卸相反的顺序安装。

3.2.2　外后视镜壳体及镜片的拆卸

(1)将后视镜向前折叠,以便拆装。

(2)将镜片处于垂直位置,以免取下壳体时碰到镜片。

(3)通过镜片支架的安装孔插入螺丝刀,向上伸到卡扣位置。

(4)向上压螺丝刀,使卡扣从壳体松开。

(5)从后视镜支架上取下壳体。

(6)取下壳体后即可拆下镜片。

3.3 操作提示

更换新的后视镜后,在安装车门内护板之前,需要对后视镜进行功能检测。安装车门内护板后,需要对后视镜进行调整。安装玻璃时,需要带好防护手套。

(1)左侧后视镜调整要领:把车辆停在地面相对水平处,把水平线置于后视镜的中线位置,然后再把车身的边缘调到占据镜面影像的1/4处。

(2)右侧后视镜调整要领:把水平线置于后视镜的2/3位置,然后再把车身的边缘调到占据镜面影像的1/4处。

用图3-6-5所示的旋钮(A)即可切换左右外后视镜,其中,L——左侧后视镜;O——关闭;R——右侧后视镜。

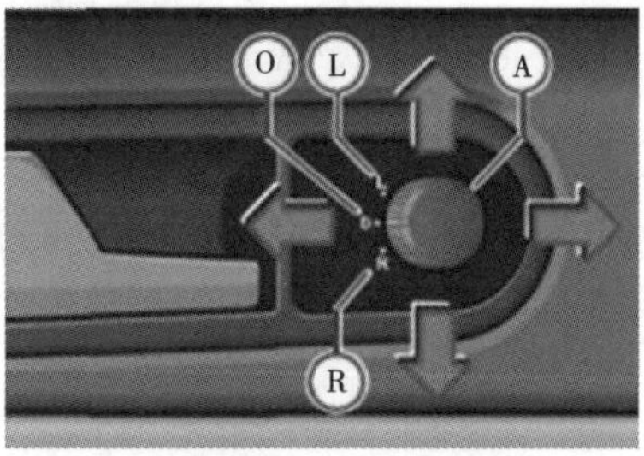

图3-6-5　后视镜调整开关

按图示箭头方向推旋钮,按需要调整镜面位置。

有些车型在更换镜片时需要专用工具装配杆,使用装配杆取玻璃时要注意壳体表面,避免损伤漆面。

任务7 玻璃更换

1 任务引入

经检查,汽车玻璃妨碍修复或损伤,需对其进行拆装或更换。

2 相关理论知识

2.1 玻璃性能

汽车玻璃的基本要求是透明,要求其透光率高,而且透视的影像不产生变形。

2.1.1 机械强度

汽车玻璃要有一定的冲击和弯曲强度,在高速行驶时的风压下不致破碎或变形。玻璃表面也应具有一定的硬度,以免表面划伤而妨碍视野。

2.1.2 安全性

汽车玻璃要求采用安全玻璃,即受碰撞后只裂不碎,或碎块不呈尖角,以尽量减少对乘员或行人的伤害。同时,在碰撞后汽车玻璃仍应保持一定的能见度,以免妨碍驾驶员的视线而造成第二次事故。

2.2 玻璃种类

我国规定只能使用夹层玻璃和部分区域钢化玻璃,其目的是风窗玻璃受到撞击后,只裂不碎,减少对乘员和行人的划伤;同时,裂纹不致严重影响驾驶员的视线。不少国家规定只能使用夹层玻璃。

车用玻璃分为夹层玻璃、钢化玻璃和区域钢化玻璃和绿色隔热玻璃等品种。

2.2.1 夹层玻璃

夹层玻璃是指用一种透明可黏合性塑料膜贴在二层或三层玻璃之间的风窗玻璃,将塑料的强韧性和玻璃的坚硬性结合在一起,增加了玻璃的抗破碎能力。

2.2.2 钢化玻璃

钢化玻璃是指将普通玻璃淬火使内部组织形成一定的内应力,从而使玻璃的强度得到加强,在受到冲击破碎时,玻璃会分裂成带钝边的小碎块,对乘员不易造成伤害。

2.2.3 区域钢化玻璃

区域钢化玻璃是钢化玻璃的一个新品种,它经过特殊处理,在受到冲击破裂时,其玻璃的裂纹仍可以保持一定的清晰度,保证驾驶员的视野区域不受影响。目前,有不少车的玻璃都采用陶瓷釉,即所谓"黑边框"。

2.2.4 绿色隔热玻璃

有许多轿车风窗玻璃上还有镀膜,采用反射涂层工艺或改善玻璃成分的技术,只让太阳光中可见光进入车厢内,挡住紫外线和红外线,这在很大程度上减轻了乘员的炎热之苦。这种称为"绿色玻璃"的现代轿车玻璃,已经被广泛使用。但普通玻璃及有机玻璃是不适于用作汽车玻璃的。

汽车玻璃的颜色也在发生变化,原来的无色透明玻璃已经逐渐被可减轻驾乘人员眼睛疲劳的青铜色玻璃或绿色玻璃、蓝色玻璃所取代。

3 任务实施

3.1 准备工作

由于车型的不同,前风窗玻璃的更换方法有一些差异,应该参阅具体车型维修手册,制订前风窗玻璃的拆卸实施方案。准备仪器、设备和工具。

3.2 操作过程

3.2.1 前风窗玻璃的拆卸

下面以更换某车型前风窗玻璃为例,介绍前风窗玻璃的更换步骤。

(1)拆下刮水器臂,把前立柱左右两侧车顶装饰条拉开。

(2)把前压力舱密封条取下,松开螺钉,向前、向上取下花粉过滤器盖。

(3)在风窗玻璃右下角边缘处用手抬起压力舱盖,并从右下角开始,将压力舱盖从风窗下部边缘的安装槽上拉起。

(4)拆下前立柱饰板。拆下遮阳板及支架,拔下插头。

(5)以一定角度向下压车内后视镜,并从保持板上取下(靠弹簧卡子固定在后视镜基板上)。

(6)将保护膜放在风窗玻璃和仪表板之间。

(7)用一个塑料楔使风窗上部的密封唇松开,喷入清洁剂(作为润滑油的代用品)。

(8)在软管的帮助下,将切割线铺设在风窗凸缘上。如果间隙太小,则将切割线铺设在外侧,用塑料楔将其推到密封唇下。

(9)用锥子使切割线末端穿过密封材料,并将其引入车辆内部。

(10)将切割线的一端固定在风窗装置上,将切割线的另一端引入车辆,固定在拉手上。

(11)将风窗装置固定在玻璃上,根据需要的位置移动风窗装置,自由切割风窗玻璃。在切割过程中,用塑料楔将切割线压在风窗玻璃上,这样可使风窗边缘和仪表板保持清洁。

3.2.2 前风窗玻璃的安装

(1)新风窗玻璃用PUR进行预涂,如图3-7-1所示。

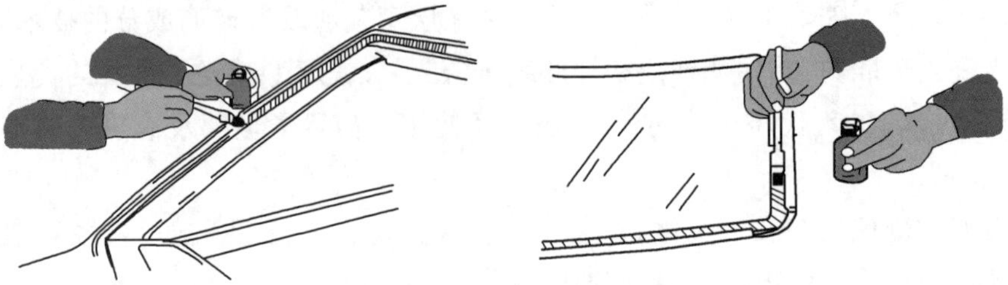

图3-7-1 处理底涂

(2)用切割刀切除风窗口边缘的残留物,但不要全部清除。残留的材料可以作为新黏结剂的良好基础,保持黏结面干净且无油脂,如图3-7-2所示。

(3)将黏结材料(连续胶条)涂到预涂层上,涂敷器与风窗要保持正确角度,如图3-7-3所示。

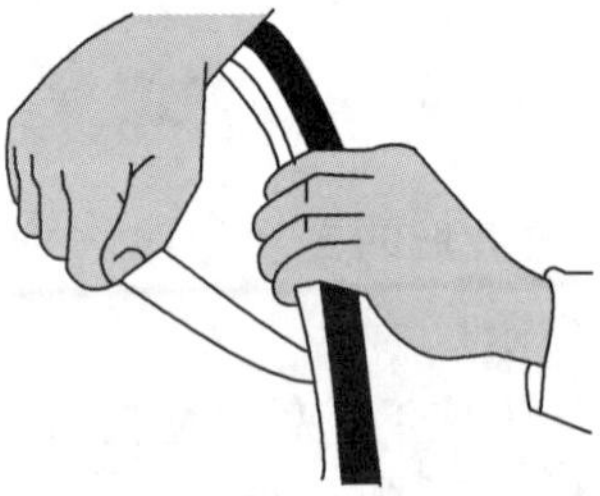

图3-7-2 切除风窗口边缘残留物

图3-7-3 打胶

(4)用吸盘将风窗玻璃安装到风窗口上,如图3-7-4所示。

(5)安装增压舱盖。

(6)更换标签(如年检签等)。

(7)用低压水流检查风窗玻璃是否漏水,如图3-7-5所示。

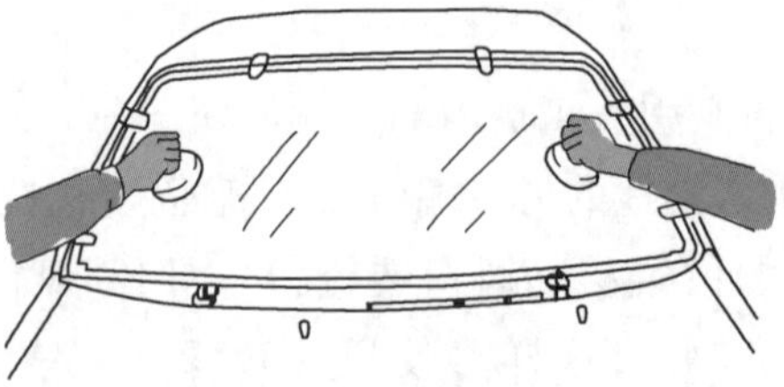

图3-7-4 安装玻璃

图3-7-5 漏水测试

3.3 操作提示

维修玻璃时,首先要遮盖好汽车内部。将座椅套上座套,挡板盖在仪表板上。

更换玻璃时,无论玻璃是否破裂,维修人员都应戴上安全护目镜和手套。

在使用一块未损伤的玻璃时,重新连接前要切除残余的黏性密封化合物,使之仅留有1~2mm间隙。不要损伤底漆和陶瓷层,残留的材料可以作为新黏结密封化合物的基础,但不要在黏结面上涂底剂或使用清洁剂处理,且必须保持黏结面干净且无油脂。另外,如果在切除残留黏性材料后不立即黏结,则保留的残留材料必须用活性剂来处理。

如果密封剂用量过大,在安装时会被挤出,需要花费大量的时间进行清理。

在安装过程中,由于部分溶剂、密封胶与黏结剂含有有害化学物质或者会发出对健康有害的烟雾,因此要严格遵守使用说明。

如果对特定用途的任何专用溶剂或密封胶的适用性有疑问,则联络该产品的制造业者,询问有关储藏、处理与应用的信息。

在安装压舱盖时,由于敲击压力舱盖可能会在风窗玻璃上造成裂纹,为了便于将压力舱盖装到安装槽内,可以在安装区域喷洒肥皂液。将压力舱盖压入安装槽,并从中间部位向上、下两侧施压。

玻璃胶硬化时间为4h,即4h后车辆才可以使用。在硬化时间内,车辆必须在室温条件下(至少15℃)停在水平面上。

要在涂完黏结剂10min内,用双头吸盘将玻璃安装到风窗口上,对中并压入间隔唇,保持结构中规定的间隙和平度。

项目 4

Chapter 4

车身内部部件更换

任务1 座椅更换

1 任务引入

经检查,座椅损伤,需要更换。

2 相关理论知识

汽车座椅是为驾驶员及乘员提供便于操作、舒适又安全、不易疲劳的驾乘位置。汽车座椅应满足以下要求:在车厢内布置要合适,尤其是驾驶员的座椅,必须处于最佳的驾驶位置。

2.1 座椅种类

按用途可分为普通座椅、运动座椅和儿童座椅。普通座椅如图 4-1-1 所示。运动座椅如图 4-1-2 所示。

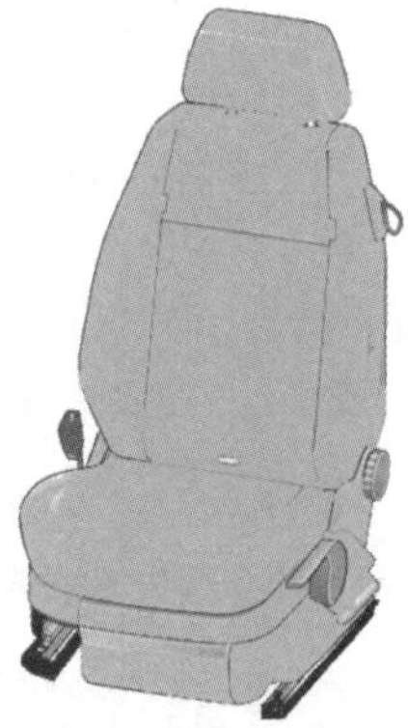

图 4-1-1 普通座椅

图 4-1-2 运动座椅

2.1.1 运动座椅

运动座椅专门针对高速行驶的车身与人体动态反应而设计,因此特别将椅背及椅垫这两个部分加以强化,使人体的腰部、肩部以及背部能够有良好的侧向支撑性。座椅本身的刚性也经过加强,因此能够对转弯时侧向加速度产生的离心力给予有效的抗衡,能够更准确地感受到轮胎与路面的抓地性,使驾驶员能够对车辆进行精确的操控。

普通汽车座椅强调舒适性,但是在弯道行驶时,其无法支撑侧向加速施加于身体的强大离心力,驾驶者的身体会产生严重的侧倾。相对地,也影响到车身所传送的抓地力与转向的回馈力量,对于大功率运动型车辆来说,这种情况的出现会使安全性随之降低。

轮胎与地面摩擦所产生的抓地力,经由转向盘及车身而传给驾驶者,一般称它为“路感”,而车手就是根据路感的回馈,作出最适当的驾驶反应。要控制一部行进中的车辆,除了转动转向盘之外,车身重心的转移也很重要,若想精准抓住车身重心,除了驾驶者自己本身的敏感度外,座椅也提供了极大的帮助。

2.1.2　儿童座椅(图4-1-3)

ISO FIX的全称是“International Standards Organisation FIX”,中文意思是:国际标准化组织固定装置。它是一个关于在汽车中安置儿童座椅的新标准。这一标准正在为众多汽车制造商所接受,其作用是在于使儿童座椅的安装变得快速而简单。当汽车出厂时,ISO FIX接口就已经被装配在车里了,其位置如图4-1-4所示。儿童座椅生产商在儿童座椅上安装ISO FIX接头,这样ISO FIX儿童座椅就可以轻易地固定至汽车的ISO FIX接口中了。

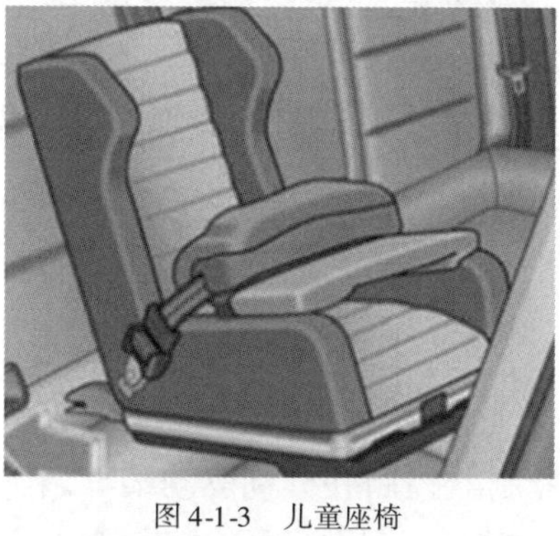

图4-1-3　儿童座椅

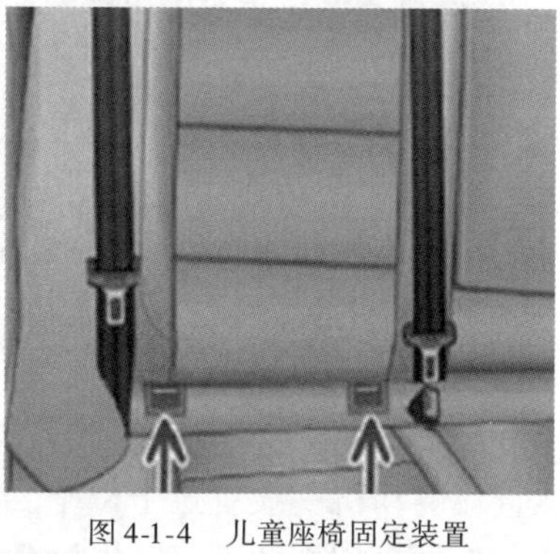

图4-1-4　儿童座椅固定装置

目前,大部分儿童座椅被放置在车内座椅上并使用斜挎肩带(有时只使用腰带)固定。然而,不同车型的汽车有不同的座椅、安全带和固定方式,如图4-1-5所示。汽车座椅形状不同、安全带长度较短和锚固点位置不同,都会导致一些儿童座椅安放的位置更靠前或更靠后。

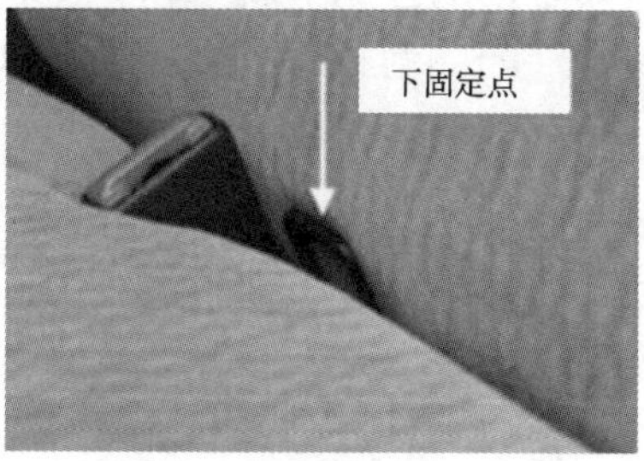

a) 下固定点

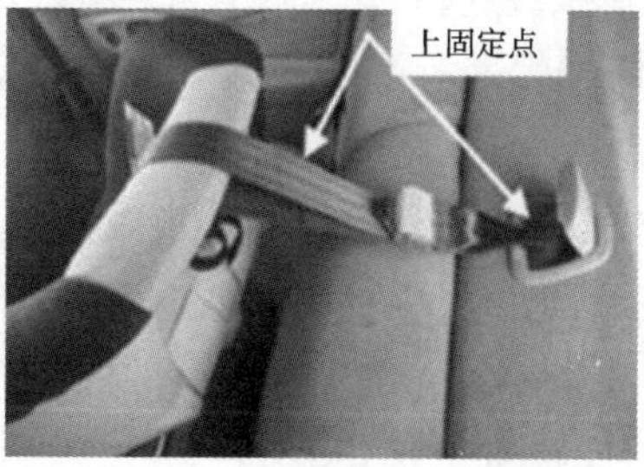

b) 上固定点

图4-1-5　儿童座椅上、下固定点

2.1.3 座椅调节形式

座椅调节形式有手动调节和电动调节。

(1)手动调节。最早的手动调节座椅在1921年面世。手动调节方式需要乘员先通过手柄放松座椅的锁止机构,之后通过改变身体的坐姿和位置来带动座椅移动,最后将锁止机构的手柄放松,将座椅固定在所选择的位置上,如图4-1-6所示。

这种调节方式的主动施力方是座椅上的乘客,座椅调节起来也不是十分方便。

(2)电动调节。电动调节包括以下四部分内容:

①高度、座椅倾斜度、前后位置调节。

②靠背倾斜度调节。

③腰部支撑调节。

④腿部支撑调节。

电动座椅是由坐垫、靠背、靠枕、骨架、悬架和调节机构等组成。其中,调节机构由控制器、可逆性直流电动机和传动部件组成,是电动座椅中最复杂和最关键的部分。可逆性直流电动机必须体积小,负荷能力要大;机械传动部件在运行时要求有良好的平稳性、噪声要低。控制器的控制按钮设置在驾驶者操纵方便的地方,一般在门内侧的扶手上面或坐垫侧面,如图4-1-7所示。

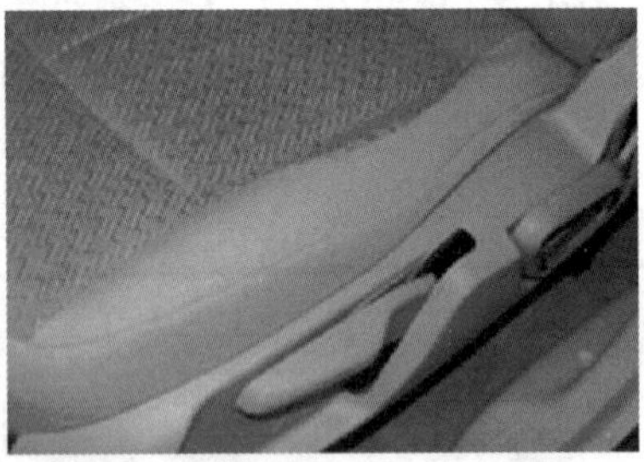

图4-1-6 手动调节座椅靠背调角器

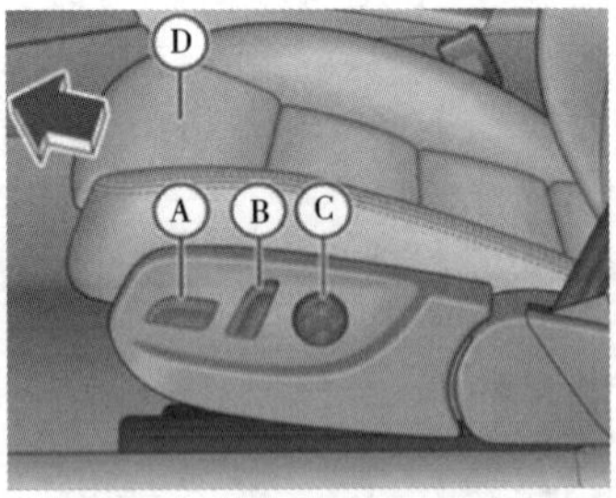

图4-1-7 座椅调节按键

可逆性直流电动机一般有三个以上,它们受控制器控制并分别驱动某个调整方向的传动部件。传动部件有蜗杆轴、蜗轮、齿轴和齿条等。调整时,蜗杆轴在电动机的驱动下,带动蜗轮转动,从而将齿轴旋入或旋出,即座椅下降或上升。如果蜗轮又与齿条啮合,蜗轮转动将齿条移动,即令座椅前移或后移。

在调节电动调节座椅时,座椅是施力方,乘客只需扳动控制键就可以令座椅移动,无须主动改变身体的坐姿。电动座椅还可以提供更加精准的调节位置。电动座椅的使用,让驾驶员能够轻松找到最适合自己的驾驶姿势,提供良好的视野,提高了行车安全性,并能有效减轻驾驶疲劳。在中高档轿车上,生产商都会提供可电动调节的座椅。

2.2 座椅的功能

2.2.1 座椅带记忆功能

电子控制自动调节电动座椅。其将电动座椅与车载电脑结合在一起,增加了座椅的记忆功能,对座椅给出的信息参数实现智能化管理。这种电动座椅带有记忆功能,它能够将调节后的位置记录下来,作为以后自动调节的基准。驾驶员需要调节时,只要一按开关就可自动调节到理想的位置。

例如,前者调好座椅状态,后者在使用时为确保舒适进行重新调整,这时电脑会将前者调节参数存储保存,当前者重新乘坐时,只需要按动一个按钮,便可轻松获得以前存储的且适合个人需要的设定。一般有两到四个记忆组数。

2.2.2　座椅被动安全功能

座椅被动安全功能,一种是可在追尾时减轻鞭打性损伤的功能,另一种功能是可在正面碰撞时减轻体格较小的驾驶员胸部受到的冲击。

在碰撞中,座椅起到非常重要的缓冲作用,所以,厂家在设计座椅时除了考虑保证足够的舒适性和包裹性之外,如何能为乘员起到更好的缓冲作用也至关重要,特别是头枕设计,在保护头部和颈部方面会起到很重要的作用。在十字路口发生追尾事故时,追尾车辆的速度为15～50km/h。此时,被追尾车辆的前座靠背速度会在约1/10的时间内提高至7～25km/h。在背部受到强烈冲击时,人体头部会向后弯曲,从而造成鞭打性损伤。其原因是胸部先向前移动,然后头部才会向前移动。要防止这种情况发生,必须使头部向前移动的速度与胸部相同。一个小小的汽车座椅头枕能在发生交通事故的一刹那(特别是汽车追尾时),有效保护车内驾乘人员的头部与颈部,使其尽可能受到最小伤害。前几年,市场上销售的很多轿车只有配置相对较高的舒适型和豪华型的车型后排座椅才配备头枕,而基本型的车型后排座椅大多都没有配备头枕,车主只能选择自行安装。以至于很多人都认为头枕只是一项舒适性配置。随着《汽车座椅固定装置和头枕强度要求及实验方法》的出台,将配置汽车座椅头枕列为强制性国家标准以后,汽车座椅头枕才得到了厂家和消费者的重视,所以,近几年上市的车型不分基本配置和豪华配置,都在前后排座椅上安装了头枕,如图4-1-8所示。

图4-1-8　高度可调头枕

2.2.3　座椅的按摩、通风功能

座椅涉及电子学、人体工程学和工业设计学等领域,随着汽车技术的发展,轿车座椅已从一个简单的部件发展到一个比较复杂和精确程度要求比较高的部件。

随着汽车座椅功能的逐渐延伸,它已经不仅仅局限于提供良好的驾驶、乘坐姿态。在高档轿车上,设计人员赋予了汽车座椅按摩、通风的功能,以满足消费者日益增长的需求。

设计者在座椅内加入气动装置,气压由发动机舱的气泵提供,座椅靠背内分别有4个或多个气压腔,实现对腰椎部的保护。同时,这些气压腔由一个装在靠背内的电脑控制的电子振荡器控制,电子振荡器根据事先编写的程序改变气压腔内的压力,使座椅椅面随之运动,达到为驾乘人员按摩的目的。具有按摩功能的座椅能够为辛勤工作了一天或是长时间驾车的人们缓解疲劳,如图4-1-9所示。

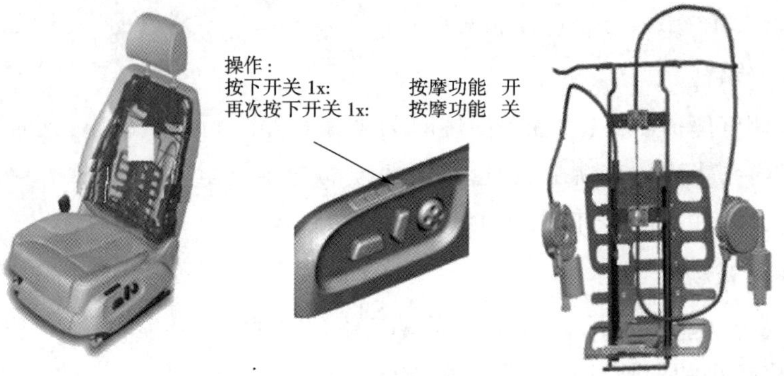

图4-1-9　座椅按摩功能

高档汽车设有座椅通风装置。风扇可向座椅内注入空气,空气从椅面上的小孔流出,实现了通风。乘客坐在座椅上时,身体后部与椅面紧密接触,接触部分空气不流通,不利于汗液的排出,会使人体感到不舒服。通风功能有效改善了人体与椅面接触部分的空气流通环境,即使长时间乘坐,身体与座椅的接触面也会干爽舒适,如图4-1-10所示。

2.2.4　座椅气囊

前排座椅安装侧气囊,并与侧面帘式气囊一起提供加强保护,保护侧撞过程中乘员安全。座椅安全侧气囊有气囊标签,缝在座椅外板侧,其位置如图4-1-11所示。

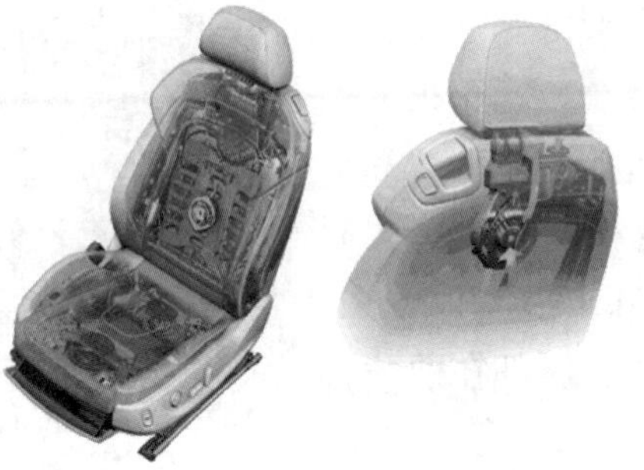

图4-1-10　座椅通风装置

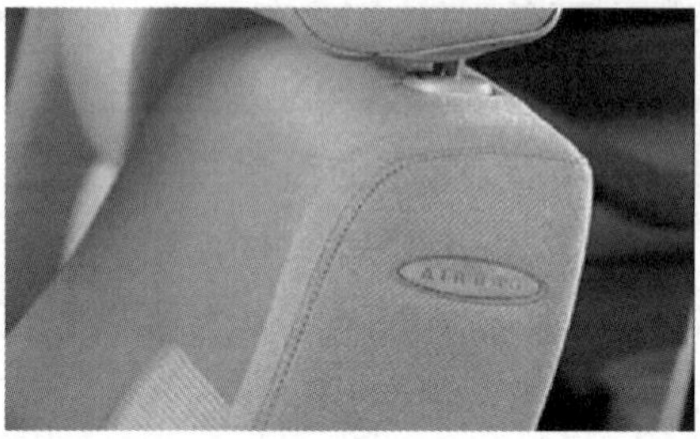

图4-1-11　座椅安全侧气囊标签

当车辆在与其他车辆碰撞过程中和局限在车辆某些特定区域的碰撞过程中——如与电线杆、树或类似物体的碰撞,乘员防护控制器系统(ORC)会展开安装在座椅上的气囊。

正确操作前排乘客座椅部件对于乘员防护控制器系统(ORC)来说是至关重要的。因此不允许擅自改装前排乘客座椅部件、总成或座椅护面。必须严格遵循以下规定:

(1)不要以任何方式对前排乘客座椅部件、总成或座椅护面做任何修改。

(2)对于正在修复的座椅,不允许使用非指定的、不同型号的座椅护面来替换。

(3)不要使用配件市场的座椅护面更换该座椅护面。

(4)不要使用那些未经主机厂批准的辅助座椅护面。

(5)在任何时候修改或更新乘员辅助约束系统(SRS)部件或与SRS相关的部件或紧固

件时，都必须得到主机厂的批准。对前排乘客座椅的总成、总成相关的部件或座椅护面进行未经批准的改装或维修，都可能改变气囊在正面碰撞时的展开性能。如果车辆发生事故，会导致前排座椅乘客的严重伤害或死亡。

3 任务实施

3.1 准备工作

由于车型的不同，座椅的更换方法有一些差异，应该参阅维修手册对具体车型座椅进行更换。制订保险杠拆装实施方案。准备仪器、设备和工具。

3.2 操作过程

下面以更换某款车型座椅为例，介绍座椅的更换步骤。

3.2.1　座椅的拆卸

(1)把座椅推到最前部。

(2)松开装饰条上的盖帽，拧下螺栓，取下装饰条(左右两侧)。

(3)向后推座椅。

(4)拧下螺栓，将座椅向后从导轨上推出。

(5)拔下侧面安全气囊插头。

(6)将安全气囊接线插到插头壳体上。

3.2.2　座椅的安装

按与拆卸相反的顺序进行。

3.2.3　座椅安全气囊的更换

座椅安全气囊的分解如图 4-1-12 所示。

(1)使点火开关处于锁闭位置。

(2)拆下前座椅。

(3)断开蓄电池负极导线并等候 1min 以上。

(4)剥离部分座椅靠背蒙皮。

(5)剥离部分座椅靠背垫。

(6)拆下连接器、螺栓及座椅安全气囊组件。

(7)按与拆卸相反的顺序进行安装。

(8)将点火开关转到 ON 的位置。

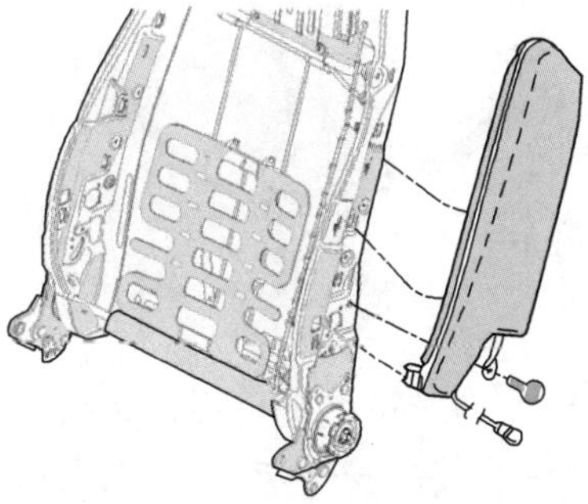

图 4-1-12　座椅安全气囊的分解

3.3 操作提示

当座椅安全气囊组件由于碰撞而展开时，座椅靠背的内部可能被损伤。此时，需检查确认座椅靠背有无损伤，确认座椅能正常工作，且线束没有被卡住，没有问题后才可以更换座椅气囊组件。如果在将座椅安全气囊组件安装到座椅靠背时夹杂了碎屑,当座椅安全气囊组件展开时,这些异物可能四处散射,导致人体受到伤害。在安装座椅安全气囊组件之前,确认座椅靠背内无异物。

断开蓄电池前,应注意防盗码收音机的使用说明书。接上蓄电池后,应按维修手册检查车上装备(例如,收音机、时钟)。拔下触发线和地线前,技师应去静电(例如,用手摸一下车身)。断开蓄电池负极导线并等候1min以上。确认安全气囊系统的报警信号灯变亮约6s,然后熄灭。安装后,若安全气囊报警灯显示有故障,则需要用检测电脑查询并清除故障存储器。

任务2 安全带的更换

1 任务引入

经检查,安全带损伤或碰撞后失效,需对其更换。

2 相关理论知识

2.1 安全带工作原理

理想的安全带作用过程是:首先,在碰撞过程中及时收紧,在事故发生的第一时刻毫不犹豫地把人"按"在座椅上。然后,适度放松,待冲击力峰值过去,或人已能受到气囊的保护时,适当放松安全带。避免因拉力过大而使人肋骨受伤。图4-2-1所示为安全带总成。

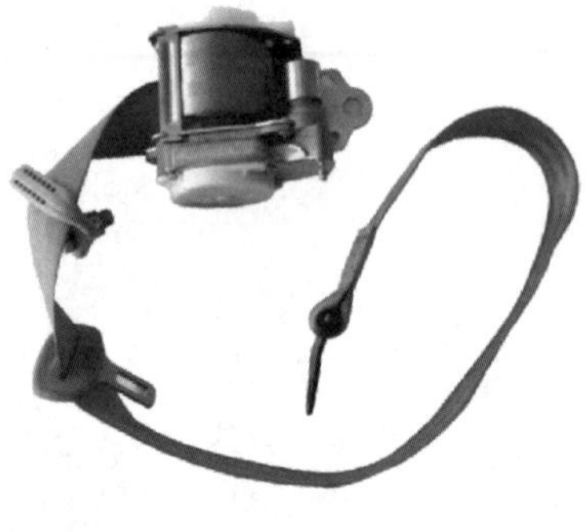

图4-2-1 安全带总成

最先进的安全带都带有预收紧装置和拉力限制器,这两者的功能原理如下。

2.1.1 安全带预收紧装置

当事故发生时,在惯性作用下人向前、座椅往后,此时如果安全带过松则后果很可能是:乘员从安全带下面滑出去,或者人已碰到了气囊,而此时安全带由于张紧余量过大而未能及时绷紧,即未能像希望的那样先期吸收一部分冲力,而是将全部负担都交给了气囊。这两种情况都有可能导致乘员严重受伤。但问题是,正确安装的安全带,其松动余地来自何方?一是由于乘员的衣服本身有一定的厚度,另外在安全带装置中也多少隐藏了部分松动余量,这种余量无法消除。但在遇到事故时,还应保证乘员安全。为此出现了安全带预收紧装置,它负责提供可瞬间绷紧的安全带,图4-2-2所示为安全带张紧器组成。其作用过程是:首先由一个探头负责收集撞车信息,然后释放出电脉冲,该脉冲传递到气体发生器上,引爆气体。爆炸产生的气体在管道内迅速膨胀,带齿架的活塞高速向上运动,活塞的一侧固定有一个齿条,当活塞弹起时,齿条将与大齿轮啮合。高速运动的大齿轮会快速旋转卷轴，从而卷起安全带。从感知事故到完成安全带预收紧的全过程仅持续千分之几秒。管道末端是一截空腔，用于容留滚过来的球。这是因为爆炸式张紧器使用3个弹筒驱动。它在乘员相对车身运动40mm之前10ms自动点火爆炸，12ms内产生50kW功率，在10ms之内安全带迅速卷收200mm，对乘员的最大回拉力限制在250kg以下，将有效保护乘员在剧烈碰撞时的人身安全。

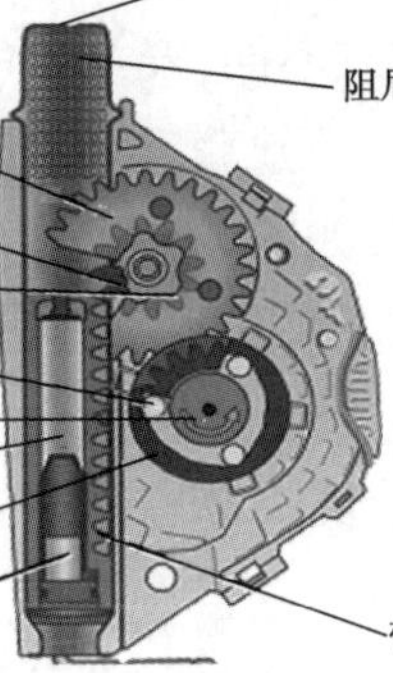

图4-2-2　安全带张紧器

安全带张紧器还有智能识别功能，当有人坐在座位上，将安全带的锁口插进按钮中，张紧器才会在事故中发挥作用。而无人在座位上时，安全带张紧器不工作，这样可降低维修费用。

2.1.2　安全带拉力限制器

事故发生后，安全带在预收紧装置的作用下已经绷紧。但我们希望在受力峰值过去后，安全带的张紧力度马上降低，以减小乘员受力，这份工作就由安全带拉力限制器来完成。在安全带装置上，有一个如前所述的预收紧装置，底下卷绕着安全带。轴芯里边是一根钢质扭转棒。当负荷达到预定情况时，扭转棒即开始扭转，这样就在一定程度上放松了安全带，实现了安全带的拉力限制功能。

在安全带预收紧装置和安全带拉力限制器的共同作用下，安全带的保护能力几乎达到了理想状态。

预收紧式安全带的特点是当汽车发生碰撞事故的一瞬间，乘员尚未向前移动时它会首先拉紧安全带，立即将乘员紧紧地绑在座椅上，然后锁止安全带防止乘员身体前倾，以有效保护乘员的安全。预紧式安全带中起主要作用的卷收器与普通安全带的卷收器不同，除了普通卷收器的收放安全带功能外，还具有当车速发生急剧变化时，能够在0.1s左右的时间内加强对乘员的约束力，因此它还有控制装置和预拉紧装置。

控制装置分有两种：一种是电子式控制装置，另一种是机械式控制装置。预收紧装置则有多种形式，常见的预收紧装置是一种爆燃式的，由气体引发剂、气体发生剂、导管、活塞、绳索和驱动轮组成。当汽车受到碰撞且预拉紧装置受到激发后，密封导管内底部的气体引发剂立即自燃，引爆同一密封导管内的气体发生剂，气体发生剂立即产生大量气体并膨胀，迫使活塞向上移动拉动绳索，绳索带动驱动轮旋转的同时使卷收器卷筒转动，安全带被卷在卷筒上，使安全带被回拉。最后，卷收器会紧急锁止安全带，固定乘员身体，防止身体前倾，避

图 4-2-3　安全带报警提示灯

免与转向盘、仪表板和风窗玻璃相碰撞。

驾驶员忘系安全带,或未将安全带锁舌插入到位,而启动发动机的话,安装在仪表板上的报警灯将会持续闪烁,还会发出蜂鸣声,提醒驾驶员系好安全带,如图 4-2-3 所示。

2.2 安全带的种类

按固定方式不同,安全带可分为两点式、三点式、四点式 3 种。

(1)两点式安全带。两点式安全带是与车体或座椅仅有两个固定点的安全带,如图4-2-4所示。

两点式安全带的软带从腰的两侧挂到腹部,形似腰带,在碰撞事故中可以防止乘员身体前移或从车内甩出,优点是使用方便,容易解脱。

缺点是乘员上身容易前倾,前座乘员头部容易撞到仪表板或风窗玻璃上。这种安全带主要用在轿车后排座位上。

(2)三点式安全带。三点式安全带是在两点式安全带的基础上增加了肩带,在靠近肩部的车体上有一个固定点,可同时防止乘员躯体前移和上半身前倾,增强了乘员的安全性,是目前使用最普遍的一种安全带。

三点式安全带的轮带由结实的合成纤维织成,包括斜跨前胸的肩带,绕过人体胯部的腰带,在座椅的外侧和内侧地板上各有一个固定点,第三个固定点位于座椅外侧车身支柱的上方。乘员胯部内侧附近有一个插扣,插扣由插板(松套在带子上,图 4-2-5 所示)和锁扣(与内侧地板固定点相连)两部分组成。这两部分插合后即可将乘员约束在座椅上。按下插口的红色按钮就能解除约束,如图 4-2-6 所示。

(3)四点式安全带。它是在两点式安全带上连接两根肩带而构成的形式,一般用于赛车上。

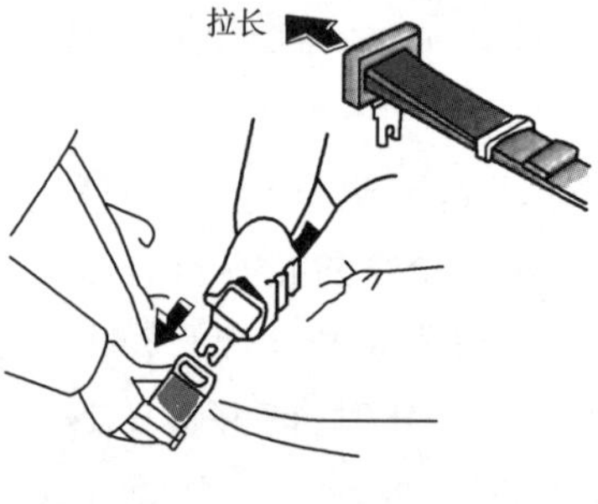

图 4-2-4　两点式安全带

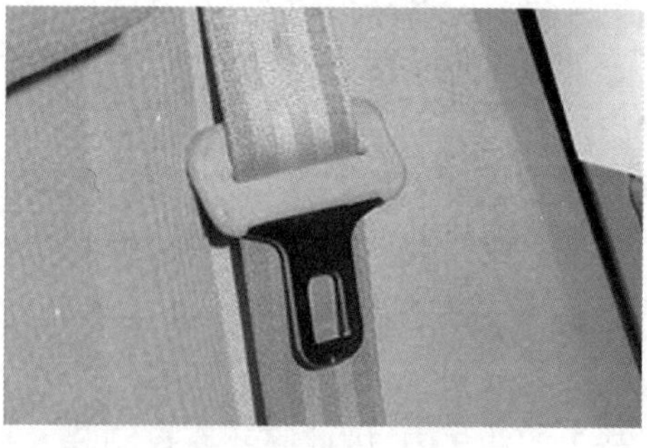

图 4-2-5　安全带插板

2.3 安全带高度的调整

前排乘坐者根据需要,可调整安全带固定点的高度。安全带上固定点有 4 ~5 个定位高度,可按下锁止钮使安全带上支点滑动到合适的位置,然后松开锁止钮,上下推动一下上支点,以使其可靠就位,如图 4-2-7 所示。

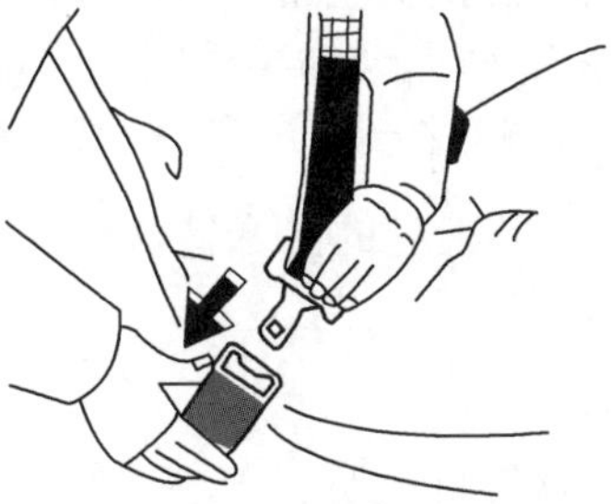

图4-2-6　安全带的插板和锁扣的插合

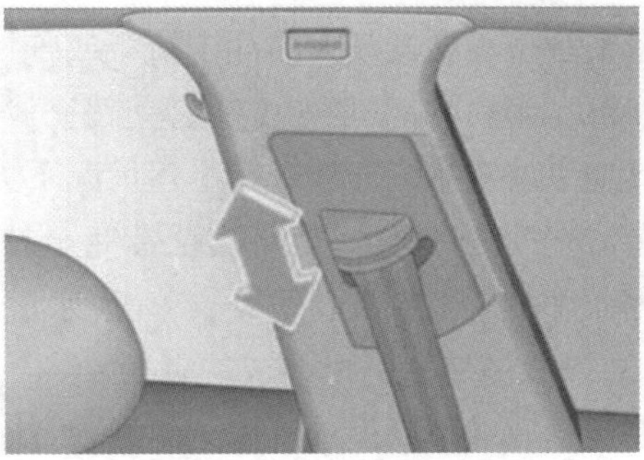

图4-2-7　安全带高度调节

3 任务实施

3.1 准备工作

由于车型的不同,安全带的更换方法有一些差异,应参阅具体车型维修手册,制订安全带拆装实施方案。准备仪器、设备和工具。

3.2 操作过程

3.2.1　拆卸

(1)拆卸B柱上下护板及门槛装饰条。

(2)拆卸安全带高度调节装置。

(3)拆下带张紧器的安全带。

3.2.2　安装

按与拆卸相反的顺序进行。

3.3 操作提示

鉴于现行的一些安全规定,任何维修或检测都只能由服务站进行。任何未严格遵守有关规定的维修都可能造成系统不工作或工作异常,造成对人体的伤害。

安装过程中,螺栓的拧紧力矩要达到维修手册所规定的要求。

使用测试装置对预收紧装置座椅安全带进行检查,这样可能会导致预收紧装置座椅安全带展开,对其造成严重损伤。不要使用测试仪来检查预收紧装置座椅安全带,一定要使用车载诊断仪诊断预收紧装置座椅安全带有无故障。

(1)检查内容。

检查安全带软带,检查自动卷带,对搭扣进行目视检查,检查搭扣功能,检查导向板和锁舌,检查固定件及固定点。

(2)维修保养。

若安全带承受过很大的冲击荷载或曾掉在地上,则应更换安全带并检查固定点。

在汽车制动时,安全带可能会受到突然的拉力,这时卷绕器的锁止机构应保证将安全带锁住。如果卷绕器或安全带在上述情况下无法锁住,必须强制更换。

要清洗安全带时,只能将安全带完全拉出,使用带少量肥皂的温水清洗,直到安全带干燥后才允许将软带收入卷绕器,不允许水进入卷绕器。

(3)预收紧装置引爆系统的更换。

在起爆后或车辆投入使用十年后,只能由服务站对其进行更换。

任务3 天窗的维修与更换

1 任务引入

经检查,天窗有异响、发卡,不能正常开启或关闭,需要维修或更换。

2 相关理论知识

天窗主要由天窗玻璃总成、导流板总成、框架总成、遮阳板总成和驱动机构组成,如图4-3-1所示。开启的形式一般分为外启式、内藏式和倾斜式。外启式的玻璃窗在顶盖上面滑动;内藏式的玻璃窗在顶盖下面与篷顶内饰衬之间滑动;倾斜式的玻璃窗前端或后端向上倾斜呈开启状态。目前多采用1+2或1+3两种形式打开。一般高档的天窗内则设有遮阳板(帘),关闭遮阳板后可不让光线射入车厢,且顶窗上层采用深色玻璃,可以遮挡阳光中的紫外线辐射。

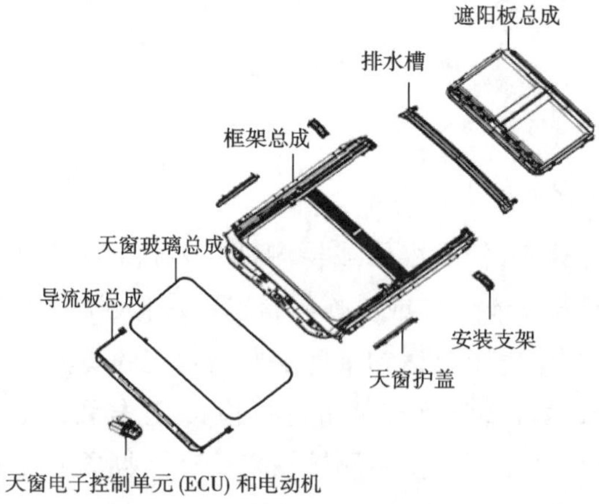

图4-3-1 天窗组成

滑动天窗的功用如下所示。

点火开关打开后,天窗通过旋转开关来打开和关闭或者通过推、拉开关来倾斜和关闭,如图4-3-2所示。在点火开关关闭后,天窗仍然可以打开或关闭,直到驾驶员门或前排乘客门打开。

在旋钮开关上,标有玻璃嵌板开启的预设位置。其他程度的打开位置可以通过顺时针旋转开关来实现。打开天窗开关,这时称为舒适位置,风噪声最小;如果将天窗开关开到前进风位置,天窗全开,此时的噪声迅速增大。通过持续推或拉开关,可以使天窗倾斜或关闭,直到极限位置。

图4-3-2　天窗开关

滑动天窗在执行滑动功能时,有一个超压力限制系统。在执行关闭动作时,若遇到障碍则天窗将自动打开。玻璃天窗在旋钮的控制下能做到上升或下降,而且玻璃天窗可以通过压下旋钮开关来进行关闭(只要旋钮开关上有压力)。若需紧急关闭天窗,或在天窗关闭过程中有故障,可以通过压下“关闭天窗”来强制关闭天窗。在使用强制关闭功能时,超压力限制系统功能不起作用。

天窗的电动机通过一个时间限制器进行过热保护,当天窗操作执行大约2min后,保护机构动作。在经过一段时间冷却后,天窗功能可以恢复。

3 任务实施

3.1 准备工作

由于车型的不同,天窗的更换方法有一些差异,应参阅具体车型维修手册,制订天窗拆装实施方案。准备仪器、设备和工具。

3.2 操作过程

3.2.1　天窗玻璃镶板的拆卸

(1)将遮阳帘滑到后部,倾斜打开天窗。

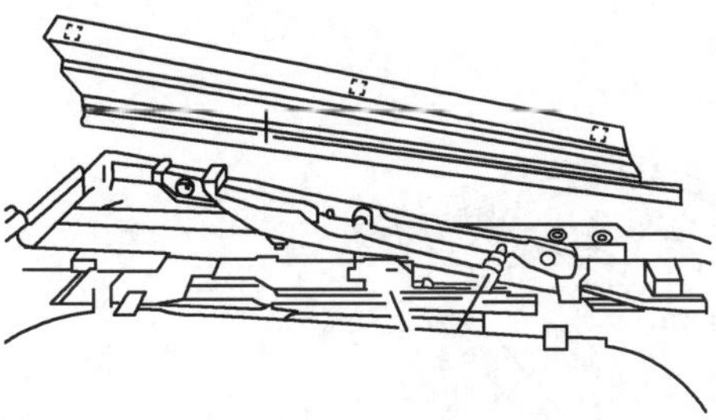

图4-3-3　取下防尘套

(2)拆下下部饰板(后部区域相连),并向前滑动,从车顶框架上取下橡胶防尘套,如图4-3-3所示。

(3)拆下上部饰板的前部和中部连接,并从后部松开挂钩。

(4)拧下玻璃镶板的前后两个紧固螺钉,松开中间螺钉,但不要拧下。

(5)向上取出天窗玻璃镶板。

3.2.2 天窗玻璃镶板的安装

(1)镶板必须安装在“0”位(即镶板关闭时),此时滑板销钉必须与滑板上的标记对齐,如图4-3-4所示。

(2)从上面安放天窗,拧入固定螺钉,但不要拧紧,待调整完镶板高度后,拧紧螺钉。

3.2.3 导流板的拆卸

导流板的拆卸,如图4-3-5所示。

(1)将天窗完全打开。

(2)压下导流板,同时按箭头方向向车辆中间拉出两侧的导杆。

(3)取出导流板。

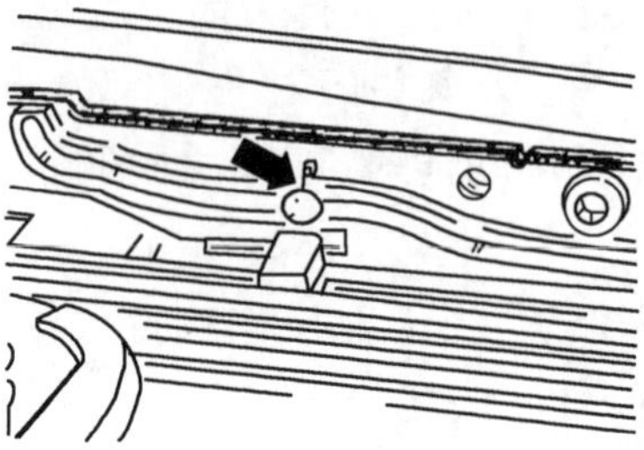

图4-3-4 安装位置

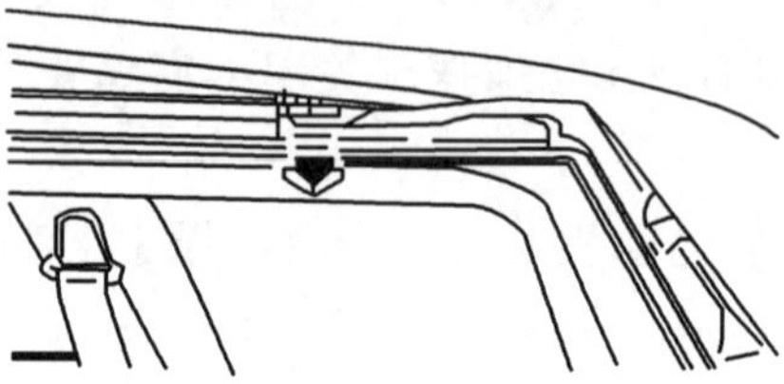

图4-3-5 导流板的拆卸

3.2.4 天窗驱动器的拆卸

天窗驱动器的拆卸,如图4-3-6所示。

(1)从蓄电池上拆开蓄电池的负极。

(2)撬下驱动器盖板。

(3)此时天窗应关闭,拔下插头。

(4)拆下3个螺栓,拉出天窗驱动器。

3.2.5 支架单元的拆装

支架单元的拆装,如图4-3-7所示。

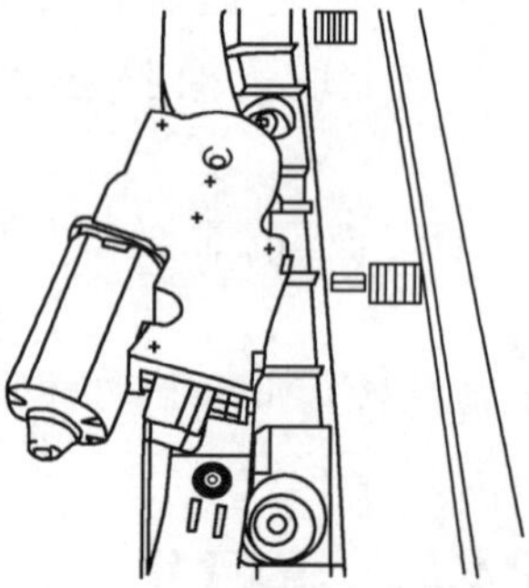

图4-3-6 天窗驱动器

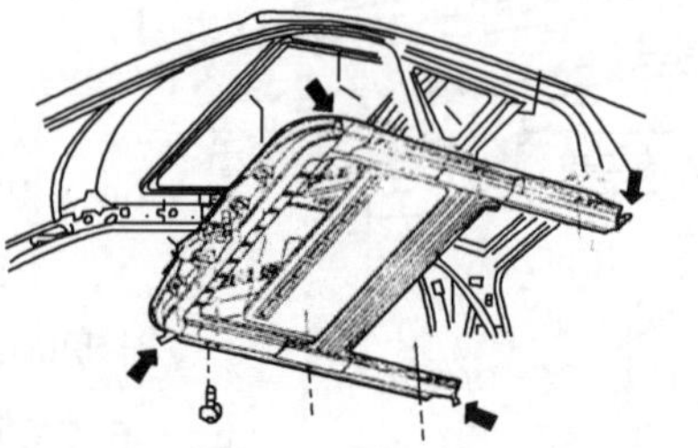

图4-3-7 支架单元

(1)撬下预选自动开关装饰罩,拆下露出的螺钉,取下天窗的预选自动开关。

(2)拆下顶棚饰板。

(3)按箭头所示从支架单元上拔下排水管。

(4)拧下螺栓,举起支架单元(需别人帮助)并从车上取下。

3.2.6　支架单元的安装

(1)将支架单元装到车顶的切口中。

(2)用圆柱销(形如钻头)将支架单元定位在车顶框架上,距右前 12mm,距左后 10mm,支架单元不能压在车顶框架上。

(3)检查车顶用电器的电线和连接。

(4)拧紧支架单元,从天窗驱动器处开始,然后从左、右向后拧紧。

(5)安装箭头所示排水软管。

(6)接好驱动器插头。

3.3　操作提示

3.3.1　天窗的维修

(1)天窗无法正常工作。

现象:天窗工作,但开启和关闭位置不对。

可能原因:电动机失效。

解决办法:重新进行电动机初始化,或者更换电动机。

(2)天窗无法正常工作。

可能原因:轨道有异物引起天窗启动防夹功能。

解决办法:清理异物,如图 4-3-8 所示。

(3)天窗无法正常工作。

可能原因:电动机不在零位。

解决办法:调整电动机零位,如图 4-3-9 所示。

图 4-3-8　清理异物

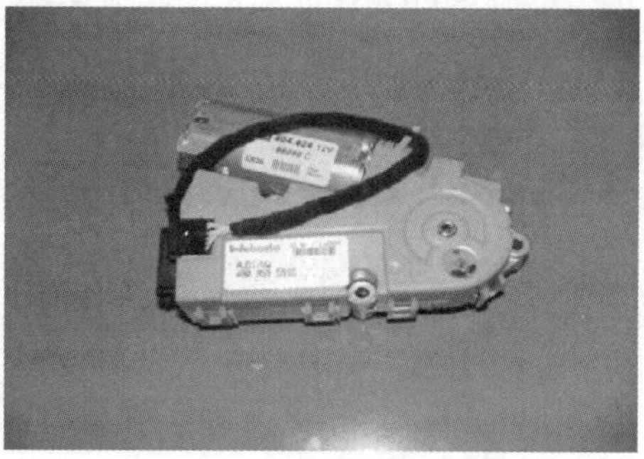

图 4-3-9　调整电动机零位

(4)天窗无法正常工作,开启和关闭不到位,或者运行不畅。

可能原因:链条与电动机零位不一致,两根链条的零位不一致。

解决办法:调整链条的零位,拆下电动机后,推动链条端盖使其零位一致。

(5)电动机运行有噪声或者链条运行有噪声。

可能原因:电动机异响,链条与盖板干涉。

解决办法:更换异响超限的电动机,更换盖板,如图4-3-10所示。

(6)天窗在正常工作中有异响。

可能原因:挡风条弹簧未在正确位置。

解决办法:正确安装挡风条弹簧,如图4-3-11所示。

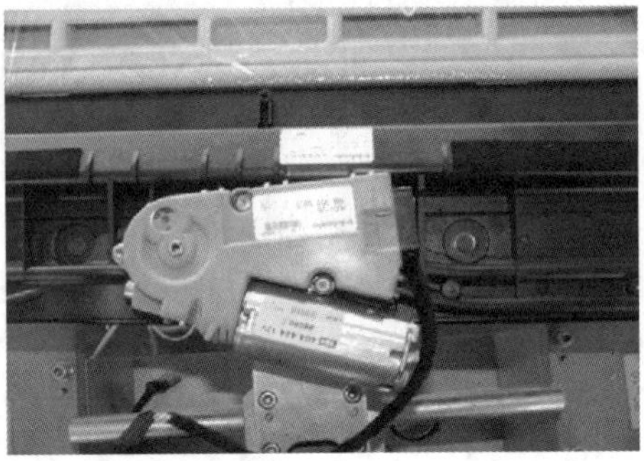

图4-3-10　更换电动机

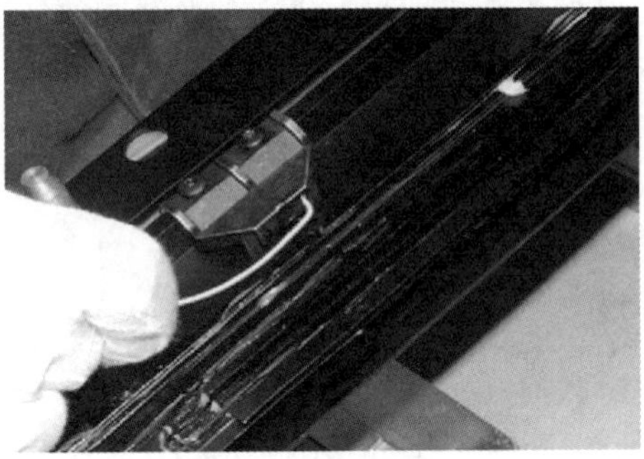

图4-3-11　安装挡风条弹簧

(7)在天窗开关状态时有异响。

可能原因:天窗护板未安装到位。

解决办法:重新安装到位,如图4-3-12所示。

(8)在天窗运行时有异响。

可能原因:轨道中有异物,轨道缺乏润滑脂。

解决办法:清理轨道异物,添加轨道润滑脂,如图4-3-13所示。

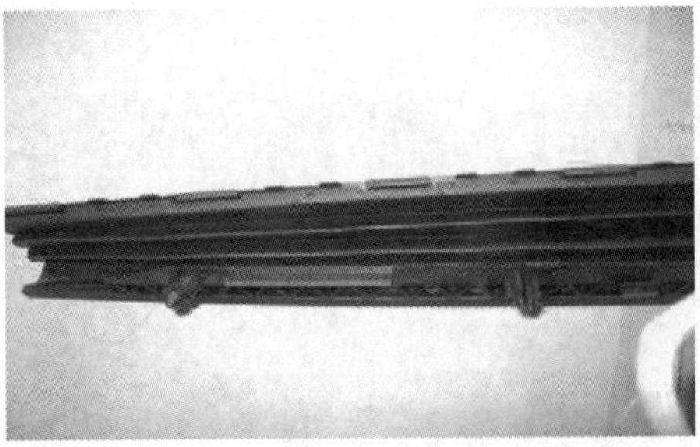

图4-3-12　天窗护板

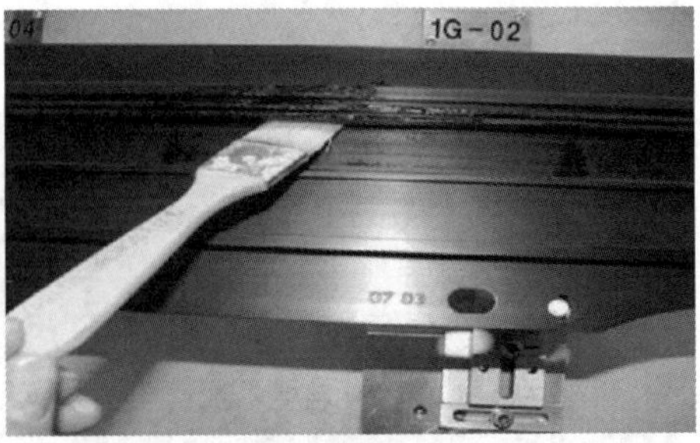

图4-3-13　添加轨道润滑脂

3.3.2　天窗玻璃镶板的调整

(1)滑动天窗处于“0”位置,将天窗倾斜打开,将遮阳帘滑动到后面。

(2)撬下下部饰板的后部,向前滑动,从天窗框架上取下饰板。

(3)撬下上部饰板的前部和中部,松开后部挂钩。

(4)拆下固定螺钉(工具 Tot × T25,拧紧力矩:4.5N·m)。

(5)关闭玻璃镶板,打开再关闭(坚持这一程序,以确保调整正确)。

(6)进行玻璃镶板前部和后部的高度调整,如图 4-3-14 所示,图 4-3-14a)为前部,图 4-3-14b)为后部。镶板前部低于天窗平面 a:0 ~ 1mm,镶板后部高于天窗平面 b:0 ~ 1mm。

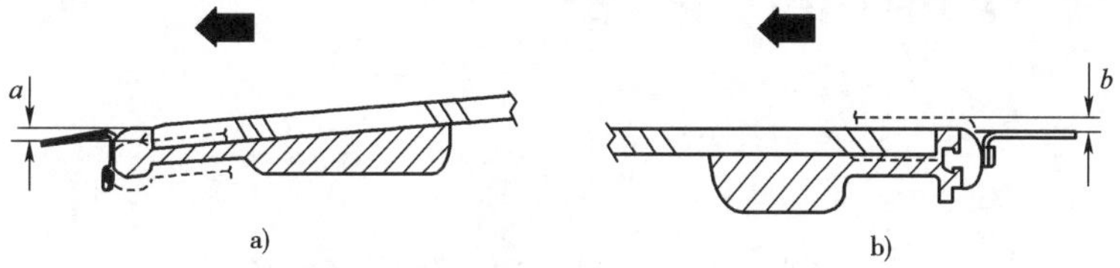

图 4-3-14　调整玻璃镶板高度

(7)拧紧玻璃镶板的螺钉(4.5 N·m),要求在镶板左右两侧对称拧紧。

(8)倾斜打开天窗,在后部先挂上上部饰板,然后在中前部卡住饰板。

(9)滑动下部饰板进入后面的细长孔,在前部用夹子固定。

用于驱动器的螺栓带有微密封结构,拆下后必须更换,拧紧力矩 3.5 N·m。

3.3.3　驱动器的调整("0"位置)

如果驱动器拆下时,不在"0"位置或天窗是用紧急钥匙关闭的,此时需进行"0"位调整,调整方法如下所述。

(1)拆下驱动器,但仍接电。

(2)用按压或旋转预选自动旋钮开关选择"倾斜天窗"。

(3)通过拉或旋转预选自动旋钮开关来选择"天窗关闭"。

(4)用预选控制旋钮开关选择"打开天窗"。

(5)用预选控制旋钮开关选择"关闭天窗"。

(6)在此天窗关闭位置安装驱动器("0"位置)。

(7)通过电动机上的窗口识别是否处于"0"位置。

3.3.4　排水管的清洁

排水管分前后两个排水管。前排水管在 A 柱内部,在车门和 A 柱间终止,清洁工作从天窗镶板的孔处开始;后排水管安在 C 柱内,在尾灯下部的保险杠外壳下面终止,清洁工作从软管下部做起,而保险杠必须提前拆下。

项目 5 车身外部部件修复

Chapter 5

任务 1　轻度凹坑的修复

1 任务引入

汽车常会发生剐碰，经检查，损伤发生在车身表面或车身局部为轻度凹坑损伤，需对其进行修复。

2 相关理论知识

2.1 未破坏漆面去除凹痕

通常用于修复小的凹坑，由于不必重新喷漆，节约了维修时间，还可以保留汽车原厂漆面。

2.1.1　汽车凹陷修复与传统钣金的对比

汽车受到外力碰撞后，产生的车身凹陷在很多情况下是没有损伤车漆的，如果采用传统钣金方式修复，需要经过拆卸、抹腻子、喷漆和烤漆等多道复杂工序，复原时间长，维修成本高，而且不可避免地会污染环境。如果采用汽车凹陷修复手段，无须钣金、不喷漆、不抹腻子、不伤原车漆、不污染环境，就可复原损伤部位。汽车凹陷修复技术运用光学、力学等多方面技术原理。对未损伤车漆的凹陷部位，只需通过局部的特殊工艺复原，就可以达到100%的修复。经该技术复原后的车体凹陷部位不变形、不褪色。

最新型凹陷修复项目所需的核心工具是电磁感应修复设备，在使用电磁感应修复设备时，无须损伤周围其他部件，即可对汽车金属部件进行加热处理。它通过可传导磁能材质，传导强聚磁能来加热物体。感应枪能发射出50kHz的磁场，并以旋涡方式将流动的热能作用在修复体上。在使用过程中，加热体接触表面不发热、无火焰，只在加热枪末端发射出磁场。修复时，在完全不损伤原来的漆面的情况下，只要5～8s的时间，即可使凹陷处隆起。

除了要使用电磁感应修复设备外,凹陷修复还需要一些杠杆工具,如图5-1-1所示。这些杠杆工具长短和形状不一,在修复中能够在不同的损伤部位发挥不同作用。

2.1.2　凹陷修复工具

(1)刀形撬棍。

刀形撬棍末端弯曲并形成一个楔形,如图5-1-2所示。

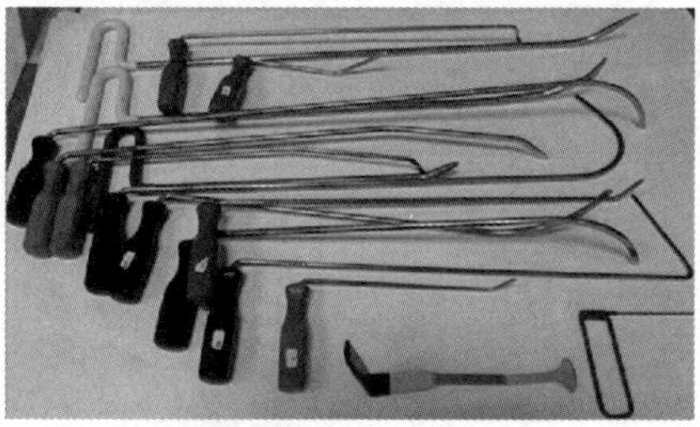

图5-1-1　杠杆工具

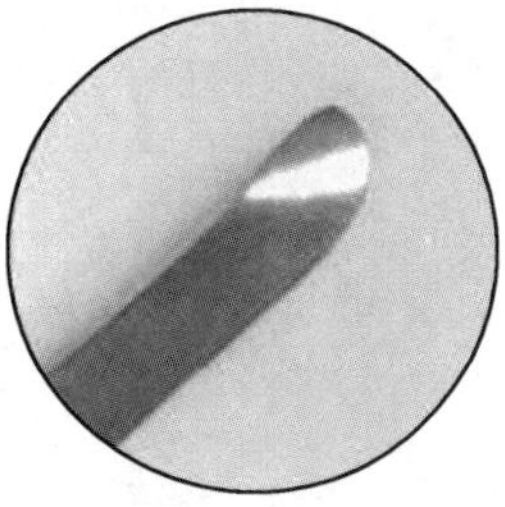

图5-1-2　刀形撬棍

刀形撬棍有一个锋利的边缘和一个尖顶。在消除较小的凹坑时,经常使用刀形撬棍。对于特殊的凹坑和凹陷,刀形撬棍也是必要的。

其特性之一,是可以较好地附着在需要处理的板材上,这就是说,刀形撬棍在板材上的滑动不像其他工具那样快。其最大的风险在于,如果在挤压点上用力过大,将造成一个尖包。因此在使用刀形撬棍时一定要小心。

(2)切形撬棍。

切形撬棍的末端有两个平滑的侧面,它们的上下两端呈圆形,在上端有一个锋利的边缘,如图5-1-3所示。

切形撬棍对于加工工作接近尾声时非常适用。对于车门或其他垂直面也可以使用切形撬棍。和刀形撬棍一样,在使用过程中如果用力过大,切形撬棍也会在车身表面形成裂痕或尖包。

(3)球形撬棍。

球形撬棍的顶端是圆形的,它是一个良好的通用工具,如图5-1-4所示。

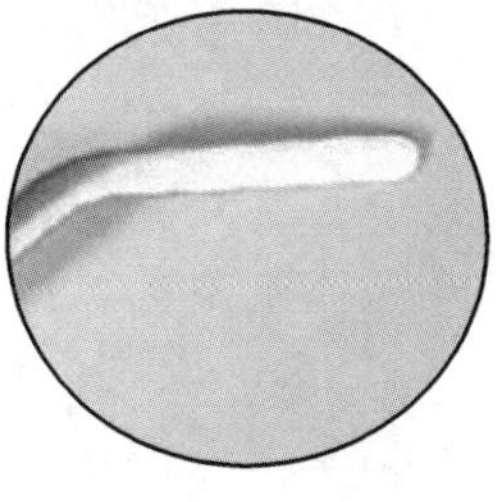

图5-1-3　切形撬棍

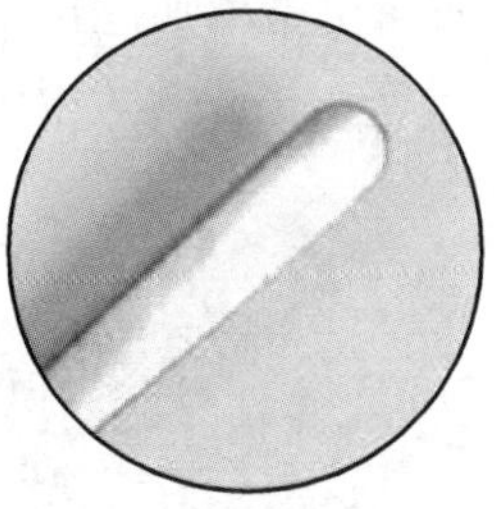

图5-1-4　球形撬棍

因为顶端是圆形的,所以球形撬棍更加"温柔",和上述工具相比,球形撬棍在工作中可以用更大的力。

很多使用者都认为,球形撬棍最容易控制。它很适合于清除较轻的损伤和较小的凹坑。使用球形撬棍的风险在于,如果用力过大,也会造成隆起。其工作面是圆形的,它可以很快滑开,为避免滑动,使用者必须精确操纵。

(4)弧形撬棍。

弧形撬棍末端的两侧是平的,顶部是圆弧形的,如图5-1-5所示。它和球形撬棍一样是很好的通用工具,尽管它不如球形撬棍"温柔"。和球形撬棍一样,使用弧形撬棍也存在造成隆起的风险。在使用中也要避免向前或向后滑动。

(5)三点式撬棍。

三点式撬棍的末端有两个弯折,顶端为弧形,呈三角状,如图5-1-6所示。

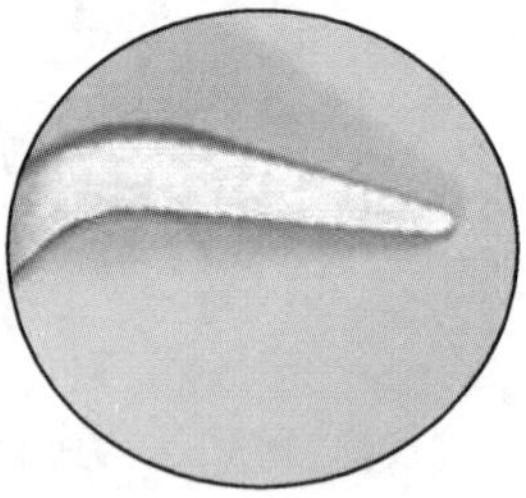

图5-1-5 弧形撬棍

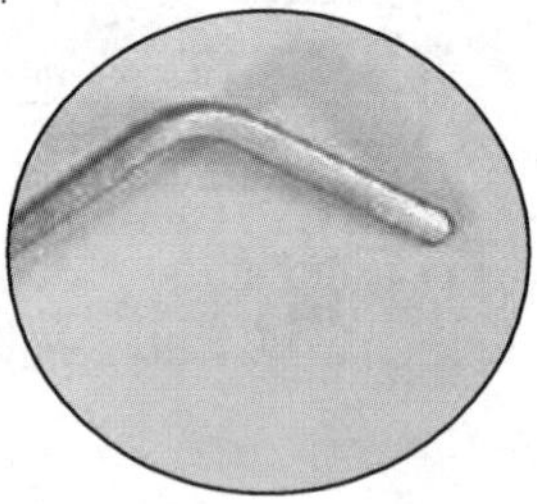

图5-1-6 三点式撬棍

三点式撬棍是最强力的工具之一,它是为硬且牢固的板材研制的,比如高强度的钢板或铝合金板材。用三点式撬棍工作时,极易造成板材表面折痕或尖包,因此在使用时一定要小心。

2.2 已破坏漆面修复凹痕

整形机作业适合于内部不容易触及的钣金件修复。使用整形机修复的最大优点是不用或尽可能少拆卸内侧零部件。

2.2.1 整形机工作及拉拔原理

整形机也称介子机,如图5-1-7所示。其属于电阻焊接的一种,工作原理是利用电极头上夹持的各种附件与钢板接触,通过大电流,使接触部位产生电阻热,以获取与需求相对应的各种功能。整形机常用功能包括垫片焊接、蛇形线焊接、与滑动锤安装在一起的焊接极头焊接及收缩作业等。整形机所用垫片,如图5-1-8所示。

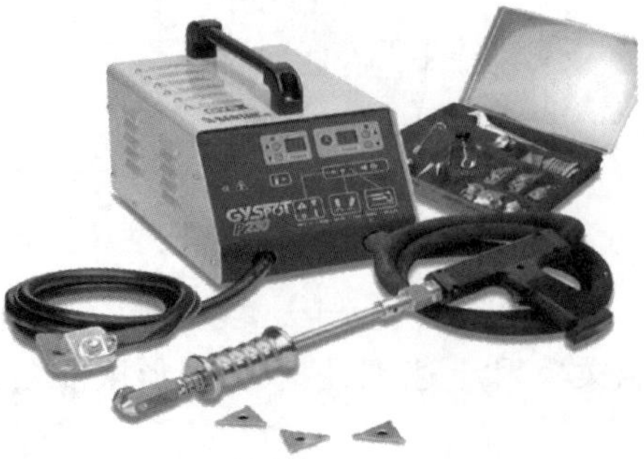

图5-1-7 整形机

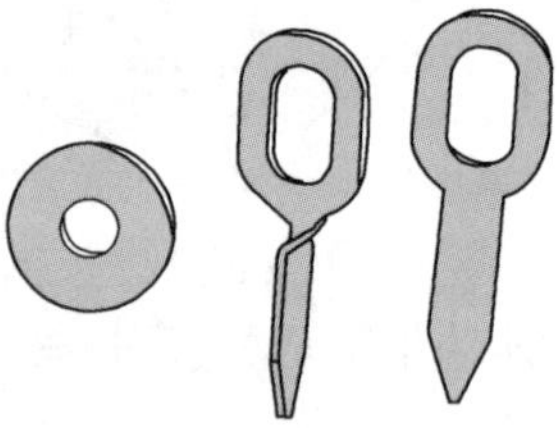

图5-1-8 垫片

车身整形机焊接后向外拉拔的原理,等同于手锤与垫铁作业时的虚敲作业。虚敲作业是将垫铁放置在钢板凹陷较低的内侧部位,整形机修复是将介子焊接在钢板凹陷较低的外侧部位,向外拉出,以取代从内侧向外压出的垫铁。

2.2.2　拉拔方法的种类

采用整形机修复作业时,应根据损伤程度、面积、部位等实际情况,合理选择焊接方式与拉拔方法。常见拉拔方法有以下几种。

拉拔方法分为单点拉拔和多点拉拔,也可称之局部拉拔、整体拉拔(图5-1-9)。单点拉拔是指使用具有焊接极头的滑动锤焊接或焊接单个垫片,对局部或比较轻微的凹陷进行拉拔的方法。单点拉拔所影响的范围较小,通常以点的形式表现。整体拉拔是指焊接成排垫片或蛇形线等,通过一定的连接方式,使用人力或机械牵引上述介质,使每个垫片或蛇形线的焊接部位均匀受力,从而将损伤部位整体拉出的方法。这种将众多垫片焊接在一起整体拉拔的方法,也称拉环法、垫片穿轴法等。整体拉拔所影响的范围较大,通常以面的形式表现,一般针对于大面积的双层结构钣金件、转角过渡处和车门立柱、车门槛板等较重的损伤。

图5-1-9　整体拉拔

3 任务实施

3.1 准备工作

维修技师制订车身维修修复方案,准备仪器、设备和工具。

3.2 操作过程

利用整形机作业的操作流程如下所示。

3.2.1　磨除旧漆膜

磨除旧漆膜前,应佩戴好防护用品,如手套、口罩、护目镜、耳塞等。使用80号砂纸正确安装至研磨机上,如图5-1-10所示。根据经验调整合适的转速,将研磨机倾斜一定角度,轻轻放于钢板损伤部位或预固定搭铁极头的部位,开启开关将旧漆膜磨除。对于褶痕较深无法触及时,应先消除应力,待表面逐渐展开后再去除油漆,不易触及或凹陷较深的部位也可使用皮带式打磨机、手持砂纸或尖锐工具轻轻去除油漆层。研磨后应确保旧漆膜及油污清理干净,避免焊接瞬间出现火花伤及

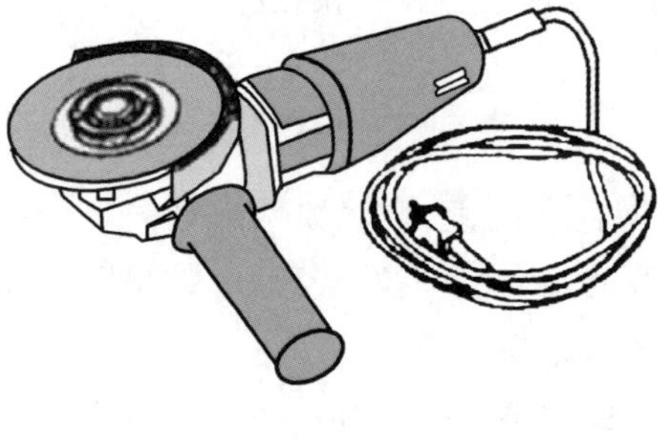

图5-1-10　研磨机

钢板。

通常,损伤部位修复后的面积由于周围弹性损伤的恢复而小于判定的损伤范围,即漆膜磨除的面积小于损伤判定范围,但有时弹性部位的油漆层也会由于钢板变形出现轻微开裂现象,所以有的厂家要求漆膜磨除面积应大于损伤范围。

3.2.2　试焊

试焊是在不熟悉设备的情况下所必须进行的一项工作,其目的是通过调节整形机的电流与时间间隔参数,以获得最佳焊接效果,如图5-1-11所示。同等条件下,电流、时间间隔过大,将会造成焊接过度,对钢板产生热影响,钢板的背面出现过烧现象,拉拔后钢板的表面将会出现凹坑,影响钢板表面精度。反之,则焊接不牢,无法进行拉拔作业。试焊时,电流与时间间隔应从较小的参数逐渐加大进行调试,并应将两者尽量控制在较小的范围内为最佳。在对某一品牌的整形机较为熟悉的情况下,每次焊接前,在某一范围内只进行简单的微调即可。对于较重损伤,电流与时间间隔的参数并不是一成不变的,特别是电流参数。通常在对筋线、转角部位、车门槛板等有足够强度地方进行粗拉拔时,所需两者的参数略大,在修平作业时,两者的参数则相对较小,随着损伤的恢复,呈逐步递减的趋势。

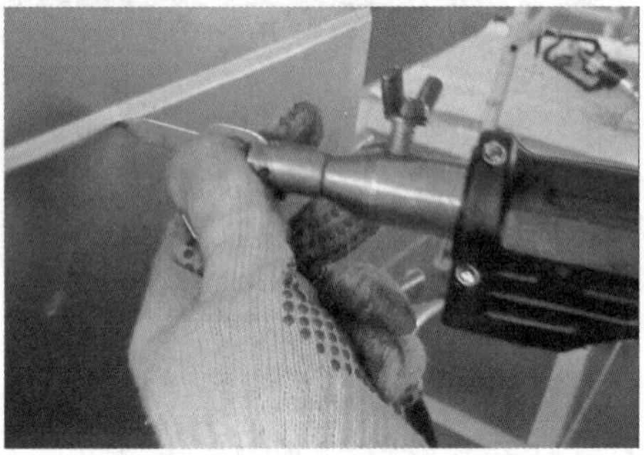

图5-1-11　试焊

3.2.3　焊接

在凹陷处附近,选取一个适合搭铁线的部位,用砂轮将此部位的漆锈彻底打磨干净。焊接时,应将搭铁极头和焊接极头处于同一钣金件上,两者距离通常不超过50cm。搭铁极头可通过专用工具、夹钳固定在损伤部位的周围或边缘部位,然后将搭铁线夹在此夹紧,将焊接极头上熔化物及时清理干净。搭铁线夹无法使用时应进行更换,以免影响到焊接质量。

焊接时,焊接垫片应与钢板轻轻接触,在焊枪上插上碰焊头,再将垫圈插入碰焊头开口处,握稳焊枪,使垫圈的圆边轻压车体凹陷处,做碰焊熔植操作,焊上垫圈,呈90°进行焊接。焊接加强筋部位时,应按照预拉拔的角度进行焊接。损伤程度、面积及部位决定焊接垫片的数量及距离,损伤部位的原有强度越高、损伤越重,焊接的垫片越多、距离越近。

3.2.4　拉拔

惯性锤的操作步骤如下所示:

将惯性锤的钩子钩住垫圈,一手抓住手柄,另一手握住导向锤,顺着惯性锤轴向将导向锤向车体外撞击,有时需要反复数次,方可将车体该部位的一个范围拉至复原。如果凹陷面积较大,应熔植多个垫圈,重复上述操作直至整个凹陷区复原为止。

拉拔时,应根据损伤程度,注意控制力量的大小。力量太小,起不到应有的效果,力量较大往往会造成凸起点较高,对后期的修平造成一定的难度,强行拉拔甚至会造成钢板出现孔洞。拉拔效果不明显时,应重新考虑改变力的方向、焊接部位及拉拔方法。

垫片整体拉出时,可选用较粗的铁丝,围成圈后将两头焊接起来,以便将轴从此工具中穿过进行拉拔。中间轴的选用应根据经验确保达到强度要求,否则轴在拉伸力的影响下会产生弯曲,非常容易变形,导致周围垫片脱落。

3.2.5　垫片拆卸

凹陷部分复位后,轻轻扭转惯性锤即可将垫圈从车体上取下。也可使用一根杆穿过垫片孔或者使用手钳,通过扭转将垫片从钢板上取下。不要采取两边晃动的方法,这样钢板将会出现孔洞。

3.2.6　磨除焊接痕迹与防腐

使用80号砂纸正确安装于研磨机上,磨除焊接后留下的痕迹,对钢板内侧进行防腐处理。

3.3　操作提示

如果发动机舱盖只是金属表面损伤,可以采用整形机修复。如果发动机舱盖变形较大,首先要大致恢复其原有轮廓,然后再采用整形机修复。

用手砂轮打磨、整形机栽焊或二氧化碳保焊焊接临时钢片时,应将损伤区域的漆面、玻璃、易燃物品进行防护,砂轮打磨时的金属碎屑、焊接时的飞溅物都有可能损伤到车身漆面、玻璃、橡胶和塑料制品。

车身面板损伤部位及程度的判定,主要以上述几种检测方法为主,包括目测、手感、钢板尺与尺规样板检测等。损伤部位确定后,应进行标注,以确认损伤区域。

用研磨机打磨漆面。漆锈的打磨质量关系到后续工序(如当垫圈植焊、打灰、磨灰及喷漆)的质量,因此务必将车体凹陷部位的漆锈彻底打磨干净。

各垫圈之间保持大约10mm的间隔,在使用焊距的时候用力压住按钮,使电流流动,要将焊距保持在原位不动,直至焊点冷却,垫圈一定焊在凹陷的低点。

注意进行车辆防护,避免灰尘及研磨机打磨时的漆膜、碎屑进入车内,确保室内卫生。

车身钢板内侧,后翼子板内部会粘有隔音垫、隔热棉、线束等,焊接、热收缩时的热量会造成内侧线束烧蚀或引起火灾。

行李舱盖采用框架式板形结构,在修复时需要特别注意这种结构的特点和使用材料的特性。行李舱盖表面的金属较薄,因此在使用整形机修复时,注意选择焊点和焊接电流。在修整的时候,拉力要控制好,如果过度拉伸,会增加很大工作量。一旦出现金属疲劳,可采用电热法收火。

使用研磨机打磨金属容易使其变形,可用车身修平锉刀修平。当撞伤部位经敲击、拉拔修复尽可能平整后,必须用车身修平锉刀找出依然凹凸不平的部位,具体操作如下:

3.3.1 锉削注意事项

(1)使用车身钣金锉刀作业时,要呈适当之角度(倾斜30°平推)而不是顺着锉刀直行前进,如图5-1-12所示。如果顺着锉刀直进的话,将会把钣金面锉出凹痕。因此仅轻轻加压力于锉刀上进行推锉即可,太重的压力将使锉过分切削金属面,但是仍然需要有适当的压力以防止锉刀跳动。隆起表面的锉削方法如图5-1-13所示。

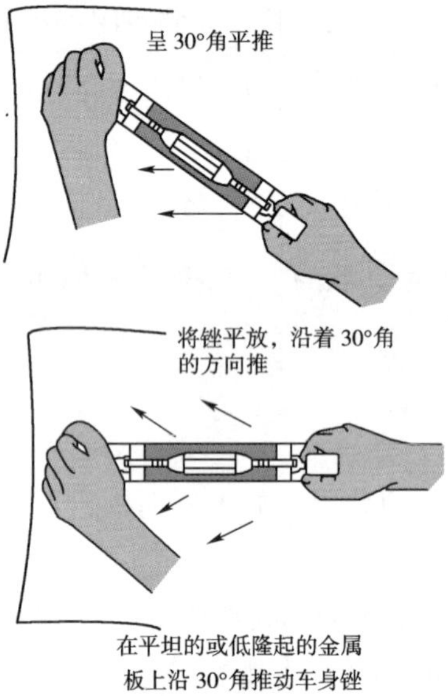

图5-1-12　在平坦钣金件的锉削方法

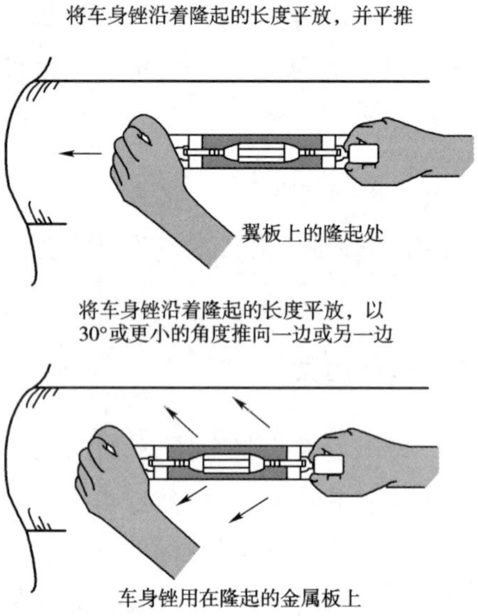

图5-1-13　隆起表面的锉削方法

(2)锉削时,行程要长而有规律,不可短而杂乱,从未损伤部位到损伤部位再到未损伤部位。

在锉平修复过的部位、敲击和拉出被损伤的部位并尽可能地修整以后,还要用车身锉来寻找剩余的高点和低点。

锉平修复的过程是从未损伤区的一边开始挫,然后穿过损伤区,到达未损伤区的另一边。采用这种方法时,未损伤区和损伤区的正确平面都能够得到保持。在锉的过程中,应该握住手柄向前推。用手握住锉的头部,以便控制压力的大小和方向。每次锉的行程应尽量拉长。在返回的行程中,用手柄将车身锉从金属上拉回。当锉一个很平坦的部位时,将锉与推进方向呈30°角水平推动。

在隆起的金属板上,应将锉平放,并沿着变平的凸起处平推,或者沿着凸起处最平坦的方向平放,以30°角或更小的角度向一边推。

用车身锉可以找出所有的低点。修复技师可拉出各个低点,敲平各个高点,然后再用车身锉寻找。应反复进行这一过程,直到所有的低点消失,最后还应将这一部位锉平。

在进行车门面板损伤评估时,应凭借经验、实际损伤情况和相关功能性检测等手段,确认内部零部件、内层支撑和结构没有损伤、开胶和变形,避免造成异响、共振、玻璃升降时与变形部位发生剐蹭等一系列故障。如不能确定,应拆卸内部相关零部件进行检查。如车门撞击变形损伤,经常会造成内侧防护梁与面板开胶,如果修复后不采取打胶处理,将会导致车辆行驶时产生共振故障,严重的还将导致玻璃升降时升降器与防护梁发生剐蹭。

根据面板损伤程度及部位,应合理选择修复方式、维修设备及工具,规范进行作业。操作不规范、修复方式不正确、整形机作业时电流过大或强行拉拔,将会导致面板拉拔过程中出现孔洞。如果不对这些孔洞进行焊接,由于原子灰具有吸湿性,在使用一段时间后,上述部位将出现开裂或起泡。为保证钢板维修后的强度、耐用性及外观质量,维修时应当小心谨慎,选择正确的修复作业方式,规范进行作业。对于过渡平缓、受力点较少的凹陷损伤,可以采用整形机作业。多点受力、加工硬化现象相对较重、折皱等损伤,则需要使用手锤与垫铁配合的作业方式。需要使用手锤与垫铁作业修复损伤时,不要图省事采用整形机修复;需要通过拉伸释放应力的折皱,就不要通过手锤与垫铁配合作业,避免进一步加重钢板损伤。

修复车门面板时,外部饰板、外拉手等零部件卡子的安装孔及螺钉孔应尽可能接近原始平面,不能依赖于原子灰找平,否则安装时将会导致相互配合不严密、螺钉紧固时原子灰开裂或由于原子灰厚度增加导致卡子无法安装到位等现象。

修复后,还应将箱形内部断裂的卡子和从工艺孔掉进的原子灰块等物品清理干净,防止异响故障产生。

为保证钢板的耐用性,修复后应进行防腐处理。车身钢板由于撞击、剐蹭以及修复过程中的锤击、栽焊、热收缩都可能破坏原有防腐层,并使金属裸露。裸露的金属与空气中的氧和湿气接触,极易形成锈蚀,缩短钢板使用寿命。面板防腐包括外表面和面板内侧,常用防腐材料为油漆、防腐蚀化合物。油漆工艺可在空气与钢板之间形成屏障,是钢板外表面主要防腐措施。面板修复后,应对外表面进行清洁、除油,并及时刷涂环氧底漆,以免锈蚀。面板内侧(内腔)主要是通过喷涂防腐剂达到防腐目的,车身大多数的腐蚀是由于内侧表面没有进行防腐措施所造成。防腐剂主要有石油基化合物和蜡基化合物,其中,蜡基化合物的使用较为广泛。喷涂设备为无空气喷枪或压力喷枪,使用喷管从面板内侧的维修孔、工艺孔和顺水孔等位置喷入损伤的面板内侧,适合于狭小部位的内腔防腐。

3.3.2 电动设备使用注意事项

使用电动设备和工具前,应检查其工作状况。维修电动设备和工具前应先断开电源,否则会有触电危险,严重的可能造成人员死亡。水能导电,如果带电导线落入站有人的水坑中会带来电击危险,因此要保持地面无水,在使用电动工具时必须保持地面干燥。

(1)应确保电动工具和设备的电源线正确搭铁。如果电源线中的接地插头断裂,则应更换插头后再使用工具。定期检查电线的绝缘层有无裂缝或裸露出导线,及时更换有破损的电线。车身修复的焊接工作用电量很大,特别是气体保护焊和电阻点焊。气体保护焊焊接时的电流不能小于15A,而大功率的电阻点焊机焊接时的电流不能小于30~40A。在车身校正工位附近应该设置一个专用的配电箱供车身修复焊接用电,配电箱位置距离车身校正仪不能超过10~15m,否则焊机接线过长会引起线路过热。在每个车身修复工位要留出至少2个三孔的插座(额定电流不小于15A),每个插座要保证接地良好。错误使用电气设备,或滥用状况不良的设备,都可能会造成电击事故。

(2)对于有故障的设备应予标示,最好能够移离工作区域。

(3)切勿使电线、电缆、插头与插座受到磨损、扭结、切断、破裂或其他的损坏。切勿使电气设备与电线和水接触。确保使电气设备受到熔断丝的保护。切勿误用电气设备,不可使用有任何故障的设备。应确定移动电气设备的电缆不会受到夹压与损坏。

(4)当发生电击时,在触摸受电击者之前,先关掉电源。如果无法关掉电源,则用干燥的非导电材料将受电击者推离或拖离电源。如果有人受过医疗救护训练,应立即实施急救,或请求医疗援助。

任务2 重度凹坑修复

1 任务引入

汽车常会发生剐碰,经检查,损伤发生在车身表面、车身局部为重度凹坑损伤,需对其进行修复。

2 相关理论知识

大面积的钣金件(如发动机舱盖)损伤较重时,不宜进行修复,发动机舱盖开关时的振动、阳光暴晒及受自身发动机的热量影响等原因,都有可能造成其原子灰开裂。

行李舱盖是由外钣金件和内部加强筋通过焊接、胶粘、折弯组成,成为一个钣金件,如果变形严重,会导致钣金件与内部加强筋开胶,开焊或内外层咬合不良,造成钣金件整体强度降低,出现异响、密封不严等故障现象。

由于行李舱盖有内部加强筋,行李舱盖较小的损伤,一般可采用整形机作业。

2.1 金属材料的性能

大多数金属材料都具有弹性、塑性、冷加工硬化和热影响等性能。车身维修也是针对金属材料的这些性能来进行成型、矫正、焊接、涂装作业的。充分了解金属材料的性能,尤其是力学性能,才能对车身损伤作出正确的诊断,从而以此为依据制订合理的维修方案,以满足车身修复后的性能要求。

金属材料的弹性与塑性。金属在外力(荷载)的作用下,随着外力的增加,可先后发生弹性变形、塑性变形,直至断裂。我们可通过低碳钢在拉伸试验时的荷载－变形特性曲线来予以说明,如图5-2-1所示。

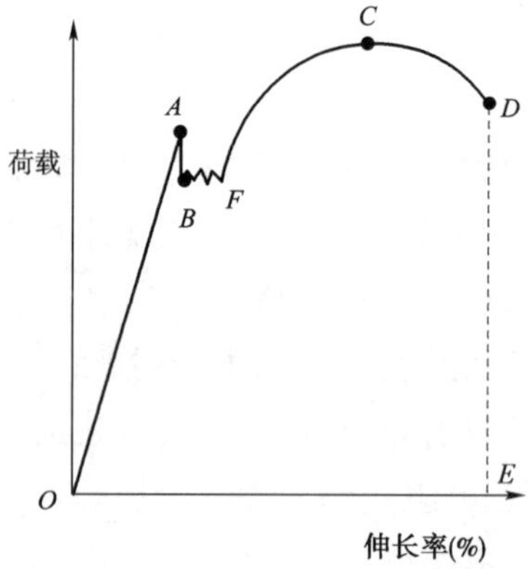

图5-2-1 荷载－变形特性曲线

A-弹性极限;*B*-屈服点;*C*-强度极限;*D*-断裂点;*E*-总伸长率;*F*-屈服下限

在荷载低于弹性极限*A*时,钢件所发生的变形即弹性变形,其特点是在外力去除后,它便可以完全恢复,并且其变形与荷载成正比；当荷载大于弹性极限 A 时，钢件不但发生弹性变形，而且还发生塑性变形，即在外力去除后，其变形不能得到完全恢复，而具有残留变形或永久变形；随着荷载的增加，钢件的塑性变形逐渐增大，至荷载达到强度极限 C 点时，金属将开始发生不均匀的塑性变形，变形量迅速增大至 D 点而发生断裂。不能恢复的变形叫塑性变形。

产生永久变形的部位周围都会产生弹性变形。当汽车在碰撞过程中受到损伤而生产永久变形时，应通过拉伸、压缩、收松等作业，先将永久变形消除，弹性变形也会随之消失，使车身恢复到原来的形状。

2.2 加工硬化

加工硬化是外力使变形达到塑性变形的上限时，金属产生的一种硬度增加、塑性和韧性下降的现象。即随着变形量的增大，由于金属晶粒破碎和位错密度的增加，金属的塑性变形抗力将迅速增大，即硬度和强度显著升高，塑性和韧性下降，产生所谓"加工硬化"现象。加工硬化后，使得金属加工困难，但却提高了金属的强度、硬度和耐磨性。车身金属板上都存在某种程度的加工硬化，碰撞会使该处产生更加严重的加工硬化；修复损伤部位时，会加重该处加工硬化的程度。故在修复过程中，一定要将操作控制在最小范围内。

当金属加工成型或受到损伤时，都会发生加工硬化。加工后仍保持平坦的部位比较柔软，棱角处则比较硬，翼子板可分为"柔软"部位和"硬化"部位。有阴影部位难以受到损伤，但如果受到损伤，也难以修复；另一方面，平坦的金属在修复过程容易被损伤，应采取正确的矫正方法，以免伤及金属材料。

2.3 金属材料的热影响

随着金属材料温度上升和内部组织发生变化，金属的力学性能会发生相应的改变。一般，温度越高金属材料的抗拉强度也越低、延伸率增大、硬度降低，但塑性提高。利用钢加热后其可塑性增加这个性质，可以对钢进行热矫正与焊接。

车身维修作业中，用手锤修复车身凹凸损伤时，反复锤击往往会引起冷加工硬化，使修复敲平作业难以继续进行。如果将加工硬化的钢板用火焰加热到适当温度后，其所增加的硬度就会逐渐被减弱，应有的弹性也会在一定程度上得到恢复。这是一种被称作"退火"的处理方式，在车身钣金作业中应用的十分广泛。应当特别指出的是，退火会影响金属的力学性能，金属本身也难免受到破坏。因此，车身维修中应当有区别地选择退火零件，如对车身上的高强结构件就不宜做退火处理。

人们正是利用金属的热影响性能，通过热处理而获得不同使用要求的材料。对同一品种的钢材采用不同的加热、冷却处理工艺，就可以使材质发生变化从而得到所希望的力学性能。

2.4 手锤和垫铁

车身用手锤小而平的表面修复，可使钢板表面所接受的打击力扩散于相当大的面积上，这对平板作业有效果。不同类型的手锤，如图 5-2-2 所示。手锤与垫铁作业适合于车身单层或内部容易触及的钣金件修复。

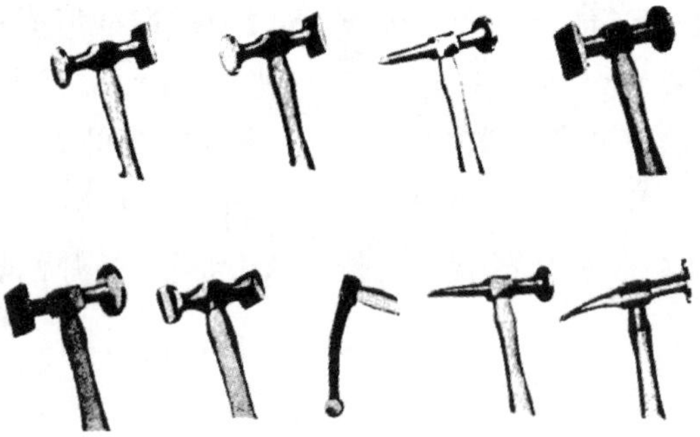

图5-2-2　手锤

手锤通常为碳素工具钢制成,作用广泛,种类繁多。在面板修复中,最常用的铁锤(以下简称手锤)质量为0.1～0.25kg,锤柄选用坚固的白蜡木杆制成,锤柄长度为300～350mm,手锤的顶端设计成各种曲面、方向和形状,以满足钢板不同曲面、部位、损伤程度的修复需要。质量较大的铁锤,主要用作钢板原始损伤的粗校正,使损伤部位大致回复到原形,对于小范围内的凹陷或凸起,可使用精修锤进行精细修整。不同类型的垫铁,如图5-2-3所示。

图5-2-3　不同类型的垫铁

这两种手工工具是汽车钣金工作者最基本的工具,使用这些简单的手工工具能够用来将金属板整平、修正变形、延展或者是做各种形状的东西。

钣金敲平作业具有很强的经验性,只有在了解掌握以上基本要领的基础上,通过更多的摸索与体会才能做到操作过程中的正确判断和两手的准确配合,使操作技能得到提高。工作中,应勤于实践、多加思考与总结,方可取得更大的收获。

3 任务实施

3.1 准备工作

维修技师制订并确定车身维修修复方案,准备仪器、设备和工具。

3.2 操作过程

以翼子板重度损伤修复为例介绍翼子板修复过程。

(1)翼子板损伤比较重,可将凹坑大体上顶出来,趋于原状。

(2)用垫铁在里面顶住向外凸出的较小部分,再用手锤在外表面处敲击凸出的部分。

(3)用手锤边敲击边移动,垫铁也同时移动。

(4)翼子板的边缘处应用专用的垫铁在里边垫托,垫铁的边缘要对准弯折线,一手持手锤从正面弯折线外缘敲击,修复翼子板外形线及表面。

(5)逐渐移动垫铁,循序渐进,使工件边缘逐渐恢复原形,直到全部平整。

(6)清除漆膜。

(7)由质检人员检查,确认合格,翼子板表面修复工作完成。

3.3 工作过程知识

3.3.1 手锤

在使用手锤时,锤击力量的大小与手锤的质量和手臂挥动手锤的速度有关,手锤的质量增加1倍,锤击能量增加1倍,而锤击速度增加1倍,锤击能量增加4倍。车身面板整形时,主要利用手腕运作进行挥锤,称之为腕挥,这种挥锤方法锤击力较小;用手腕与肘部一起挥动击锤,称之为肘挥,锤击力较大;手腕、肘与全臂一起挥动的方法称为臂挥,这时锤击力最大。手锤使用注意事项如下:

(1)使用前确保锤柄安装牢固,切记不要使用松动或锤柄损伤的手锤,以免锤头脱落造成事故。

(2)使用尺寸和质量合适的手锤进行作业。

(3)锤面出现过度磨损、碎裂或蘑菇头等,应进行修整或更换,以免损伤钢板或飞溅物造成人员损伤。

(4)锤击时锤面应平行与面板,避免用力不匀或锤角敲打。

(5)不要以锤击锤。

(6)在敲打冲头、錾子等工具时,锤面应按比例大于这些工具的头部。

(7)锤把保持干净,不应粘有油污或砂粒,防止从手中滑落。

(8)木制把柄中间部位相对较细,以增加敲击钢板时的回弹性能,减小劳动强度。更换安装把柄时,应充分考虑这点。

(9)禁止使用钢管焊接在锤头作为把柄,以免振手和增加劳动强度。

作业者必须依修复部位的形状选择最适合者使用。另外,手顶铁是顶垫,在板材的背面支持铁锤的打击力量,手顶铁的质量为铁锤的3倍为宜。

3.3.2 钣金大凹陷部分的修正顺序

(1)用手顶铁由钣金内侧向外顶出,使凹陷变浅。

(2)而后使用整平锤敲打凹陷周围比原来板面高凸的部分,此时手锤和手顶铁的距离略远,交互敲打,此为“虚敲”的现象。

(3)将变形的范围缩小并使变形量集中,最后再将此残余的少部分凸起部打缩,此为

"实敲",如图5-2-4所示。

车身维修作业中,对较大不平整的钣金件实施敲平作业时,先进行粗敲平作业,使构件大致恢复原形后,为了得到更加精确的曲率和表面光滑度,运用紧贴法敲平工艺对构件表面残留的细小凹凸进行更加精细的敲平作业,称之为精平。

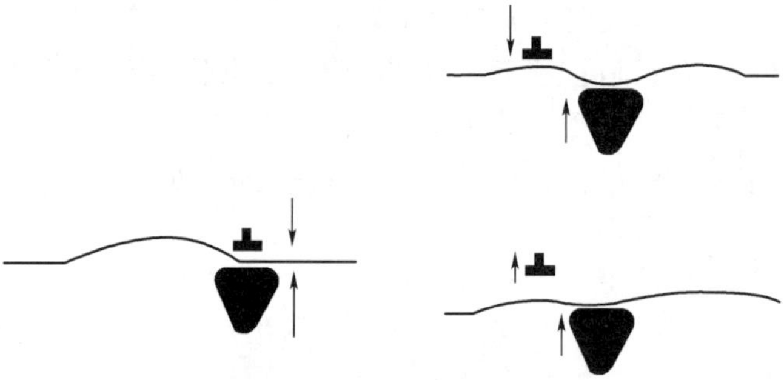

图5-2-4 大凹陷修正顺序

3.3.3 粗平之后的精平技法

选对垫铁、钣金锤。首先,在操作时选择断面合适的垫铁,紧贴于小凹凸的背面,用钣金锤轻轻敲击金属表面的隆起或小凹陷的周围,使钣金构件表面变得更加光滑、平整,如图5-2-5所示。需要注意的是:

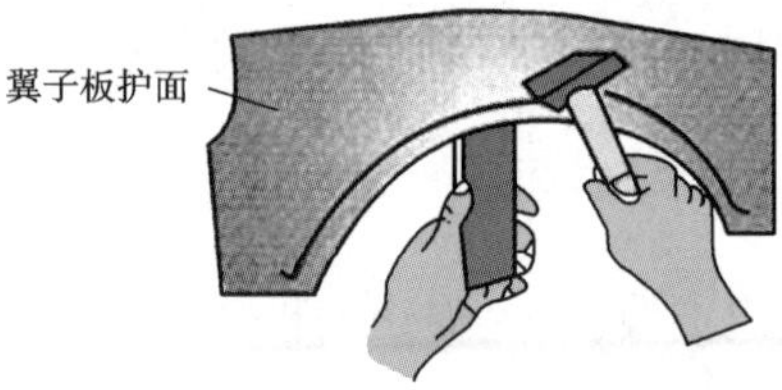

图5-2-5 垫铁与钣金锤的配合

(1)钣金锤的落点一定要与垫铁的衬垫面重合,实现点对点的一一对应。

(2)始终贴近在修正面的背面,即垫铁与锤击部位准确对应,要防止衬垫不到位而"敲空",这会使趋向平整的构件表面遭破坏。

在动手操作之前,要对敲平区域仔细观察分析,正确选择敲平点,并确定好锤击力度和相应的工作程序。一般而言,先从损伤较大的部位开始操作,损伤程度相似的,则从操作者较远或不便操作的部位开始。操作过程中,要注意手与眼的正确配合,并确保手锤端面的中央落在敲击点上,垫铁的移动应与手锤的移动同步,锤击次数要少并尽量使每一次的顶托和锤击都有效。垫铁、修平刀、手锤三者的工作面形状尽可能与车身构件的曲率相吻合,否则就达不到精平的目的。注意不要不加分析与思索就先行敲击,这样可能会给以后的作业带来许多麻烦。

精平作业中,还须对敲击力度予以控制,因为"紧贴法"本身就容易使金属材料延展,所以敲击时不能像敲打铁钉那样用劲。

3.3.4 精平的后期调整

当精平作业趋于完成时,稍大一点的凹陷或隆起,容易被发现,而较小的凹陷与隆起则可通过用手触摸或侧向目测来检查,必要时还可以借助锉刀来解决不平部位。但须明白,用锉刀不是为了挫平,而是通过锉刀滑过时产生的痕迹来显示板面的实际凹凸状况,表面留有锉痕的部位为隆起，反之为凹陷，然后及时用平锤或尖锤等工具修平。检查弧形板面时，最好使用可调柔性锉，这将给操作带来很大方便。当覆盖件表面遭受柔性撞击而造成变形，其表面完好无开裂，板材无折痕而仅有轻微的凹陷及由凹陷造成其边缘的浅隆起，更重要的是确认金属板无延展或仅有极轻延展，这时可采用垫铁衬垫于凹陷区，用手锤轻轻敲击隆起部位，敲击时要掌握好衬垫与敲击的力度，敲击不宜过重，衬垫则视凹陷区回弹复原情况加减力度，直至达到要求为止。

在敲击前为尽可能保护漆面不致损伤，除采用木锤或橡胶锤外，亦可在平锤端面贴上胶带后敲击，以免因金属锤面与漆面的直接碰撞而损伤漆面。

用垫铁钣金锤修整车身表面，是钣金作业中最为流行的一种修平方法。车身板件表面发生的凹凸变形，凡是便于放入垫铁的部位，均可用垫铁法予以修整。

垫铁的顶放位置可分为“正托”和“偏托”两种方式，如图5-2-6、图5-2-7所示。正托法是将垫铁直接顶在板件背面不平的位置上，同时用手锤对着垫铁位置敲击。偏托法是直接用垫铁从背面抵住最大凹陷处，使用木锤或尼龙锤敲击凹陷周围产生的隆起变形（锤与垫铁偏离），由最大凹凸变形处开始敲平。

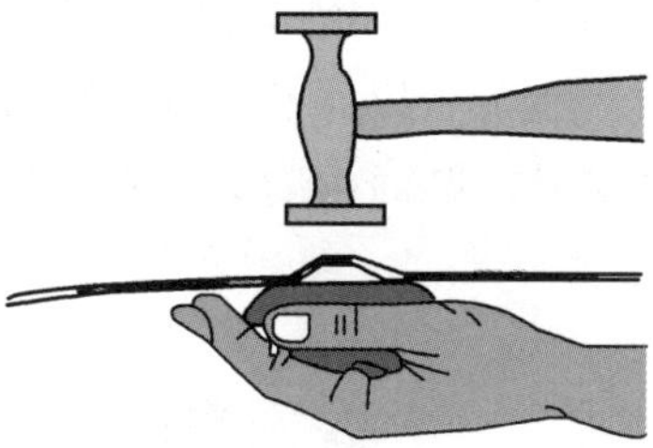

图5-2-6　正托法

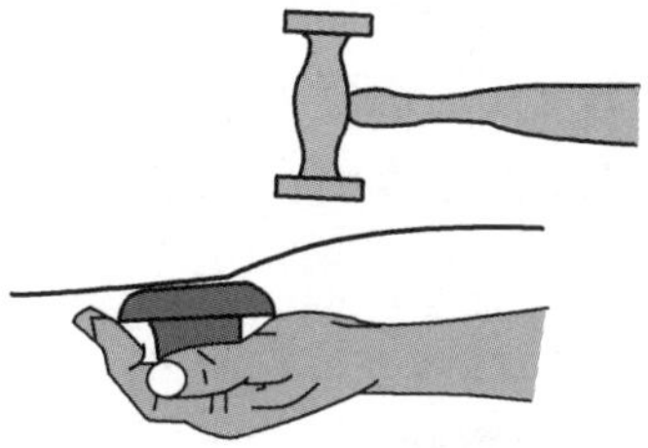

图5-2-7　偏托法

用偏托法修整平面时，一般不会造成板件伸展，即使钣金技术不十分熟练的操作者，也可以比较自如地从事偏托敲平操作。因为垫铁击打的是板料背面的凹陷处，而手锤击打的则是板料正面的鼓凸部位。在这里，垫铁和铁锤一样，也是用来矫正损伤部位的，它相当于一个冲击工具，只能敲击拉伸区（按照一般的方法用在金属板下面时）。偏托法一般用在平坦的或低隆起的金属板上。

当局部凹凸变形被修平至一定程度时，应改用正托法进一步敲平。即将垫铁直接顶在板料背面不平的位置上，同时用手锤朝垫铁位置敲平。手锤的敲击作用会使垫铁发生轻度回弹，在手锤敲击同时垫铁也将同时击打板料。垫铁垫靠得越紧，则展平的作用与效果也越好。所以，正托法容易造成板料的延展，故宜慎重使用。只有到最后精平时，或由经验丰富者使用正托作业法。

垫铁端面的形状应与被修整壁板的表面相当，垫铁工作面也以稍大一些为宜。垫铁既可支撑又可击打。支撑以抵抗并平衡敲击力对构件的冲击，借助锤击过程中垫铁的反弹作用，不断击打最大凹陷部位，有利于加快敲平的速度。

3.3.5　正确选择手锤与垫铁

在敲平作业中，正确选择使用钣金手锤和垫铁对维修质量、工作效率有着直接的影响。用于精平的钣金锤和垫铁有多种类型,如选用扁形或鹤嘴形锤端的钣金锤修复较小凹凸,能十分有效地减少车身构件表面的受力面积和延展变形。合适的垫铁、修平刀,能起到可靠的支撑作用。木锤、橡胶锤可以对浅弧形隆起作较为细致的修整。只有合理选用好手锤与垫铁,才有助于质量和效率的提高,同时对控制金属的冷作延展现象也十分有效。

翼子板的修复,需要根据翼子板的损伤情况,选择使用手锤、垫铁修复,或使用整形设备,有时两者同时使用。车辆前翼子板变形严重时,可以使用手锤与垫铁配合进行粗校正,消除应力后再使用整形机对小的凹坑进行精细修整。翼子板修复前,应根据损伤部位、程度及范围,选择合理的作业方式。制订出相应的流程,能否正确选择修复方式直接关系到工作效率和维修质量。这两种作业方式各有优缺点,在维修过程中不是相互排斥,而是相辅相成,优势互补,必要时可同时,先后或交替使用。

3.3.6 实施钢板件修复前的安全防护

在实施工作前,穿好工作服,棉手套及安全鞋,佩戴工作帽、耳塞,如图5-2-8、图5-2-9所示。单面胶粒棉手套的特点是单面带有胶粒,可防止在握手顶铁时滑落,如图5-2-10所示。在车间工作时最好穿鞋头有金属片、防滑的安全鞋。钢片可以保护脚趾不会被重物砸伤,优质的工作鞋穿着舒适并能够在站立和行走中支撑足弓。鞋面由防火材料制成,如图5-2-11所示。

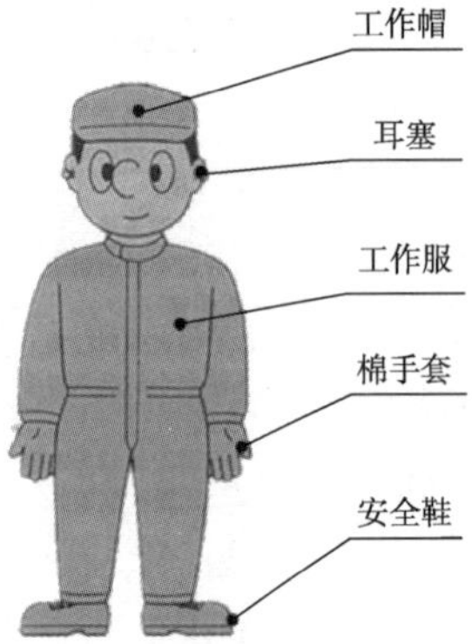

图5-2-8 穿好防护用品

图5-2-9 耳塞

图5-2-10 棉手套

图5-2-11 安全鞋

任务3　车身表面金属的收放

1 任务引入

汽车发生碰撞,经检查,车身表面出现损伤,对金属进行修复后产生“油壶”效应,需对其进行收放。

2 相关理论知识

“油壶”用于形容拉伸很轻薄的金属板区域。此部位可以按下去,然而一旦压力消失,它便弹回,好像油壶底部一样。

2.1 收缩的目的

收缩的目的是移动受拉伸的金属,但不影响周围的未受损伤的弹性金属。在进行任何收缩以前,必须尽量将损伤部位校正到原来的形状。然后,车身修复技师才可以准确地判断出损伤的部位是否存在受到拉伸的金属。如果存在受拉伸的金属,就应进行收缩。

2.2 收缩的原理

一条钢棒,它的两端都能够自由地伸缩。加热可以使它膨胀,而冷却可以使它回到原来的长度。如果将同一条钢棒的两端都固定住,对它先加热后冷却,钢棒的尺寸将会缩短,如图5-3-1所示。

(1)加热时,钢棒试图膨胀,但是由于它的两端都无法膨胀,在钢棒内部便产生了一个很大的压力荷载。

(2)当温度进一步升高时,钢棒达到炽热状态并开始变软,压力荷载集中在炽热部位并随着赤热部位直径的增大而释放。

(3)如果钢棒被骤然冷却,便会产生收缩。同时,由于炽热部位直径的增大,会使钢棒的长度缩短。

2.3 用气体焊炬进行收缩

用气体焊炬进行收缩时,可以对拉伸区域或凸起部位的一小块地方进行加热,使它变成鲜红色。先收缩拉伸区的最高点,然后是次高点,以此类推。重复操作,直到此区域全部缩回至原来位置。收缩或加热的范围都由待收缩部位多余金属的量来决定。加热范围越大,热量越难控制,平坦的金属板很容易发生翘曲,所以一定要进行小范围的收缩。应采用很小范围的加热来清除金属板上的“油壶”。

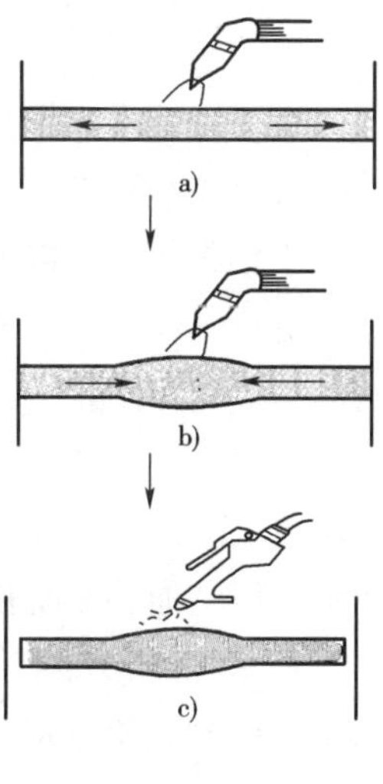

图5-3-1　火焰收缩原理

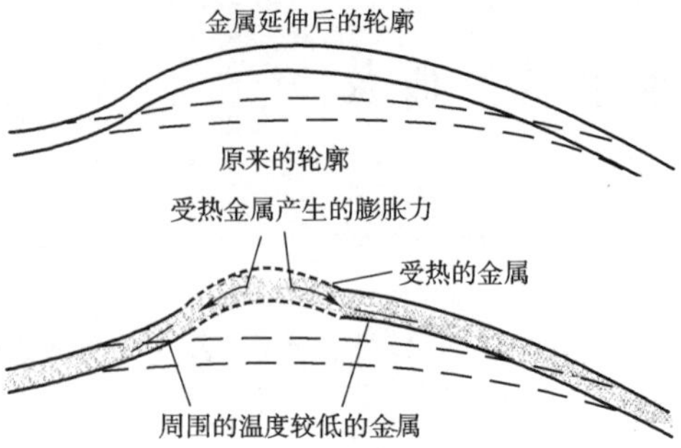

图 5-3-2 对高点加热

加热时通常使用中性焰,并采用 1 号或 2 号喷嘴。将焰心向下移动至距离金属板在 3.2mm 以内,然后保持稳定直至金属板全部开始变红。然后慢慢环状向外移动,直到整个加热区变成鲜红色。用焊炬收缩某一部位时,可以对延伸区(即隆起处)的一小块地方加热,如图 5-3-2 所示,使它变成鲜红色。先让延伸区的最高点收缩,然后再让下一个最高点收缩,以此类推,直到整个部位都缩回到原来的位置。

2.4 收缩整形过程

车身壳体冲压件局部受到外力碰撞挤压后,易形成凹凸、翘曲等变形,其中,伸张部分厚度变薄、面积增大。为了使变形的部件恢复到原来的形状,需想办法使伸展的部分收缩,收缩整形工艺过程如下:

(1)利用焊炬火焰将伸张中心加热至缨红色,但注意不要将板料熔化或烧穿。加热范围的大小根据伸张程度确定,伸张程度大,加热范围大些,可在直径 15 ~ 30mm 之间;伸展程度小,可使加热范围在直径 10mm 左右。

(2)加热后急速敲击红晕区域的四周,并逐渐向加热点的中心收缩,迫使金属组织收缩。敲击时应用合适的垫铁垫在部件敲击处的背部,先用木锤敲击,冷却后再用铁锤轻轻敲击平整。敲击的力量要适当,敲击过重会使已经收缩的部分重新变得松弛。

(3)如果只收缩一处不能达到整形的目的,可采用同样的方法进行多点收缩,并且每次加热收缩,都进行敲平校正。

(4)轻度伸张时,加热后可不需敲击,只用棉纱蘸凉水冷却,或者由其自然冷却。

2.5 电热法

在使用整形机作业时,由于钣金件比较薄,会使其产生伸缩变形,有时需要采用电热法进行收火。在修复翼子板、发动机舱盖时需要收火也可以采用电热法。下面介绍一下电热法。

冷作法需要在构件的两面同时操作,火焰法的热辐射范围会使作业场合受到某些条件限制。电热法收缩不会像火焰法那样,在构件表面上留下因加热而导致的不平,产生影响其他机构的辐射热;收缩终了时一般不必用平锤、垫铁等工具敲平。有时还可省去内饰板等关联件的拆除,从车身外侧即可直接进行收缩操作;对钢板表面的烧损面和对周围涂层的破坏程度等,也比火焰法轻得多;对面积较大薄板类膨胀变形,有较好的收缩效果。炭棒收火原理如图 5-3-3 所示。但受加热速度和能量的限制,电热法对厚板或深度变形的收缩则难以奏效。

将车身外形整形机的炭棒通电加热后,便可直接在待收缩钢板处以螺旋方式收缩损伤部位,使膨胀、隆起的金属受热,如图 5-3-4 所示。视情况采用风冷或水冷方式冷却加热点,板类构件的伸展、膨胀就会收缩,从而使变形和内应力得到消除,达到修复的目的。如果一点收火钢板达不到平整,应采取多点收火。

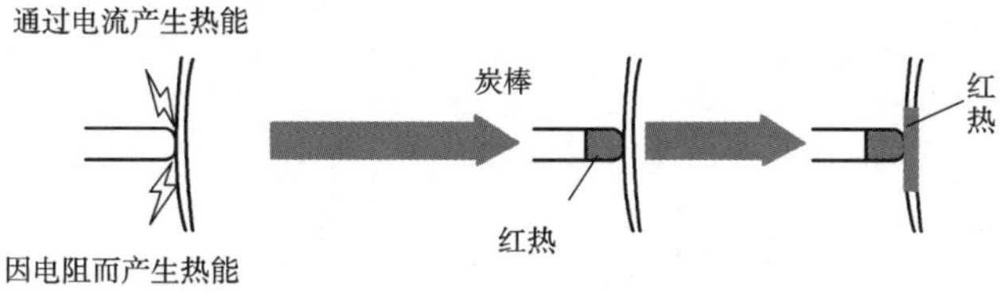

图5-3-3　炭棒收火原理

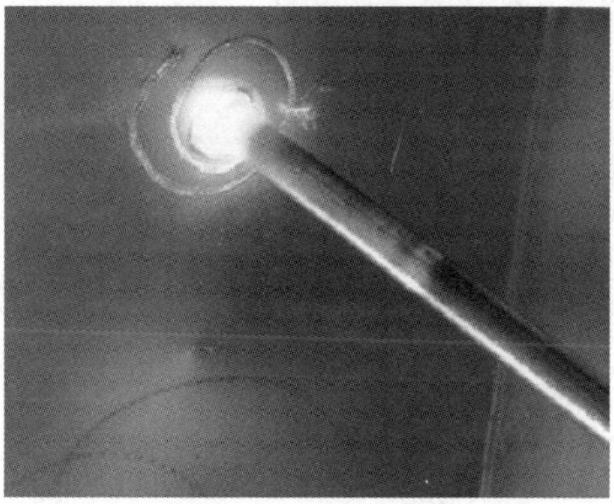

图5-3-4　炭棒收火

2.6 氧乙炔焊

气焊的氧乙炔火炬的热量不易集中,在焊接过程加热面积较大以及金属热传导的作用下,不仅会使构件发生较大的变形,而且还会改变原有金属材料的性质,使力学性能劣化而影响焊接件的寿命。因此,车身制造过程中不采用氧乙炔焊接工艺,车身维修作业中一般也要尽量避免使用氧乙炔焊接或利用火焰加热。

2.6.1　氧乙炔焊接设备及组成

氧乙炔焊接设备主要包括焊炬、减压器、回火防止器、气瓶及橡胶管等,如图5-3-5所示。

2.6.2　焊接火焰

乙炔与氧气混合燃烧而产生的火焰,叫作氧乙炔焰。按乙炔与氧的不同混合比值,火焰分为碳化焰、中性焰和氧化焰3种,其构造和形状如图5-3-6所示。

2.7 工作过程知识

对金属加热时,不可使金属的颜色超过鲜红色。否则金属会开始熔化,产生烧穿孔。焊炬的热量进入金属板上一小块区域时,受热的金属开始膨胀。与此同时,该区域周围温度较低的金属产生出抵抗膨胀的力。随着温度的增加,受热的金属变得比较柔软。这些柔软的金属堆积起来,并在受热处形成隆起的金属(通常都会隆起而不是凹陷,因为金属的顶部先受热)。当顶部开始隆起时,受热部位的其余金属也相应地隆起。

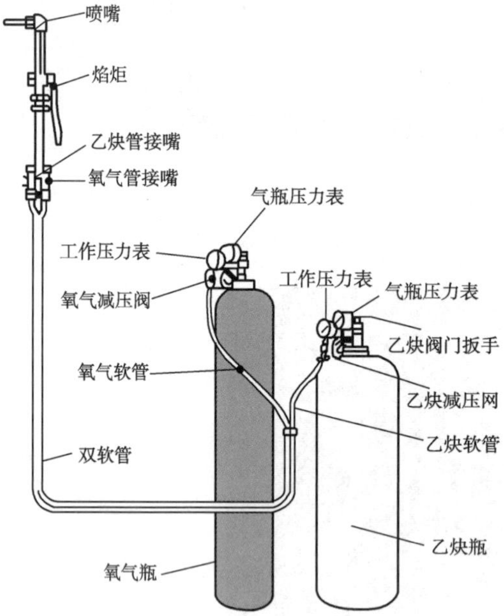

图 5-3-5　氧乙炔焊接设备的组成

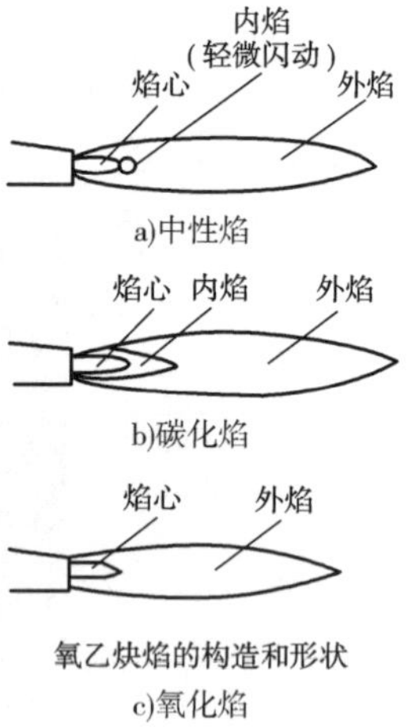

图 5-3-6　火焰构造和形状

加热后,用尖锤在加热区周围轻敲几下,使金属分子之间相互靠拢,并恢复到原始状态,如图 5-3-7 所示。

热量由焊炬进入金属板的一小块区域,金属受热膨胀。加热点周围的较冷金属阻止膨胀力。随着温度的增加,受热金属开始变软,加热部位的变软金属隆起并形成一个凸起。由于金属板表面突起并且金属顶部先受热,所以金属板通常是凸起而不是凹下,当顶部开始隆起时,受热部位其余的金属跟着隆起。

用焊炬小心地加热车身板上的变形区域后,首先使用手锤和垫铁敲击加热部位。因为金属在加热时比较软,所以敲击加热部位会迫使金属拉伸处的分子回到一起,使金属上的凸起或高点降下,如图 5-3-8 所示。接着用铁锤在加热区周围敲击,进一步处理受损区域的周围。逐渐用手锤将金属板上的高点敲小,应准确地轻轻敲击,将金属板恢复原状,不要在金属板上留下锤痕。

图 5-3-7　加热后锤击使金属恢复原状态

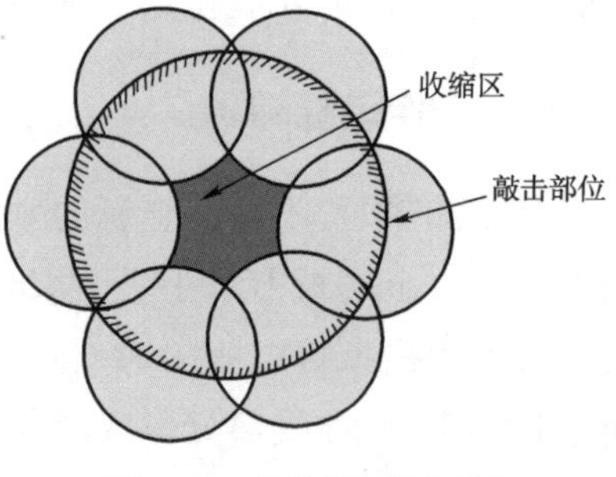

图 5-3-8　收缩区与敲击部位

此过程中，不必用垫铁支撑金属（除非金属发生塌陷）。如果必须支撑，只能将垫铁轻轻地放在金属下面。一旦金属板上的红色消失，便可以用手锤不在垫铁上敲击或手锤在垫铁上敲击，轻轻地敲击对加热位置周围区域进行修整。

很难精确地确定每一处加热部位金属的收缩量。在某个位置的金属收缩量可能远远多于相同大小位置的收缩量。一旦收缩区完全冷却，经常会出现过量收缩。如果加热部位收缩过量，那么最后一次收缩部位的金属常常会塌陷或拉平。

收缩作业是指面板损伤部位发生延展或无法支撑而产生鼓动时所采取的一种措施。严格来讲，它只是面板整形时的辅助措施，而不是必需措施，不是任何损伤修复过程中都需要进行收缩作业。

2.7.1　氧气瓶的安全措施

(1)氧气瓶存放在专门的仓库内，不得与易燃易爆物品混放。热源应在氧气瓶10m以外，库外12m以内不得堆放易燃易爆物品。

(2)氧气瓶不用时，应拧上瓶帽，整齐有序地排列，不得随地乱放。

(3)氧气瓶周围应干燥、凉爽。夏天不要将氧气瓶放在露天暴晒，以防爆炸。

(4)安装减压阀前，应清除掉瓶口外的灰尘。安好减压阀后，应打开阀门，检查是否漏气和通畅。检查时可用浓肥皂水涂抹，视其是否起泡。严禁用明火试火。

(5)检查氧气管接头处是否有油污和灰尘，清理干净后方可连接。

(6)氧气瓶要离气焊、气割现场10m以上。

(7)当氧气瓶内的气压下降到0.1～0.2MPa时，即应停用等待充气，否则侵入空气和杂物会降低再次充气的纯度。同时剩一些氧气便于在充氧时作为吹除瓶口灰尘之用。

(8)搬运过程中尽量避免剧烈振动或互相碰撞。

(9)在冬天使用时，若减压阀被冻结，应用温水或水蒸气加热解冻，千万不能用火烤。

2.7.2　施焊的安全措施

(1)焊接作业前的安全措施。

①视察作业现场的环境，必要时调查询问。

②检查焊接设备和工具是否完好、齐全。气管不能有缠绕，气管不准挂跨在尖锐物上，也不能被重物压住。

(2)焊接作业中的安全措施。

氧乙炔吹管可用于焊接与切割，要特别注意可能会导致火灾与爆炸的漏气情况。

①开启氧气减压阀时，应站在出气口的侧面，动作应缓慢。

②首次使用时，点火前应排除管内的空气。

③点火时，先把焊炬的氧气调节阀稍微打开，然后打开乙炔调节阀，若调整不正常或灭火，则应及时检查是否漏气或管路堵塞，进行修理后，再行点火调整火焰。

④当焊炬发生回火，应迅速关闭乙炔调节阀，同时关闭氧气调节阀。回火熄灭后，再打开氧气调节阀，吹除残留在焊炬内的余焰和烟灰，并将焊嘴和混合气管放在水中冷却。

⑤需要短时间暂停工作或离开岗位时,应关闭焊炬、割炬的所有阀门。交接班或下班时,应关闭氧气瓶阀和回火防止器的开关。清理作业现场,检查有否残留火种。

(3)检查工件是否符合施焊条件。

①设置通风设施,检查通风条件。焊接过程本身会产生少量的有毒烟雾,但这些烟雾与气体是产生自工作面上的涂层,特别是在切割受损的车身零件时,须避免吸入这些烟雾。

②穿戴好劳动防护用品。焊接中会产生金属的飞溅,因此需要配备适当的眼镜与皮肤保护装置。氧乙炔焊接所发出的紫外线比电弧焊要少得多,因此可使用较浅的滤光镜。

(4)车间防火。

车身修复车间中有各种易燃物品,在操作中也经常会产生明火,有可能造成火灾。在车间修复操作时,应该注意以下防火事项:

①车身修复车间禁止吸烟。车间内大量的易燃物都可能引发火灾。在车间内不要随身携带火柴或打火机。

②易燃材料应远离热源。不要在调漆间附近使用割炬或焊接设备。车身隔音材料易燃,在对车身板件进行焊接或用割炬、等离子弧切割时必须先将隔音材料拆下。

③进行焊接或切割时,高热量的火星能够运动很长一段距离。不要在油漆、稀释剂或其他可燃液体、材料周围进行焊接或切割;不要在蓄电池周围进行焊接或研磨。

④燃油箱应当排空后拆下。当在燃油箱加油管周围进行作业时,应将其拧紧并盖上湿抹布。

⑤在车辆内饰旁边进行焊接和切割时,应拆下座椅或地板垫,也可用一块浸水的布或焊接毯盖上,最好在旁边备一桶水或一个灭火器。

⑥工作中不要让车辆上的导线短路。过大的电流会使导线过热、熔化并燃烧,造成电气火灾。为防止电气火灾,在进行电气作业或在车身作业时,一定要断开蓄电池。

⑦一旦不慎发生了火灾,千万不要慌张,要谨慎处理,及时打火警电话。人要贴近地面,避免吸入烟气,如果过热或烟气过大,要及时离开。

⑧防止火灾发生。燃烧的三个基本要素是热量、易燃物和氧气。只要使三个要素中的一个缺失就能熄灭火焰。在车间一般都要配备水龙头、灭火器、防火沙等灭火材料。

(5)灭火器使用注意事项。

①多用途的干粉灭火器可扑灭易燃物、易燃液体和电气设备火灾,车间都应该配备一些多用途灭火器。操作说明印在每个灭火器上面,但是在紧急情况下,可能没有时间阅读标签,所以必须在平时就要掌握灭火器的使用方法。

②使用灭火器时站在距离火源2 ~ 3m 的地方,首先拉下手柄上的安全销,牢牢握住灭火器,将喷嘴对准火焰的根部,然后挤压手柄,将灭火剂喷入火焰中,将其熄灭,如图5-3-9所示。

③灭火器通过将火源降温并隔离空气来灭火。如果想有效的利用灭火器,就要对准火焰的根部,即燃烧所在的位置。

④在发生火灾时,不要打开门窗,防止空气流动导致火势加大。

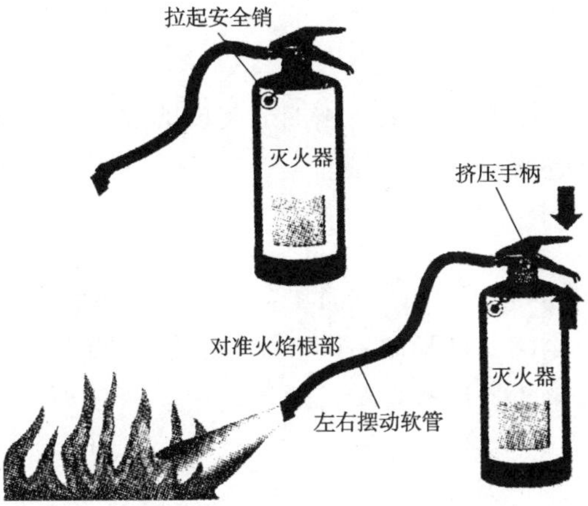

图5-3-9 灭火器使用的基本步骤

⑤灭火器应该定期检查、定期重新加注灭火剂。灭火器要摆放在车间的固定位置,并要有明显的标志。

任务4 塑料件的修复

1 任务引入

汽车发生碰撞,经检查,保险杠出现损伤,需对其进行修理。

2 相关理论知识

塑料在汽车上的应用发展很快,从最初的内饰件和小机件发展到可替代金属制造各种机械配件和车身板件。用塑料替代金属,既可获得汽车轻量化的效果,又可改善汽车的某些性能,如耐磨、防腐、避振、减小噪声。随着汽车工业的发展,塑料的应用越来越受到重视。

塑料在汽车上的应用主要分为三类:内饰件、外装件、功能结构件。外装件以塑代钢,可减轻汽车质量,达到节能的目的;内饰件以安全、环保、舒适为应用特征,用可吸收冲击能量和振动能量的弹性体和发泡塑料制造仪表板、座椅、头枕等制品,以减轻碰撞时对人体的伤害,提高汽车的安全系数;功能结构件多采用高强度工程塑料,减轻质量,降低成本,简化工艺,如用塑料燃油箱、发动机和底盘上的一些零件。汽车车身上主要有三种塑料应用模式。

(1)外覆盖件与结构件全部采用塑料:主要用于高档跑车,其骨架结构件采用碳纤增强塑料,外覆盖件采用玻纤增强塑料,成本很高。

(2)金属骨架与全塑外覆盖件车身相结合:车身采用玻纤增强热塑性聚酯注射成型。

(3)部分采用塑料外覆盖件:一些高级轿车,骨架结构采用金属件,外覆盖件则部分采用塑料。

2.1 塑料的组成

塑料是以合成树脂为基体,并加入某些添加剂制成的高分子材料。它在一定温度、一定压力下可以塑造成各种形状的部件。

2.1.1 合成树脂

合成树脂是塑料的主要成分,它的种类、性质及加入量的多少对塑料的性能起到很大作用,大部分塑料是以所加树脂的名称来命名的。工程上常用的合成树脂有酚醛树脂、环氧树脂、氨基树脂、有机硅树脂、聚氯乙烯和聚苯乙烯等。

2.1.2 添加剂

加入添加剂是为了改善塑料的性能,扩大其使用范围。添加剂包括填料、增塑剂、稳定剂、固化剂和着色剂等。

填料主要起到强化作用,同时也能改善或提高塑料的某些性能,如加入云母、石棉粉、氧化硅可以增加塑料的电绝缘性、耐热性、硬度和耐磨性。增塑剂用于提高塑料的可塑性与柔软性。稳定剂可以提高塑料在光和热作用下的稳定性,以延缓老化。固化剂可以促使塑料在加工过程中硬化。着色剂可以使塑料制品的色彩美观。

2.2 塑料的分类和特性

2.2.1 塑料的分类

塑料的种类很多,按其热性能不同,可分为热固定塑料和热塑性塑料两大类。

热固定塑料是指经过一次固化后,不再受热软化,只能塑制一次的塑料。这类塑料耐热性好,受压不易变形,但力学性能较差。常用的有环氧树脂、酚醛树脂、氨基树脂、有机硅树脂等。

热塑性塑料是指受热时软化,冷却后又变硬,可反复多次加热塑制的塑料。这类塑料加工成型方便、力学性能较好,但耐热性相对较差、容易变形。热塑性塑料数量很大,约占全部塑料的80%。常用的有聚乙烯、聚氯乙烯、聚四氟乙烯、聚苯乙烯、聚丙烯、聚甲醛、聚苯醚、聚酞胺等。

塑料按照性质可分为:热塑性纤维增强塑料(FRTP)和热固性纤维增强塑料(FRP)。按照纤维又可分为:碳纤增强塑料和玻纤增强塑料。碳纤增强塑料为超高强度(比钢高)材料,价格昂贵;玻纤增强塑料为普通增强材料。

2.2.2 塑料的主要特性

塑料具有许多优良的物理、化学性能,主要有以下几点:

(1)质量轻。塑料的相对密度一般只有 1.0~2.0g/cm^3,可以大幅度减轻汽车的质量,降低油耗。

(2)化学稳定性好。一般的塑料对酸、碱、盐和有机溶剂都有良好的耐腐蚀性。

(3)比强度高。比强度是指单位质量的强度。尽管塑料的强度要比金属低,但塑料密度小、质量轻,以等质量相比,其比强度要高。

(4)电绝缘性好。大多数塑料有良好的电绝缘性,汽车电气设备零件广泛采用塑料作为绝缘体。

(5)耐磨、减磨性好。大多数塑料的摩擦系数较小,耐磨性好,能在半干摩擦甚至无润滑条件下工作。

(6)吸振性和消声性好。采用塑料轴承和塑料齿轮的机械,在高速运转时,可平稳地转动,大大减小噪声、降低振动。

塑料也有不少缺点,与钢材相比,其力学性能较低;耐热性较差(一般只能在100℃下长期工作);导热性差;容易吸水,吸水后性能恶化。此外,塑料还有易老化、易燃烧、温度变化时尺寸稳定性差等缺点。

2.3 塑料在汽车中的应用

由于塑料具有诸多金属和其他材料所不具备的优良性能,因此在汽车上应用很广。常用于制作各种结构零件、耐磨减磨零件、隔热防振零件等。汽车常用塑料的种类及应用见表5-4-1。

汽车常用塑料的种类及应用　　表5-4-1

代码	材料名称	应　用	特性
PE	聚乙烯	内翼子板、内衬板、帷幔板、阻流板	热塑性
PP	聚丙烯	内饰件、内衬板、内翼子板、散热器、挡风帘、仪表板、保险杠、面罩	热塑性
PS	聚苯乙烯	—	热塑性
PUR	聚氨酯	保险杠面罩、前后车身板、填板	热固性
TPUP	热塑性聚氨酯	保险杠面罩、防石板、填板、软质仪表前板	热塑性
PVC	聚氯乙烯	内衬板、软质填板	热塑性
RIM	反应注模聚氨酯	保险杠面罩	热固性
RRIM	强化反应注模聚氨酯	外车身板	热固性
SAN	苯乙烯—苯烯腈	内衬板	热固性
TPR	热塑橡胶	帷幔板	热固性
UP	聚酯	玻璃钢车身板	热固性

2.4 塑料的焊接原理

塑料焊接与金属焊接都要使用热源和焊条,焊接方法(碰焊、填焊、搭焊等)相同,接头的类型大致相同,而且强度的评定方法也相似。然而,由于两种材料在物理特性上的差异,这两种焊接又有明显的不同。表5-4-2为汽车常用塑料的部位名称、代码、材料名称及耐热温度。

汽车常用塑料的部位名称、代码、材料名称及耐热温度 表5-4-2

部件名称		代码	材料名称	耐热温度(℃)
风窗玻璃嵌条		PVC	聚氯乙烯	95
水槽盖板		PP	聚丙烯	5
前组合灯	灯玻璃	PC	聚碳酸酯	130
	灯罩	PBT	PBT	120
散热器格栅	格栅	ABS	ABS	90
	加固件	PP	聚丙烯	95
前保险杠		PP	聚丙烯	100
前侧标志灯	灯玻璃	PWA	丙烯酸	75
	灯罩	AAS	AAS	120
外后视镜	灯罩	ABS	ABS	95
	基座	PBT	PBT	200
	黑色	AES	AES	75
	镜身颜色	ABS	ABS	90
	镜架	PP	聚丙烯	50
后组合灯	灯玻璃	PWA	丙烯酸	80
	灯罩	AAS	AAS	70
外把手	手柄座	PC-PET	聚碳酸酯-PET	80
	手柄	PC-PBT	聚碳酸酯-PBT	80
后保险杠		PP	聚丙烯	100
后牌照板装饰条		ABS	ABS	90
高位制动灯		PC	聚碳酸酯	130
顶盖装饰条		SUS 430	—	5
侧踏板嵌条		PP	聚丙烯	100
防护板		PP	聚丙烯	100

焊接金属时,焊条与基体材料熔成一体。金属有确定的熔点,而塑料在软化温度和烧焦或燃烧的温度之间有很大的熔化温度范围。此外,与金属不同的是,塑料传热性能差,加热不易均匀。因此在塑料表面以下还未完全软化时,塑料焊条和塑料表面就会烧焦或燃烧。在焊接温度下分解的时间比软化所需的时间短,所以塑料焊机的工作温度范围要比金属焊

机小得多。

塑料焊条不会完全熔化,在焊接前后看来没有变样。焊工可向焊条施加压力,使它进入焊区并形成永久结合。切去热源后,焊条恢复原样,所以,即使在焊条和基体材料之间获得较强的永久结合,焊条的形状还是与焊接前差不多,不同的是焊缝两侧有熔流带。

焊接塑料时,材料在热量和压力下熔融在一起。采用常用的手工焊接方法时,这种结合是靠用一只手向焊条施加压力,而同时用焊炬的热气把焊条和基体材料加热并保持扇展动作而实现。成功的焊接在于保持压力和热量恒定。对焊条施加过大的压力会使焊缝扩大,而热量过多会使塑料烧焦、熔化或扭曲。

2.5 塑料的安全

在对塑料件进行作业时,要注意安全。焊接时产生的气体对人体有害。要注意下列安全事项:仔细阅读标签说明和警告。当切割、打磨或研磨塑料件时,防尘控制是非常重要的。

使用玻璃纤维树脂或硬化剂时戴上橡皮手套,穿上长袖衬衣,扣上领子和袖口,有助于防止打磨产生的粉尘粘到皮肤上。一次性油漆服可以防止粉尘粘到衣服上。

在身体的所有暴露部位都应使用护肤膏;如果树脂或硬化剂接触到皮肤,用硼砂皂和热水或酒精进行清洗;防护镜也是必需品;工作区域必须通风良好;戴上合格的防尘罩,避免吸入打磨粉尘和树脂蒸气。

2.6 塑料的识别

有多种方法可用于识别未知的塑料。一种方法是通过压印在零部件上的国际标准符号或ISO码进行识别。许多制造商使用这些符号,符号或缩略语加工在零部件背面的一个椭圆内。这种方法的问题是常常必须拆下零件来读取符号。

如果无法用符号确定塑料件,车身维修手册会给出汽车上使用塑料的信息。车身维修手册常常列出专用的塑料种类。

2.6.1　燃烧测试法

燃烧测试使用火焰和产生的烟来确定塑料的种类(现今已不常采用),并且这种测试并不总是可靠的。现在的许多零件使用含有多种成分的复合塑料,在这种情况下,燃烧测试无济于事,而且燃烧塑料产生致癌物质会对环境造成不良影响。

2.6.2　焊条黏附测试法或试凑法

有一种识别未知塑料的可靠方法:进行焊条黏附测试或用试凑法在零部件的隐蔽部位和损坏部位进行焊接。试几种不同的焊条,直到有一种能够粘住为止。大多数供应商只提供了几种塑料焊条,可能范围并不大。这些焊条采用颜色编码,一旦发现焊条起作用,也就确定了基本材料。

2.6.3　塑料件挠性测试法

另一种确定塑料的方法是塑料件挠性测试。用手弯曲塑料件,与塑料件样本的挠性进行比较,然后采用最符合基本材料特性的维修材料。

2.7 塑料件的维修

和其他的车身维修工作一样,维修塑料件时要先进行评估。此时,要确定该零部件应维修还是更换。如果在弧形接板或大的塑料板上有小的裂缝、撕裂、凹槽或孔,而这些部件难以更换、成本较高或不易取得,说明维修是合理的。上述部件如果大面积损坏,或者翼子板喇叭口、塑料装饰件等便宜且易更换的部位发生损坏,则可以进行更换。简单来说,要由维修人员或评估师决定是否对其进行修理或更换。

如果决定修复,必须确定该零件有无必要从汽车上拆下。为了高质量地修复损伤部位,必须对阻碍修复的零部件进行拆除。注意,零件还必须进行表面整修。

如前所述,有两种方法用于维修塑料件:

(1)使用化学黏合剂。

(2)进行塑料焊接。

2.8 热空气塑料焊接

热空气塑料焊接是利用由陶瓷或不锈钢制成的电热元件来产生热空气,通过喷嘴喷到塑料及焊条上,并将二者融化焊接到一起。热风的温度为230~340℃,热风通过喷嘴吹到焊件及焊条上,加热塑料接缝,使其软化,同时将加热的塑料棒压入接缝即可。在焊接过程中,塑料的焊接收缩量比金属大,所以在焊接下料时应多留焊接余量。

所需空气可由空气压缩机供给,千万不能使用氧气或其他可燃气体。热空气焊机的结构如图5-4-1所示。

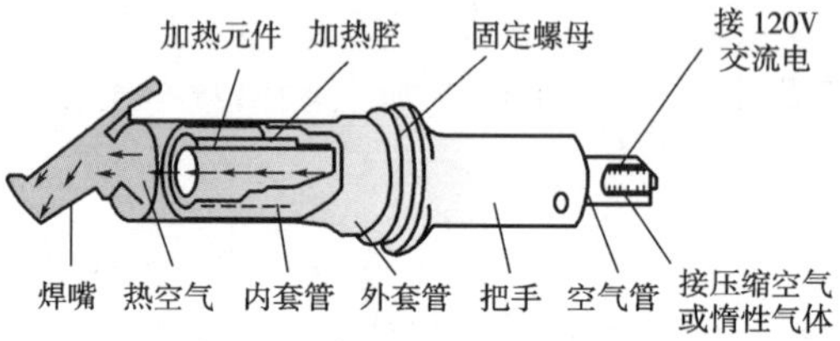

图5-4-1　热空气焊机的结构

3 任务实施

3.1 准备工作

由于车型的不同,保险杠的更换方法有一些差异,应参阅具体车型维修手册,制订保险杠拆装实施方案。准备仪器、设备和工具。

3.2 操作过程

下面以某款车型保险杠为例,介绍保险杠的维修步骤。

3.2.1 维修凹坑

(1)清洗干燥待修部件。

(2)用热风吹风机加热凹坑部位,直至可用合适的工具压平凹坑。

(3)用P120砂纸、金刚砂纸打磨凹坑区域。

(4)然后用清洗剂清洗,晾干10min。

(5)用黏结剂填充不平表面,用抹刀抹平。

(6)用红外线灯加速固化过程,将温度调至60~70℃,时间调为15min。

(7)用P120砂纸打磨凹坑部位。

(8)去除灰尘磨屑。

(9)涂一层薄薄的黏结剂,晾干10min。

(10)按油漆维修手册修复漆面。

3.2.2 维修刮伤

(1)清洗干燥待修部位。

(2)用P80砂纸除去凸出的材料。

(3)然后用清洗剂清洗维修部位,晾干5min。

(4)涂一层黏结剂,晾干10min。

(5)用黏结剂填充不平表面,抹刀抹平。

(6)用红外线灯加速固化过程,将温度调至60~70℃,时间调为15min。

(7)用P120砂纸打磨凹陷部位。

(8)清除灰尘、磨屑。

(9)涂一层黏结剂,晾干10min。

(10)按油漆维修手册恢复漆面。

3.2.3 维修裂纹

在维修裂纹时,应注意裂纹长度在100mm以下。

(1)清洗干燥待修部位。

(2)凿开裂纹端部(5mm长),并将裂纹打磨成V字形,消除内应力和凸起的部位。

(3)用清洗剂清洗维修部位,晾干5min。

(4)涂一层黏结剂,晾干10min。

(5)先用黏结剂将加强带粘到维修件背面,至少与损坏部件搭接20mm。

(6)用红外线灯加速固化过程,将温度调至60~70℃,时间调至15min。

(7)用黏结剂填充打磨过的裂纹前端,用抹刀抹平。

(8)用红外线灯加速裂纹前端的固化过程。

(9)用P120砂打磨凹陷部位。

(10)清除灰尘、磨屑。

(11)涂一层黏结剂,晾干10min。

(12)按油漆维修手册恢复面漆。

3.2.4 维修油漆孔洞

在维修油漆孔洞时,应注意孔洞直径在30mm以下。

(1)清洗干燥待修部件。

(2)用P120砂纸将维修部位的边缘打磨成漏斗形。

(3)涂一层黏结剂,晾干10min。

(4)用P120砂纸打磨表面。

(5)用清洁剂清洗维修部位,晾干5min。

(6)涂一层黏结剂,晾干10min。

(7)先用黏结剂将加强带粘到维修部件的背面。至少与损坏部位搭接20mm。

(8)用红外线灯烘干,将温度调至60~70℃,时间调为15min。

(9)用黏结剂填充打磨过的前端,用抹刀抹平。

(10)用红外线灯烘干前端。

(11)用P120砂纸打磨凹陷部位。

(12)去除灰尘、磨屑。

(13)涂一层黏结剂,晾干10min。

(14)按油漆维修手册恢复面漆。

3.3 操作提示

使用塑料焊接热空气焊机的基本方法如下所示:

(1)逆时针方向拧松控制手柄,使调压阀关闭,以免因压力突然增高而损坏压力表。

(2)将调压阀接到压缩空气或惰性气体的供气路上。使用压缩空气时,应把调压阀调到管线的标准压力(1.4 MPa左右),如果用的是惰性气体,则需要使用减压阀。

(3)接通气源,其初始压力取决于加热元件的功率。

(4)将焊机接到指定的交流电源上。在指定的工作气压下预热焊炬。必须保持从预热升温到冷却降温整个过程中焊枪都有气流通过,以免加热零件烧坏和焊炬受损。

(5)选用适当的喷嘴,并用钳子把它插接到焊炬上,以免手触到发烫的套筒。

(6)喷嘴装好后,因背压的作用而使温度稍有升高,经过2~3 min,喷嘴即可达到所需的工作温度。

(7)用温度计检测距喷嘴热风出口6 mm处的温度,对于热塑性塑料,该处温度应为230~340℃。焊机说明书中一般都配有焊接温度选择图表。

(8)如果上述部位温度对于焊接材料来说太高,则可把压缩空气的压力稍稍调高,直到温度下降;如果温度对实际应用来说太低,则可稍稍降低压缩空气的压力,直到温度升高。在调整压缩空气的压力后,应等待1~3 min,使温度在新的设定条件下达到稳定状态。

(9)压缩空气的压力过大不会损坏焊炬及其加热元件,但压力过低则加热元件会过热。

因此,在调低压缩空气压力时,切不要将压力调低到把手处的套筒固定螺母热到烫手的程度。固定螺母烫手,则说明焊机出现了过热。

(10)气路内滤网堵塞或电压不稳也能引起过冷或过热,应加以注意。

(11)如果套筒端部的螺纹太紧,应当用优质、耐高温的油脂清理,以免螺纹卡死。

(12)焊完后,应先切断电源,等待几分钟之后,或套筒冷却到可以触摸之后再切断气源。

任务5　前风窗玻璃的修复

1 任务引入

经检查,汽车前风窗玻璃出现小面积的损伤,需对其进行修理。

2 相关理论知识

2.1 玻璃修补的六大好处

(1)防止破洞或裂缝扩大,保证行车安全。

(2)无须拆卸,避免更换玻璃造成的密封不良及车容损伤。

(3)减少废弃玻璃,符合环保趋势。

(4)修补后坚固耐用,恢复玻璃原有强度,清晰度可达95%以上。

(5)现场施工,修补迅速,省时省事。

(6)节省开支(更换玻璃的费用)。

汽车玻璃的修补主要是在裂缝中填补液态胶质,消除缝隙。填补玻璃所用的材料是一种透明度很高的液态胶质,遇紫外线加热可迅速凝固,强度可达原玻璃的95%以上。施工过程也不是很复杂,主要工具是一支类似针管构造的真空注射器,功能是将玻璃伤口内的空气抽掉,然后填以玻璃修补剂(液态胶质)。经过反复几次抽、压后,修补的空间内至少会有95%盛满了填补液,这时再用紫外线灯上下左右各照射两分钟,让修补液凝固。机器移开后,伤口的中心点还会有一个小缺口,这时再滴入浓度较高的修补剂,盖上玻璃片,同样用紫外线灯照射烘干后,用刀片将表面刮平,涂上打光剂,用布磨光即可。

通常一个圆形的伤口,在修补完成以后只会剩下一个小小的圆形痕迹或蛛丝状的裂纹。

2.2 汽车风窗玻璃裂痕修复工具原理简介

车辆行驶过程中遭遇小石子撞击后对风窗玻璃造成的牛眼、星形及长裂纹如图5-5-1所示。修复原理就是用修复器先将玻璃星形或牛眼形裂痕中的空气抽出,再用修复器将玻璃裂痕修复树脂注入裂痕中,裂痕中全部注满修复树脂后,再用紫外线灯固化,从而获得一块完好如初的风窗玻璃。修复过程大概为30~60min。

汽车风窗玻璃修补系列工具是一套专门用于汽车风窗玻璃等安全玻璃修补的工具。

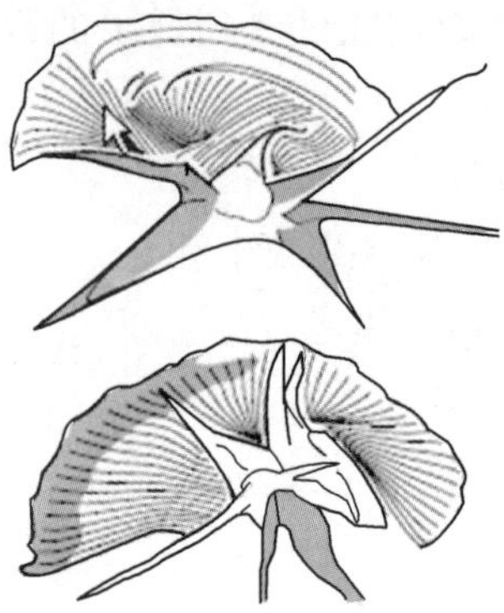

图 5-5-1 汽车风窗玻璃炸点

(1)修复裂痕:可以完全修补直径不到5mm的裂痕。

(2)修补的时限:破损后立即修补效果更好,一般在破损两周内修补,超过时间后,破损有所扩大,灰尘进入破裂部分,可能导致修补后有细微的痕迹。

(3)修补所需时间:修补一处破损只需30min左右,修补的程序总共24个步骤。

(4)修补工具:它的巧妙设计彻底省去了真空泵、软管及压缩装置等。独一无二的设计,使修补器可以很方便地在垂直和水平角度自由调整。它使用特殊的真空吸盘,可毫不费力地把注射系统牢牢地吸附在玻璃上。垂直修补、边角修补以及曲面玻璃的修补,都可以使用它进行修补,而不再需要增加其他的辅助设备。

(5)修补材料——玻璃修复剂:汽车玻璃修复剂的主要组成成分是光敏树脂,用此修复剂修补玻璃后,汽车玻璃可以迅速恢复原有的强度,并很好地发挥安全作用。修补强度和透光率非常好。

(6)节省费用:汽车玻璃修补费用仅是更换原装玻璃的1/10到1/5,修复后的玻璃几乎和新的一样,肉眼看不到裂缝的存在。更多的汽车用户将选择对破损的风窗玻璃进行修复,而不是更换。

3 任务实施

3.1 准备工作

由于车型的不同,汽车玻璃的更换方法有一些差异,应参阅具体车型维修手册,制订汽车玻璃拆装实施方案。准备仪器、设备和工具。

3.2 操作过程

3.2.1 玻璃擦痕的修复

汽车玻璃被擦伤留下的擦痕,既影响汽车的美观,又影响驾驶员的视线。

玻璃属高硬度物质,其表面的擦痕不可能用抹布擦除,只会是越擦越脏,甚至把抹布上的污垢涂抹在擦痕的凹槽中,形成一条条的黑道子。消除玻璃表面擦痕的正确方法是使用玻璃磨光药品和器具。

风窗玻璃磨光设备,主要包括清洗剂、增光粉和磨光头。在作业时,首先用玻璃清洗剂净化擦痕或划痕和其周围的玻璃。必要时用刀片刮去污垢,然后把搅拌好的增光粉(乳剂)涂在被浸湿的磨光头上,磨光头以1100r/min的速度旋转并加稍许压力在擦痕上往复移动,直到擦痕消失,用清水洗净玻璃上残留的磨光剂即可。

3.2.2 风窗玻璃炸点的修复

高速行驶的汽车能带起路面上的小砂石,这些砂石如果撞击到快速行驶的汽车风窗玻璃上,极易对汽车玻璃造成伤害,形成小的炸点,不但影响了美观,更会干扰驾驶员的视线。消除汽车风窗玻璃上的小炸点,现在已形成一种专门技术。用这种技术消除玻璃炸点,首先要用专用的玻璃清洗剂清洗炸点、清理碎屑,然后用专用的钻机在炸点处打孔。清洗钻孔,去除渣滓后,用吹风机吹干,并在车内、车外分别固定好专用的反光盘和三脚架,然后将玻璃内的空气抽真空并随之将特种树脂填充进裂缝和破损处,再利用紫外线灯将树脂进行固化进行修补。在经反复研磨后,炸点便被完全填补。为了使修补后的炸点与风窗玻璃的完整部分一致,还可以涂上一层特制的防护液并抛光擦亮。实践证明,通过使用风窗玻璃修补系列,由小砂石撞击而造成的损伤中85%是可以修补的。

修复步骤如下所示:

(1)用划针划开穿透点,但勿扩大损坏部位,如图5-5-2所示。

(2)将镜子置于内侧,并对准损伤部位,便于观察。装上带喷嘴的工具,使喷嘴的橡胶密封圈安装在穿透点上。然后滴入树脂,10min后,抽出损坏部位的空气,如图5-5-3所示。

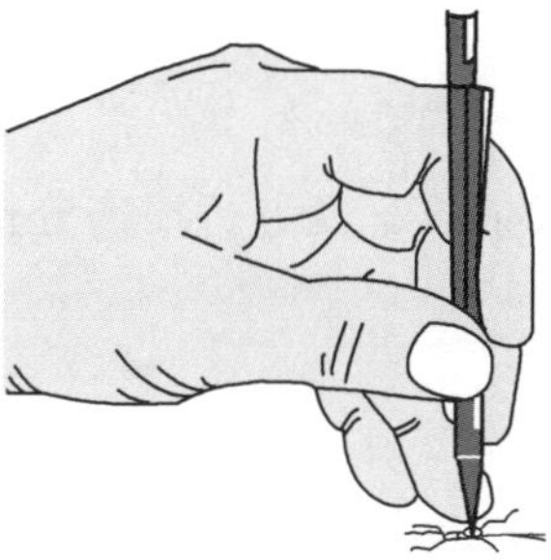

图5-5-2　用划针划开穿透点

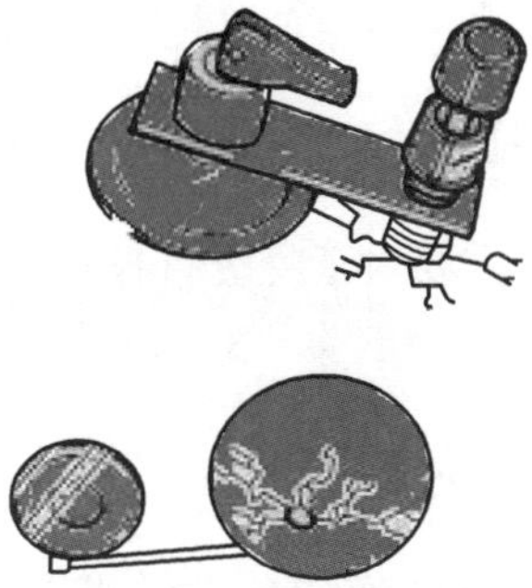

图5-5-3　抽出损伤部位空气

(3)切割一块覆盖膜,拿在手里,拆下带工具架的喷嘴,然后立刻用覆盖膜盖住损伤部位,膜内含有固化树脂的活性剂。取下覆盖膜,将紫外线灯置于损坏部位,对树脂照射10min,拆下紫外线灯,如图5-5-4所示。

(4)用树脂刀刮平损坏部位,用抛光套件进行抛光。

3.3 操作提示

裂缝和破洞都可以进行修理,但是三条以上裂纹、裂纹长度超过20cm的风窗玻璃,建议进行更换。并非所有的汽车玻璃都能修补,按照目前的修补技术,只能修补复合(夹层)风窗玻璃上的炸点,而且是在玻璃非应力区上的炸点。钢化玻璃、区域钢化玻璃上的炸点,用这项技术是修补不了的。

图5-5-4　贴覆盖膜

损伤修补部位不得位于驾驶员视野内,即刮水器臂扫刮区域。中间膜或内层玻璃不能损伤,勿在直射的阳光下进行维修,维修的场所为室温,工作区域不得有水汽。

项目 6 Chapter 6

车身结构件的修复与更换

任务1 车身校正前的准备

1 任务引入

车辆碰撞后,需要对车身进行校正,校正前,需对事故车辆进行损伤分析和校正之前的准备工作。

2 相关理论知识

先要根据测量和损伤分析的结果来制订精确的碰撞修复程序(工艺),然后按照已定好的程序完成车身修复操作。

2.1 车身损伤分析

科学的损伤分析即为修复方案,除了要考虑降低维修成本之外,还要综合考虑整体维修质量,特别是对承载式车身应进行详细的测量和车身损伤分析,在损伤分析上多花一点时间。例如,局部拉伸时如何保证周边部位不受影响,切割和焊接时如何保证金属内部结构尽量不发生较大变化,以及使用何种钻孔打磨工具不会对安装造成影响。凡是与整体修复方案有关的因素,分析得越详细、越彻底,修复计划就做得越完善,整个车身修复的质量、效率就越高,这样才能为后续的工作创造有利条件。

2.2 车辆部件的拆除

在拉伸校正开始之前,应该拆去车上妨碍校正的部件。在拆卸有些外覆盖件时,其他机械部件也需要拆卸。承载式车身的损伤容易扩散到较远处,经常扩散到一些意想不到的地方,有些甚至就藏在这些部件或系统里面,只有拆除这些部件才能更好地找出损伤。

拆卸汽车零部件时,要注意以下事项:

(1)只拆卸那些为了接近车身需要修复的部位而必须拆除的部件。例如,过去将承载式车身汽车放在校正台之前,要拆去悬架、传动装置、发动机和水箱等总成。不过现在有了定位器和发动机台架等辅助设备后,如果损伤不是非常严重,可以不对其进行拆卸。

(2)在进行修复前,要仔细研究车身结构、损伤位置和损伤程度,决定拆去什么、保留什么,以及如何拆卸更为方便。

(3)有时,在将汽车放在校正台上之前拆去某些部件,为的是更容易接近需要校正的部件和区域。

(4)更换结构件比修复这些结构件需要拆除更多的部件。要花时间认真研究发动机、传动系统和悬架的安装位置,看这些部件本身是否损伤。在拆卸部件时,应以单元的形式来拆卸,这样可以减少拆卸的时间。

2.3 制订修复计划

通过目测,我们可以知道一些车身损伤的情况,但是有时也需要通过精确的测量才能够确切知道车身损伤的程度和变形范围。确定了承载式车身结构的损伤程度并完全弄清楚了损伤区域之后,才能够制订出合理完善的修复计划,并进行牵拉和校正。车身主要控制点的尺寸在拉伸中要不断进行测量和监控,以保证修复的准确性。

2.4 制订拉伸程序

制订修复(牵拉)程序时,应遵循两条基本规则,以保证通过最少量的拉伸校正来修复损伤部件变形,并且不会造成进一步的车身结构损伤。

(1)按与碰撞损伤相反的顺序修复碰撞时出现的损伤(先里后外),即最后出现的损伤要最先修复,最先出现的损伤要最后修复。

(2)以碰撞相反的方向来设计拉伸校正的顺序。

2.5 拉伸操作方式

2.5.1 单拉系统(单向拉伸)

承载式车身的拉伸校正和非承载式车身的拉伸校正有很大不同。通过一系列单向拉伸,通常就可以将非承载式汽车整平和校直。简单的朝一个方向的拉力,对非承载式车身的校正具有相当好的效果。非承载式车身的车架金属板厚度在3mm以上,可以承受反复的拉伸,一般不会发生拉伸过度或拉断的现象。

在承载式车身损伤较轻的表面可以使用简单的单向牵拉。在牵拉修复结构复杂部件的损伤时,一定要注意防止与其关联的那些未损伤的或已修复的部件受到拉伸,以免造成不应有的损伤,甚至无法修复的结果。为了避免发生这类情况,需要使用复合牵拉系统进行辅助牵拉和定位。

2.5.2 复合牵拉系统(多点拉伸)

承载式车身,特别是大量使用高强度钢板的承载式车身,其结构复杂,碰撞力容易扩散到整个车身,而且承载式车身大部分的板件都比较薄,高强度钢板在变形后内部有更多的加工硬化。在修复过程中,恢复这些变形的板件形状需要更大的力,当只用一个拉力拉伸校正变形部件时,变形还没有恢复,但是钢板已经被撕裂了,所以承载式车身的部件在拉伸时要求有多重拉力。在每次拉伸校正过程中,要尽量要找到两个或更多的拉伸点和方向。

复合牵拉具有支撑和牵拉的能力。在修复承载式车身的二次损伤时,需要这种能力。使用复合牵拉系统,能对任何牵拉进行严格控制,并大大提高牵拉的精确度。

复合牵拉方式可以完成下面一些工作:

(1)可以同时从三点或四点上,精确地按所需方向成功地进行牵拉,对承载式车身修复程度进行必要的控制。

(2)多点的复合牵拉,极大程度地减少了每个点上所需的力,大的拉伸力通过几个连接点加以分散,因此减少了薄钢板被拉断的危险。

2.6 车身(车架)的定位

1)非承载式车身定位

非承载式车身的车架定位可以采用在车架的固定孔(位于车架的架梁上)内放置适当的塞钩。为使塞钩与车架梁对中,需要用垫块进行调整,或者使用链条张紧器调整。为防止牵拉力过大造成损伤,建议在孔上焊接加强垫片后在拉伸。

2)承载式车身的定位

对于承载式车身,必须用多点固定的方式进行拉伸。这至少需要四个固定点,如图6-1-1所示,根据车身结构及拉伸的部位不同,有时或许还需要另外的固定点。

图6-1-1 车身固定点

(1)在拉伸时,可在车身坚固的梁上焊接若干固定夹,并利用这些固定夹将车身辅助固定,以防止与之相连的、不能拉伸的部件损伤。

(2)操作时,要科学准确定位,保证安全和修复质量。安装固定时,要先确定夹紧部位,将一部车分三部分:驾驶区、乘客区和行李区。夹具安装的区域称为控制区域,通用型夹紧系统主要为承载式(整体式)车身而设计的,适合于设备的平台结构特点。

(3)安装时,要根据碰撞车损伤程度和部位确定损伤车在平台的位置。在车和塔柱之间应留出足够的拉伸空间,一般在塔柱与车身之间留50~70cm。要施加驻车制动,用三角木将汽车轮胎垫好,在夹紧过程中,防止车辆滑动。

固定前,要仔细观察车辆底盘部位裙边形状,判断应选用哪种夹具。如果底盘部位裙边形状特殊,可选择附属夹具。使用二次举升或千斤顶将事故车举升至合适高度,安装夹具。拧紧夹具夹钳头上的螺栓,使夹具与车身连为一体。固定夹具到平台上,使夹紧系统与平台连为一体。夹具夹钳头必须重新拧紧。夹具必须牢牢地固定在平台上,如果不固定,夹具可能产生滑动,影响拉伸精度,并造成车身二次损伤。

2.7 车身校正钣金工具的使用

为了更好地对承载式车身进行拉伸修复,针对车身不同部位的变形设计了多种钣金工具,可以对车身进行有效的拉伸修复。

在使用钣金工具时,必须注意正确的使用方法,否则会损伤夹具和车身。在拉伸时,必须使拉力方向的延长线通过夹齿的中间,否则夹钳有可能受扭转力而脱开,还会对钳口夹持的部位造成进一步的损伤。在设计牵拉夹钳进行多点牵拉时,需要充分发挥想象力和创造力。

在进行牵拉校正工作准备时,钣金工具不可能正好夹持在变形区域,如果遇到这种情况,可暂时在需要拉伸的部位焊一小块钢板,修复之后,再去掉钢板。

2.7.1 拉伸校正的程序

拉伸校正程序就是从混在一起的众多小问题中找出修复的先后次序,找出第一个需修复的板件开始修复,然后再修复第二个板件,如此循环继续。

整个拉伸校正的程序在车身损伤分析的制订修复计划的过程中已经安排好了,在具体的校正修复过程中可能还需要根据具体情况做相应的调整。

一个部件在受到损伤后,可能存在三个方向的损伤,那么整修应该按照以下顺序:

(1)首先校正长度。

(2)然后校正宽度。

(3)最后校正高度。

在整个拉伸校正的过程中,具体到每一个变形板件的拉伸校正时,拉伸校正的程度是由损伤部件的尺寸决定的。拉伸前需要知道每个受损部件的变形方向及大小,这需要准确的测量来决定,通过三维测量数据和标准可以知道变形量的大小和方向。

对一个受损板件进行拉伸校正操作时,要用拉力使金属板件恢复到原先的形状,金属受到外力时,首先发生弹性变形,超过一定力后才会发生塑性变形。在每一次的拉伸中,即使车身被牵拉至超过预定尺寸,车身部件也会由于弹性变形的存在而只是部分地恢复尺寸。因此,在拉伸时应预先估计其金属回弹、弹性变形量,并在拉伸过程中,留有一定的余量。不要试图一次就把变形拉伸到位(完全回到标准尺寸),变形的金属板内部存在加工硬化(内部应力),如果不把加工硬化消除,拉伸的回弹量会很大,而且大力的拉伸也会使板件由于加工硬化而破裂。每一个板件的修复需要很多次的拉伸操作,每一次拉伸时,只使受损板件产生少量的变形,然后卸力、测量、检查一下板件变形的程度,还有多少尺寸没有恢复,再重复拉伸、测量、检查的工作过程,直到板件的尺寸恢复到标准尺寸的误差范围内。

2.7.2 拉伸校正操作

(1)塔柱拉伸。现在的车身校正仪都利用巨大的液压力,通过塔柱内的液压油缸,拉动拉伸链条,导向环变换拉力的方向,通过配备在塔柱上的顶部拉伸杆和下拉式装置,可以对车身进行长、宽、高三个方向的拉伸。使用塔柱的链条对固定在车身上的钣金工具进行拉伸,可以进行多点、多向的拉伸。在拉伸时,要注意塔柱必须固定牢靠,不能移动,否则有可能会对校正仪本身产生损害。

(2)液压顶杆拉伸。液压千斤顶的组成如图6-1-2所示。由于校正设备配备情况不同,有些设备只配备有一个或两个塔柱,为了在拉伸校正中实现多点、多向拉伸,还需要补充一些液压顶杆和链条来进行辅助拉伸,如图6-1-3所示。

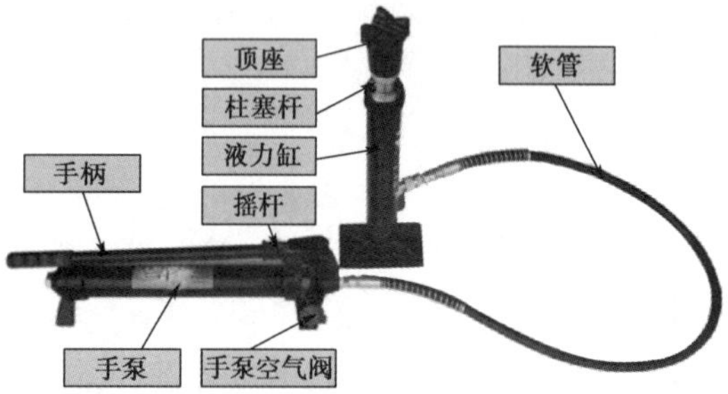

图6-1-2 液压顶杆的组成

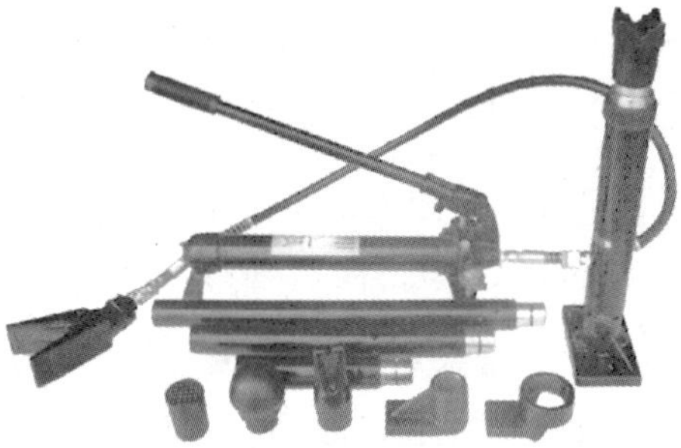

图6-1-3 液压顶杆

使用液压顶杆进行拉伸时,拉伸链条、液压顶杆、车身的拉伸点和链条固定点形成一个简单的三角形拉伸图。

图6-1-4 液压顶杆延长时示意图

液压顶杆延长时,三角形的一边增长。因为链条锁紧在液压顶杆上,所以引起顶杆向右方倾斜,当顶杆倾斜到新的位置时,受损的部件就会被拉伸,如图6-1-4所示。图6-1-5为液压杆系统的装配及校正符号。图6-1-6为液压杆系统在车身上校正时的具体应用。

在拉伸中,根据拉伸部位的高度来调整链条和液压顶杆的长度和高度,链条一端固定在汽车的钣金工具上,调整液压顶杆的接管长度,以便达到恰当的高度。如果顶杆与链条固定点之间的链条超过了垂直状态,就必须马上停止拉伸,否则链条端部的固定点和顶杆支撑点部位可能出现过载,导致链条断裂。

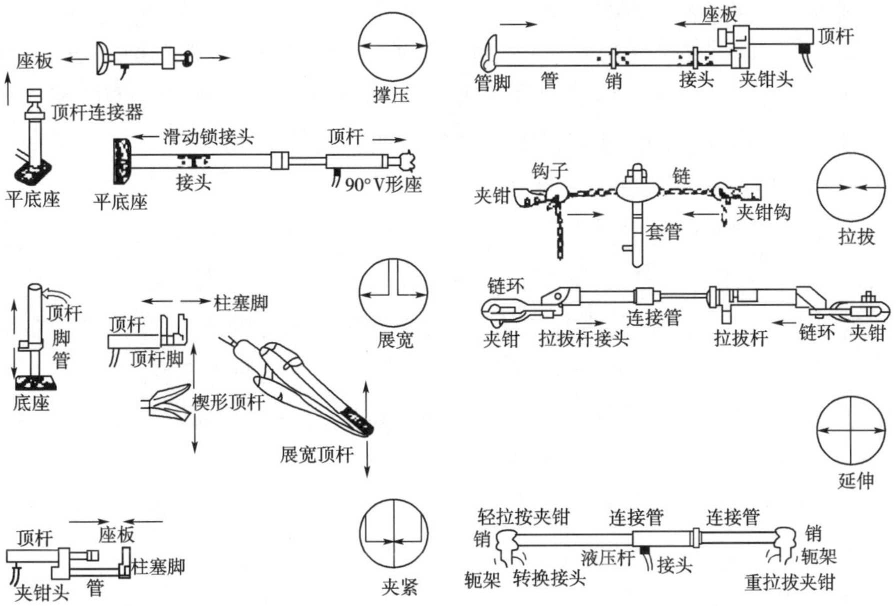

图6-1-5　液压杆系统的装配及校正符号

2.7.3　拉伸操作的注意事项

(1)承载式车身的强度比较高,同时对热也很敏感,因此,不要认为一次拉伸就可以完成拉伸校正操作,而要通过一系列的反复拉伸操作。操作如下:拉伸—保持平衡(消除应力)—再拉伸—再保持平衡(消除应力)。在这样一个循环往复的操作过程中,车身金属板可以有更多的时间恢复变形,有更多的时间使金属松弛(消除加工硬化的应力),有更多的时间测量检查和调整拉伸校正的进度。

在拉伸开始时,要慢慢地启动液压系统,仔细观察车身损伤部位的移动,看其变形是否与校正工作需要的变形相吻合,是否在正确的方向上变形。如果不是,要检查原因,调整拉伸角度后再开始拉伸操作。在拉伸到出现一定变形后,要停止并保证拉伸拉力,再用手锤不断锤击损伤区域,以消除应力,如图6-1-7所示。卸载使损伤部位金属松弛,然后再次拉伸并消除应力。

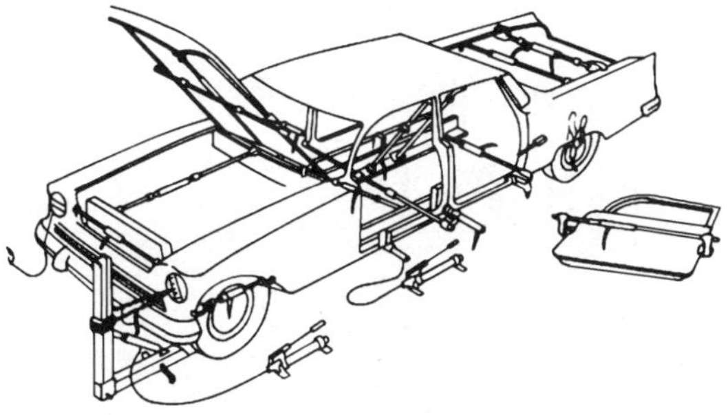

图6-1-6　液压杆系统对车身的校正

图6-1-7　消除应力

(2)车身的每个部件都有足够的强度来承受荷载,但在拉伸中,钣金工具的夹持部位夹持的面积小,会在夹持部位产生非常大的压强,导致夹持部位的板件损伤或断裂。在对一个部位施加拉力比较大时,应该多使用一些夹钳,将拉伸力分散到板件的更大区域。拉伸一个部位用两个夹钳时,可以允许比使用一个夹具时增加1倍的拉力。

(3)车身部件的拉伸要从靠近车身中心的部分向外进行,当靠近中部部件的控制点尺寸到位以后,可以用一个辅助固定夹,再拉伸下一段没有完全恢复尺寸的部分。如果已经拉伸校正好的部位不进行辅助固定,在拉伸下一段时可能影响已修复好的部位。

(4)在拉伸时,要一边间歇地施加拉力,一边检查车身部件的运动,确定拉力在损伤部位是否有效。如果看不到任何效果,就要考虑改变拉伸方向或拉伸的部位。

(5)对于靠近交叉部位的弯曲,如纵梁的弯曲,可以夹住弯曲内侧表面进行牵拉。拉力的方向应与通过零部件原始位置的方向相同。

(6)如果损伤部件的一些部位有皱褶、折叠得太紧、内部的加工硬化太严重,则拉伸时板件有被撕裂的危险。如果这些部件处于吸能区的话就不能进行维修了,则需要进行更换。在拉伸这些部件时,需要对其加热放松应力。加热时要注意,只能在菱形处或两层板件连接得较紧的地方加热。如果在车身纵梁或在箱形截面部分加热,只能使其状态进一步恶化。加热只能作为消除金属应力的一种手段,而不能把它作为软化某一部分的方法。现代车身一般不允许在高强度板件上用焊炬加热。

2.8 防止过度拉伸

产生过度拉伸的原因一般有两个:

(1)在修复中没有遵循“先里后外”的拉伸原则,导致修复程序的混乱,在对其他变形板件进行修复时影响了已修复好板件的尺寸,使原先已经校正好的板件长度又加大了,超过了原始尺寸。

(2)在校正过程中没有经常地、精确地测量拉伸部位的尺寸,没有很好地控制拉伸的程度,这就可能导致过度拉伸。

一块钢板可以被拉长,但不可能通过推压使其缩短。任何损伤的钢板,在拉伸校正之后,若超过了极限尺寸,就很难在被收缩或压缩了。过度拉伸的唯一修复方法就是更换损伤的板件。为了防止产生过度拉伸而损伤承载式车身,在每一次的拉伸校正过程中,都要对损伤部位的校正进程进行测量、监控。

任务2 车身校正

1 任务引入

车身整体变形后,需要对车身进行校正作业。

2 相关理论知识

2.1 拉伸操作中的安全事项

使用校正仪时，不正确的操作可能对人员、车身和校正仪都造成损伤，因此要注意以下安全规则：

(1)根据所用设备的说明书，正确使用车身校正设备。严禁非熟练人员或未经过正式培训的人员操作校正设备。

(2)固定车辆时，要保证主夹具夹钳齿紧固咬合，车辆被牢靠地固定在平台上。拉伸前，汽车要装夹牢固，检查主夹具固定螺栓和钳口螺栓是否紧固牢靠。一定要用推荐型号和级别的拉伸链条和钣金工具进行操作。

(3)拉伸时，钣金工具要在车身上紧固牢靠，链条必须稳固地与汽车和平台连接，以防在牵拉过程中脱落。避免将链条缠在尖锐器物上。向一边拉伸力量较大时，一定要在相反一侧使用辅助牵拉，以防将汽车拉离校正台。如汽车前端只有一个辅助固定，则会在拉伸过程中对汽车产生一个偏转力矩，使车身扭转。而汽车前端使用两个辅助固定后，拉伸过程中就不会对车身产生偏转力矩了。

(4)操作人员在汽车上面和汽车下面工作时，不要仅用千斤顶支撑汽车。

(5)严禁操作人员与链条或牵拉夹钳在一条直线上。因为当链条断裂、夹钳滑落、钢板撕断时，在拉伸方向可能会对操作人员造成直接的伤害。在车外进行拉伸校正时，人员在车内工作是很危险的。

(6)用厚防护毯包住链条或用钢丝绳把链条、钣金工具固定在车身的牢固部件上，如图 6-2-1 所示。万一链条断裂，其可以防止工具、链条甩出，对人员和其他物品产生损伤。

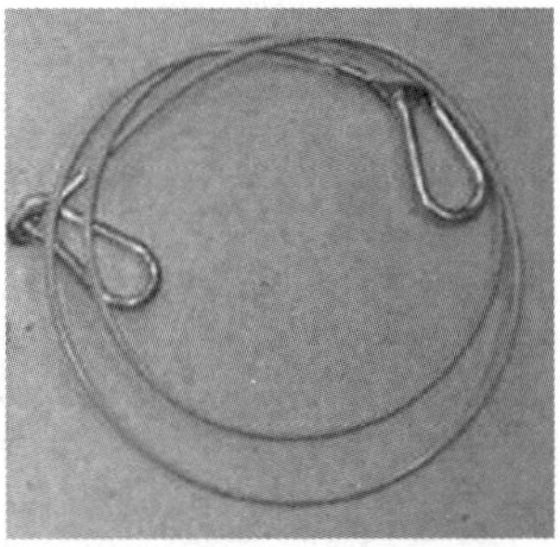
图 6-2-1 拉伸中安全绳防护

(7)在拉伸时，要把塔柱与平台的固定螺栓紧固牢靠，否则拉伸中塔柱滚轮移动装置会受力损伤，可能导致塔柱突然脱离平台，造成人员和物品的损伤。使用链条进行拉伸时，塔柱链条在顶杆的锁紧窝锁紧，链条不能有扭曲，所有链节都呈一条直线。导向环的固定手轮是在拉伸前固定导向环高度的，当拉伸开始后要松开手轮，手轮松开后，一旦链条断裂，导向环自由向下滑落，以防止链条向左右甩出。

2.2 拉伸操作中的车身防护

在进行牵拉校正之前，应对车身和一些部件进行保护，其事项如下：

(1)拆卸或盖住内部部件(座位、仪表、车垫等)。

(2)焊接时，用隔热材料盖住玻璃、座位、仪表和脚垫(特别在进行惰性气体保护焊接时，这种保护更为必要)。

(3)拆除车身外面的部件时，用棉布或保护带保护车身，以防擦伤。

(4)如果油漆表面擦破,则必须将其修复好,因为油漆表面的小小瑕疵都可能造成车身钢板件锈蚀。

2.3 车身校正的重要性

车辆受到严重撞击后,车身的外覆盖件和结构件钢板都会发生变形。车身外覆盖件的损伤可以用手锤、垫铁和外形修复机来修复,但车身结构件的损伤修复仅仅使用这些工具是无法完成的。非承载式车身的车架和承载式车身结构件是非常坚固与坚硬的,强度非常高,这些部件的整形,必须通过车身校正仪的巨大液压力才能够进行修复操作。使用车身校正仪可以快速精确地修复这些变形损伤的构件。

车身的校正和拉伸过程,以前是以人力来操作的,这是一种笨重的体力劳动过程。现在已被巨大且平稳的液压力代替,使用现代化的车身校正设备来进行车身维修操作,相对来说是比较容易的。

车身校正的重点是“精确地恢复车身的尺寸与状态”,因为车身(特别是整体式车身)是车辆的基础,汽车的发动机、悬架、转向系统等都是安装在车身上的,如果这些部件安装点的尺寸没有校正到原尺寸,那么就会影响车辆的性能。

对于承载式车身而言,车身尺寸的精确度是车身修复过程中的一个关键因素。如果车身结构尺寸没有整形到位,仅仅通过调整或安装垫片等方法把更换的钢板装好,把修整和其他机械方面的问题留给机修人员去做,显然是不妥的。机械的调整手段虽然是必要的,但是只能做一些微小的调整,车身修复人员有责任把基本结构全部修复,而将悬架系统和其他机械系统的微调留给其他修复人员去处理。

想要把车身外面的缺陷完全修复好,往往还是要花费大量的时间。不恰当的车身和车架校正技术,是车身结构不能恢复到原来尺寸的主要原因。车身校正是一个非常重要的操作过程,车身校正工作的好坏直接影响到汽车的安全性、修复所用的时间以及整车的修复质量。在车身校正时,消除由于碰撞而造成的车身和车架上的变形和应力也是非常重要的。并不是所有的变形部件都可以通过校正继续使用,有些部件,特别是高强度钢制造的部件,其变形后内部的应力相当大,而且用常规的方法无法完全消除这些应力,所以就不能校正而需要更换。

2.4 车身校正的基本原理

校正(拉伸)车身时,有一个基本原则,即按与碰撞力相反的方向进行校正,在碰撞区施加拉伸力。当碰撞很小,损伤比较简单时,这种方法很有效。

但是当损伤区有皱褶,或者发生了剧烈碰撞,构件变形就比较复杂,这时仍采用沿着一个方向拉伸的方法就不能使车身恢复原状。变形复杂的构件,在拉伸恢复过程中,其强度和变形也随着改变,因此拉伸力的大小和方向就需要适时改变。

建议在校正拉伸时,要同时在损伤区域的不同方向上施加拉力。把力加在与变形相反的方向,这可以看作是来确定有效拉力方向的原则。

车身校正可以理解为力的分解，确定施力方向后，把校正设备安放在使施力方向凹痕相垂直的位置。拉伸中，改变拉力方向的一种方法是把拉力分解为两个或多个方向的力。

若拉伸力只加在一个点上，不能取得很好的修复效果，建议同时在不同的点上施加拉力。

2.5 车身校正设备

2.5.1 车身修复校正设备的基本要求

在车身修复中，为了达到比较好的修复效果，必须使用有能力完成多种基本修复功能的校正设备。车身校正设备虽然种类繁多，但并不是每个车身校正设备都能高效、精确、安全地修复好汽车车身。为了能够完成好车身修复工作，车身校正设备必须具备以下条件：

(1)配备高精度、全功能的校正工具。

(2)配备多功能的固定器和夹具。

(3)配备多功能、全方位的拉伸装置。

(4)配备精确的三维测量系统。

对于非承载式车身的汽车，悬架系统和传动系统是直接安装在车架上的，如果车架结构已经过必需的校正，它们的安装位置也应该被校正。但是对于承载式车身的汽车，车身是一个整体结构，一些校正参考点位于车身结构的上部，超过了一般的二维车架校正设备的能力范围。另外，非承载式结构可以接受反复的拉拔过程，而对于承载式车身的薄板结构，要求一次就调好位置，反复拉伸会使板件破裂。因此，对于承载式的车身修复，其校正设备必须能显示每一个参考点上非准直度(变形)的方向。这也是要求校正设备除了具备全方位的拉伸功能之外，还要配备一套精准的三维测量系统的原因，以便监控、指导整个校正的过程。只有用这样的设备，车身修复人员才能够精确地确定拉伸校正次序，监控整个校正过程，并确定每个拉力的作用效果。

2.5.2 地框式校正系统

在建造维修车间地面时，就要把地框式校正系统的锚孔或轨道用水泥固定在车间地板上，车辆可以直接在地框系统上或使用支架固定在地框系统上进行修复，如图 6-2-2 所示。在地框系统上校正拉伸时，要对车辆进行固定，其紧固力必须满足在拉力的大小和方向上同时保持平衡的要求。地框式校正系统在拉伸校正操作中配有手动或气动液压泵，并且还应配有一些液压顶杆(液压油缸)。用一根链条把顶杆连在汽车和支架上，通过支架把顶杆和链条支撑在槽架上。利用支撑夹钳，将汽车支撑在汽车台架上。车辆要安全地紧固在支座的夹钳上，链条一端连在支撑夹钳上，另一端勾住支架或轨道板，用链条拉紧器拉紧(链条拉紧器可以消除支撑链的间隙)。一般在车身下部的四个位置都要进行这样的固定，确保车辆在拉伸校正中保持稳定。

在拉伸时，需要将液压顶杆装在顶杆座上，以便液压顶杆能够在需要的方向上施力，如图6-2-3所示。液压顶杆升到需要的高度后,把链条拉紧并锁紧链条,链条勾在支架上。支架、液压顶杆及汽车上的拉伸点必须与牵拉方向成一条直线。将液压泵与液压顶杆连接,并把空气软管连接到气动液压泵上,启动液压泵,使链条拉紧,接下来就可以进行牵拉校正了。

图6-2-2　地框式校正设备

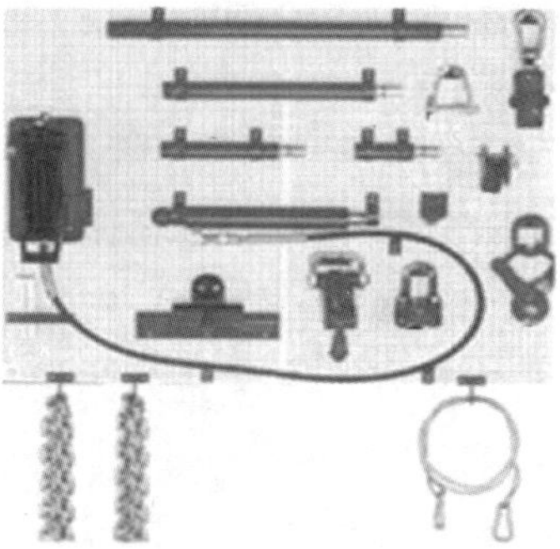

图6-2-3　地框式校正设备拉伸单元

地框式校正系统适合于小型的车身维修车间使用,因为当顶杆、主夹具和其他动力辅助设备被清理后,校正作业区就可以用作其他用途,有利于车间面积的充分利用。

地框式校正系统可以用一种称为加力托架的装置提供额外的拉力。在车身上进行校正操作时,加力塔架随时可以提供拉力。

2.5.3　平台式车身校正仪

平台式车身校正仪是一款通用型的车身校正设备,如图6-2-4所示。它可以对各种类型、型号的车身进行有效校正。

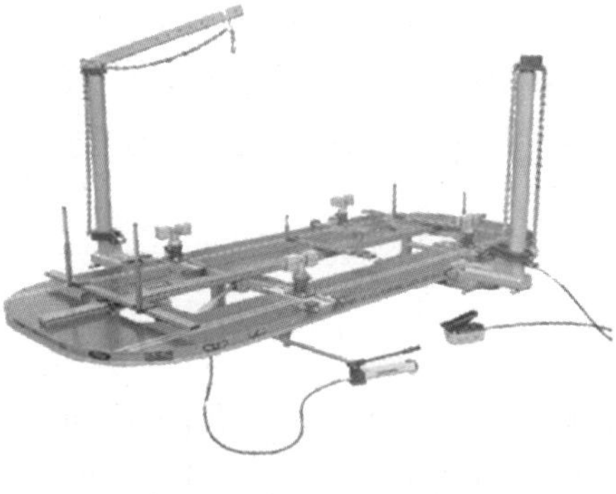

图6-2-4　平台式车身校正仪

平台式车身校正仪有多种形式,但一般配有两个或多个塔柱进行拉伸校正。这种拉伸塔柱为车身修复人员提供了很大的自由度,它可在绕车身的任何角度、任何高度和任何方向进行拉伸。其中,很多平台式车身校正仪都有液压倾斜装置或整体液压升降装置,利用一个手动或电动拉车器,将车身拉或推到校正平台的一定位置。

平台式车身校正仪同时也配备有很好的通用测量系统,通过测量系统的精确测量,可指导拉伸校正工作准确、高效进行。

平台式车身校正仪主要由以下部分组成:

(1)平台。平台是车身修复的主要工作台,拉伸校正、测量、板件更换等工作都在平台上完成。

(2)上车系统及升降系统。上车系统和平台升降系统可以把事故车放置在校正平台上。上车系统包括车板、拖车器、车轮支架、拉车器(牵引器)等,通过液压升降机构把平台升起到一定的工作高度。平台的工作高度有固定式和可调式两种,固定式的一般为倾斜式升降,工作高度在500~600mm;可调式的一般为整体式升降,工作高度一般为300~1000mm。

(3)主夹具,如图6-2-5所示。维修前,固定在平台上的主夹具将车辆紧固在平台上,车辆、平台和主夹具成为一个刚性的整体,车辆在拉伸操作时不能移动。为满足不同车身下部固定位置的需要,主夹具结构有多种。双夹头夹具可以夹持比较宽的裙边部位,防止拉伸中损伤夹持部位;单夹头夹具的钳口开口很宽,能够夹持车架。对于一些特殊车辆的夹持部位有特殊的设计,有些车没有普通车的点焊裙边,例如,奔驰或宝马车就需要专门的奔驰、宝马夹具来夹持。

(4)液压系统。车身拉伸校正工作是通过液压系统的强大液压力来把车身上的变形板件拉伸到位。校正仪上的气动液压泵,如图6-2-6所示,通过油管把液压油输送到塔柱内部的油缸中,推动油缸中的活塞顶出。气动液压一般是分体控制的,而比较先进的电动液压系统一般是集中控制的,由一个或两个电动泵来控制所有的液压装置,这样效率更高、故障率更低、工作更加平稳。

(5)塔柱拉伸系统,损伤板件的拉伸操作是通过塔柱实现的,如图6-2-7所示。塔柱内部有油缸,液压油推动油缸活塞,活塞推动塔柱的顶杆,顶杆伸出塔柱的同时拉动链条,在顶杆的后部有链条锁紧窝把链条锁紧。通过导向环把拉力的方向改变成需要进行拉伸的方向。导向环通过摩擦力卡在塔柱上。

图6-2-5　主夹具

图6-2-6　液压泵

图6-2-7　塔柱

(6)钣金工具。钣金工具包括各种对车身各部位拉伸的夹持工具,如图6-2-8、图6-2-9所示。

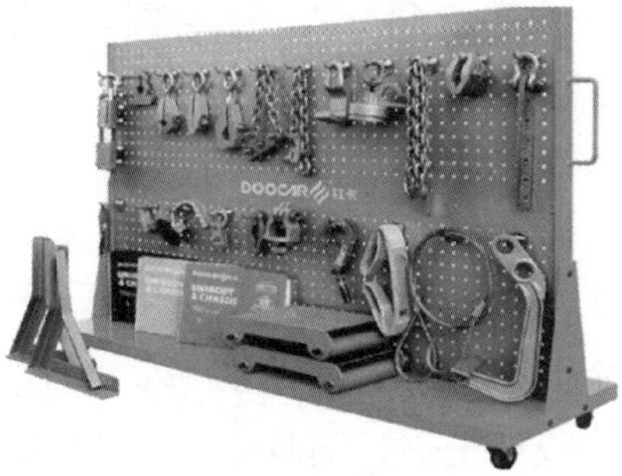
图6-2-8　拉伸用的钣金工具1

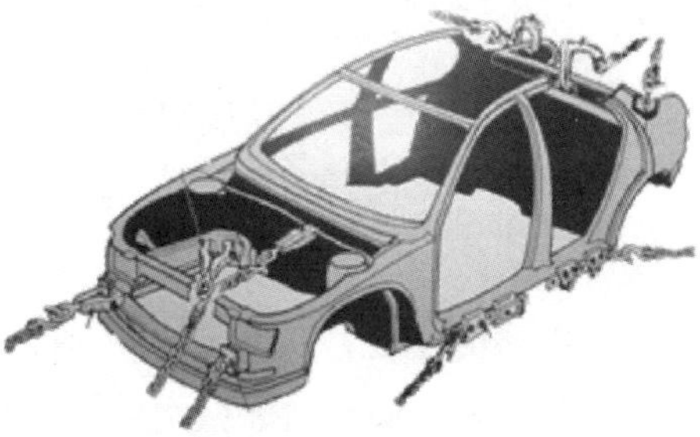
图6-2-9　拉伸用的钣金工具2

任务3 前纵梁结构件的修复与更换

1 任务引入

车辆前部发生碰撞,需要对前纵梁结构件进行修复,碰撞严重的,则需要对前纵梁结构件进行更换。

2 相关理论知识

前纵梁结构件的修复,应遵循的原则:如果部件弯曲,则进行修复;如果部件扭曲,则应进行更换。

车身前部碰撞,每一次受到的损伤因为车辆行驶速度、角度不同,所以碰撞的结果也各不相同。车身前部损伤的修复包括散热器支架的修复和更换,前轮罩的修复和更换,纵梁的修复和更换(其中包括纵梁的截断)。

1)散热器支架的修复与更换

(1)散热器支架的修复,需要拆下保险杠、前照灯等部件。外观修复后,将其恢复到原有技术尺寸。

(2)散热器支架的更换,拆下损伤的散热器支架,焊接时参照维修手册的点焊数量以及是否使用惰性气体保护焊。有些车型的散热器支架是通过螺栓固定的,更换时注意螺栓的拧紧力矩。

2)纵梁的修复与更换

纵梁的修复包括上部纵梁的修复,如图6-3-1所示。上部纵梁损伤较轻,直接修复。上部纵梁的组成,如图6-3-2所示。不建议截断上部纵梁。

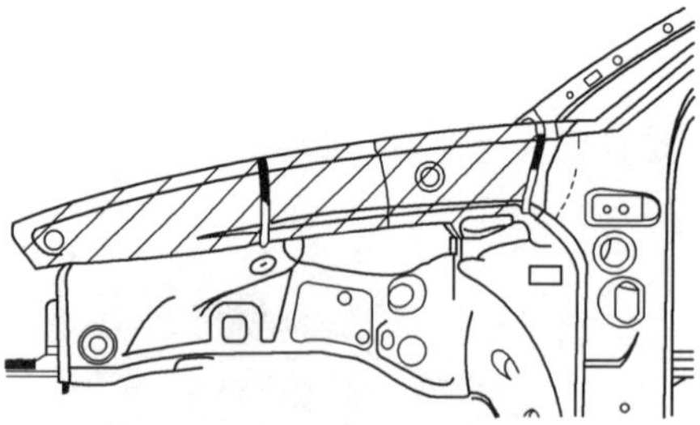

图6-3-1 上部纵梁

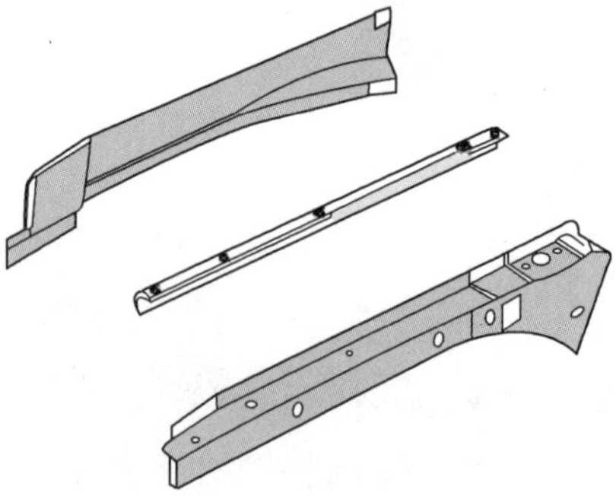

图6-3-2 上部纵梁的组成

(1)下部纵梁的修复,如图6-3-3所示。在向前拉伸的同时,将弯曲部分也进行拉伸,修复后,达到技术尺寸要求。如果纵梁的根部变形,可在纵梁上焊一临时辅助拉环(图中圆圈位置),如图6-3-4所示。

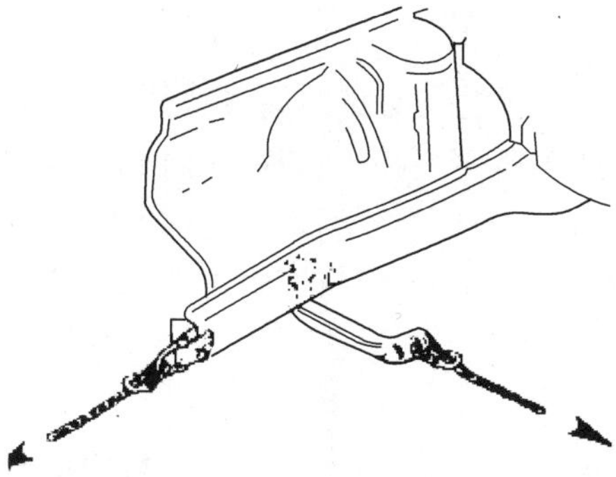

图6-3-3　下部纵梁的修复

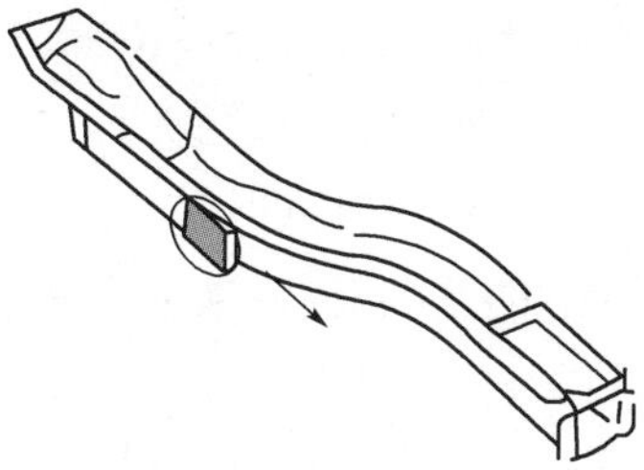

图6-3-4　焊临时辅助拉环

（2）下部纵梁的截断，截断是为了简化纵梁的修复而设计的，如图6-3-5所示。在修复时，可以更换前部的变形部位，而不必更换整个纵梁，同样也能达到使用要求。

（3）下部纵梁的更换，当损伤超过截断规定的部位时，就需要更换纵梁。新纵梁的更换，如图6-3-6所示。

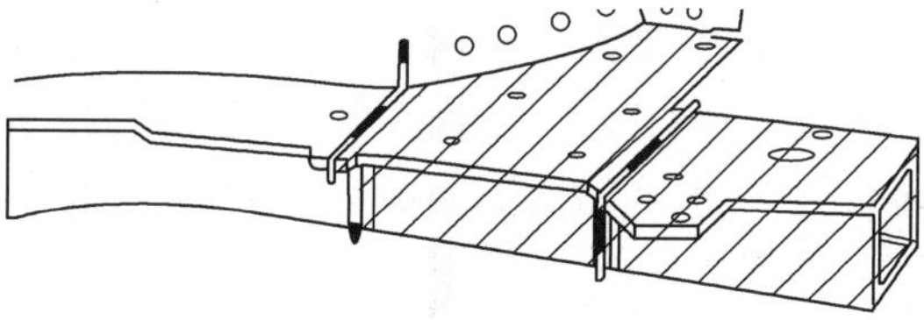

图6-3-5　纵梁的截断

图6-3-6　下部纵梁的更换

3）前轮罩的修复与更换

（1）前轮罩的修复。修复前轮罩时应整体维修，包括前轮罩与前门立柱装配表面。不要切断前轮罩总成。

（2）前轮罩的更换，处理前轮罩与各部件的配合表面。使用三维测量设备检查其是否达到技术要求。

（3）焊接时查阅维修手册，使用塞焊焊接。在焊接过程中要不断地进行测量，确保尺寸正确。

2.1　车身结构件的拆解

拆解结构件时，应按照合理的拆解方法，以达到关联结构件变形最小和易于装配调校的目的；拆解作业应在关联件变形得到基本矫正后进行。否则，将使新件丧失装配基准，从而给车身结构件的定位带来困难。

2.1.1 选择拆解部位

车身结构件是以组焊形式装配起来的,构件之间没有明显的界线特征。结构件更换可在原焊缝处更换或选择合适位置切割更换。沿着原焊缝更换损伤件是碰撞修复中的一种常用方法,当此方法可行且经济时,都应沿着原焊缝对板件进行更换。不在原焊缝处更换部件时,需进行车身结构件的切换作业,应按汽车维修手册中规定的方案选定切割位置,或在弄清具体构造的基础上,依据下列基本原则选取切割部位。

1)避重就轻

所谓避重就轻,就是要求切口位置一定要避开构件的强度支撑点,而选择那些不起重要支撑作用的位置切割。同一构件上强度大小的区别在于,该位置有无加强板等结构在起辅助增强作用。

防撞挤压区或折皱点是为了在撞击时吸收冲击能量而设计的,碰撞时这些位置首先塌陷。前梁和后梁在碰撞中首当其冲,故都有防撞挤压区。防撞挤压区设在前悬架的前面和后悬架的后面,通过外观可辨认这些防撞挤压区(如有无回旋状或波状的表面、有无凹痕或陷窝、有无孔或缝)。在切割时,应尽量避开防撞挤压区,否则就会改变设计的安全目的。

如果一根梁遭受到较大的损伤,这根梁通常将在防撞挤压区被压弯,其位置通常是容易确定的;在仅有中等损伤的场合,则要非常小心,其冲击能量不可能把整个防撞挤压区耗尽,因此要注意观察可能出现损伤的其他区域。分割时,要避开构件中的一些“孔”;不要切穿任何内部加强件,即金属的双层构件(如果不小心切穿了内部加强件的封闭截面,则不可能使该部位恢复事故发生前的强度);应避开支撑点,如悬架支撑点、座椅安全带在地板中的支撑点,以及肩带D环的支撑点。当切割B立柱时,应环绕着D环面做偏心切割,以避免影响支撑点的加固。总之,不应在下列位置或靠近下列位置处切割:悬架安装位置、结构件的安装位置、尺寸参照基准孔、复合形状处、加强件、复合结构、塌陷或挤压区、发动机或传动系安装位置,切割部位如图6-3-7所示。

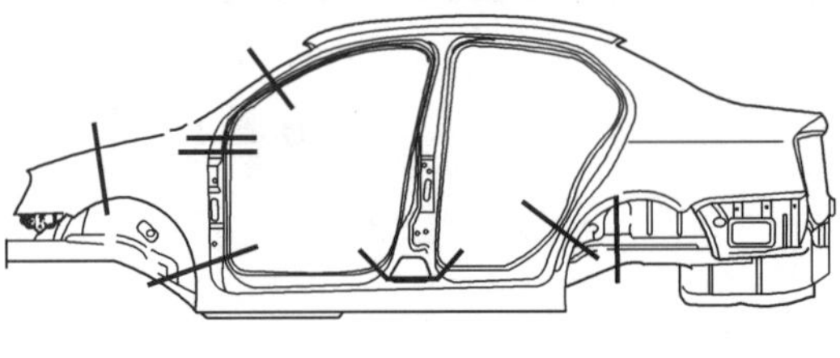

图6-3-7 切割部位

2)易于修整

构件割换后还需要对接口、焊缝等进行修整,如果按修整工作量的大小选择切口,就可以简化构件更换后的作业。如所选切口正好位于车身内、外装饰件的覆盖范围内,其接口或焊缝的表面处理就显得容易多了。

3)便于操作

选位应兼顾到切换作业的难易程度,如需要拆装的关联件的多少与难易程度,以及是否便于切割和所选切口的大小等。

4)无应力集中

应力集中会使构件发生意想不到的损伤,切口的选位应避开车身构件的应力集中区。

否则，将影响构件的连接强度并诱发应力集中现象的产生。

2.1.2　车身结构件的拆解方法

组焊都需要以一定手段去除焊点或焊缝。对于组焊构件的拆解，其关键作业是剥离焊点（或焊缝）。可根据焊接方式及其分布进行选择，如是焊点还是焊缝、在边缘还是在中间、朝上面还是向下面等，用切割、钻削、磨削等方式进行剥离焊点。

万能夹钳改装成的专用风钻切除塞焊或点焊的焊点十分方便。由于万能夹钳能自锁在焊点拆解部位并形成一定的预紧力，因此可使钻削焊点时不会发生跑偏现象，钻头如图 6-3-8 所示。

图 6-3-8　钻头

由于原子灰和涂料的覆盖作用，焊点的准确位置不易辨认。此时，可用焊枪沿接缝的边缘加热，待表层涂料被火焰烧焦时，用钢丝刷或磨轮将涂层去掉，即可露出焊点。加热过程中应严格控制温度，以免烧坏周边构件；如果仍然找不到焊点时，将扁錾沿构件的接缝处冲入，隐含的焊点即可显现出来。

2.2　需要更换的板件

（1）在碰撞中，车身外部面板受到较大的力，产生比较严重的翘曲，在上面有冷作硬化，有些面板背面无法接触，不能进行很好的维修。

（2）产生腐蚀比较严重的部件，通常唯一修复的办法是更换部件。

（3）一些重要区域是高强度钢板区，如保险杠加强件和侧护板门梁。这些板件受损后必须更换，不能用加热来进行校正高强度钢板。

3　任务实施

3.1　准备工作

由于车型不同，前纵梁的更换方法有一些差异，应参阅具体车型维修手册，制订更换前纵梁实施方案。准备仪器、设备和工具。

3.2　操作过程

3.2.1　拆卸程序

（1）拆下所有相关板件和部件。

（2）尽量将损伤部位恢复到原厂规格。

（3）清除防腐材料。

（4）拆卸损伤的前纵梁。

3.2.2　安装程序

（1）进行必要的表面处理。

（2）安装纵梁并用三维测量系统检验。

(3)按维修手册要求进行焊接。

(4)清理焊接表面。

(5)进行防腐处理。

(6)安装所有相关板件和部件。

3.3 操作提示

3.3.1 前纵梁的校正及拆卸

(1)前纵梁的更换是按照维修手册对长度、高度、宽度进行调整。

(2)长度的调整,即纵向装配位置的调整。

(3)高度的调整,即垂直方向上装配位置的调整。

(4)宽度的调整,即水平方向上装配位置的调整。

(5)将车辆放在车身校正台上定位,校正已损伤但不要求更换的板件。在更换板件以前,必须做好所有的板件校正工作,否则新的板件就无法正确安装。

校正完后,将新板件安装到指定部位,用夹具将新的板件定位,使用测量系统检查新的板件与汽车上完好的板件是否对齐,新板件的测量点尺寸是否符合误差要求。调整后,将新板件夹紧在正确的位置,然后将它焊到与之相配合的板件上。具体操作步骤如下:

①拆除旧的板件。按照所属车型车身维修手册确认焊点位置和焊点数量。使用气动钻钻除所有焊点。依照车型的维修手册确认钢板的组合形态后,选择钻头直径及钻除方向。使用錾子检查所有焊点的钻除情况,但不能施力于錾子上,以免使钢板裂开。

②车身准备。在钻除焊点或剥离钢板后要对其表面磨平,注意不要把钢板磨薄。进行电阻点焊焊接的部位要清理干净,漏出新的金属。

③车身结构面清洁。用钢丝刷刷出钢板焊接部位周围的车身密封胶及底层漆。在清洁和磨去蜡后,在钢板焊接的结合面涂抹点焊专用底漆。

④新钢板焊点的位置定位。在点焊或塞焊的位置做上不同的记号,以便于辨认,并在新的钢板上做记号(先决定两端的位置,再分配其余的焊点数)。如果用塞焊,则先要在新板件上钻孔。

3.3.2 新件的准备与定位

1)新件的准备

准备新件时,先粗切割比所需尺寸大20~30mm的构件,待新件的定位作业完成后,再重新画线精切割。落料的富余量不宜过大,否则将不便于构件的安装就位;也绝不能将尺寸留小,否则将严重影响质量,甚至会使构件报废。

新构件表面都覆有涂料,表面涂层的绝缘性将会影响点焊电流的通过。用点焊方式焊接时,应先用带式砂磨机将焊接部位两面的涂层除掉,形成良好的焊接面,再在焊接面及以后不便涂漆的部位刷涂防锈剂。磨削时,应注意不要用力过大,并及时换位,以免构件过热而影响周围涂层。

塞焊时,应按有关技术要求(数量、孔径等),使用冲孔钳或风动钻在构件上制孔。塞焊孔的位置理应选在构件的内侧,同一面则应选在便于进行塞焊操作的那一边。

2)新件的定位

进行构件焊接前,必须进行精确的定位。否则,盲目操作的结果只能是因达不到要求而返工。位置度要求较高的车身结构件可采用参数法定位;对外观质量要求较高的车身构件,可采用适配定位法定位。

3.3.3　新板件的安装

(1)新板件清洁。要磨除实施点焊焊接部位的底漆,在磨除底漆的后表面上涂抹点焊专用底漆。

(2)将前挡泥板和边梁的装配标记对准,并用虎钳夹将他们夹紧,没有参考标记的零件应根据旧件的相同位置来安装。

(3)暂时安装车身前横梁。用手锤和木块依次轻轻敲击板件,使它按需要的方向移动,直至彼此相配。同时要用测量工具来确定安装部件的尺寸位置。

假如测量值与参考值相符,通过二氧化碳保护焊点焊一个点,暂时安装地板加强件。定位焊点应选择在容易拆除的部位。用画线笔在不焊接部件的末端画一条位置线并钻一个小孔,用金属板螺钉将这些零件固定在一起,用画线笔在挡泥板安装区域画一条线,但不将这些板件焊接在一起。

(4)依照标准孔或旧零件的装配痕迹来暂时固定安装水箱框架,如图6-3-9所示。

(5)调整尺寸。首先进行测量,来确定悬架上支座及前翼子板隔板前后端安装点的定位。检查零件与前照灯左右尺寸的差异,并调整到标准状态。

检查左右翼子板隔板上端的高度。用测量系统测量翼子板前后安装孔与其他测量点的尺寸,调整到误差范围内,如图6-3-10所示。

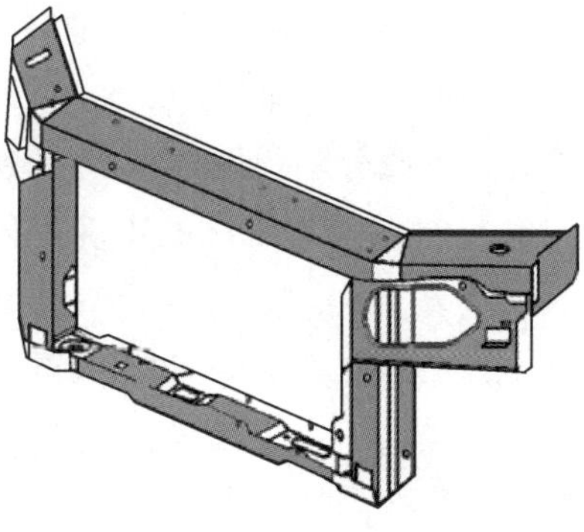

图6-3-9　水箱框架

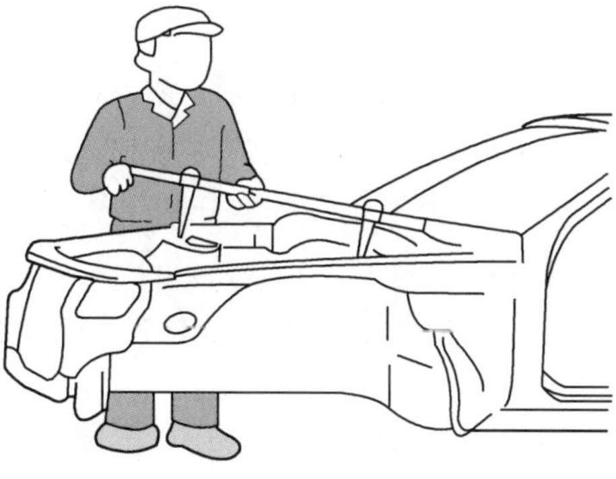

图6-3-10　测量

组装车身覆盖件并检查装配间隙,利用发动机舱盖铰链和翼子板等的安装痕迹来实施组装,最后的安装间隙焊接后再调整。检查与车门是否正确配合,如果间隙不正确,这可能是由于挡泥板或侧支架高度在左右两边偏离。在此操作中,必须判定安装间隙是否调整到范围内。

在焊接以前,要再一次核实所有的尺寸。使用测量系统对零件定位时,新零件上的测量点应与车身相对一侧上的零件相同,如果尺寸不匹配或不一致,必须校验参考点的位置。

(6)焊接新钢板。在焊接时,应从强度较高的部位开始焊接,焊接的两个板件要结合良好没有缝隙。焊接时,要采用分段焊接,以减小焊接应力与变形。焊接后,拆除焊接夹钳,并重新测量。

(7)焊接表面处理。在有些部位能明显看到的焊点,必须将其研磨至与板件平齐,而要喷涂底层漆的部位只要稍微研磨修饰即可。钢板清洁及去油脂后,在焊接部位或裸钢板上喷涂防锈底漆,即车身密封,如图6-3-11所示;喷涂密封胶,如图6-3-12所示。

图6-3-11 打密封胶

图6-3-12 喷涂密封胶

(8)在完成车身密封后,进行车身部件试装配。先调整发动机舱盖的前后方向,再调整发动机舱盖和翼子板之间的间隙,然后调整发动机舱盖,最后调整车门与翼子板的车身线高度和曲率。

3.3.4 更换结构性板件注意的问题

(1)结构性板件是所有车身零部件和附属于它们的外部板件的安装基础。

(2)结构性板件定位的准确性决定了所有外形的配合和悬架的准确。在装配过程中,焊接的板件不能草率地用垫片进行调整。在焊接以前,结构板件必须精确定位。

(3)修复结构板件时,应该遵照制造厂的建议,在需要切割或分割板件时,厂方的建议尤为重要。一些厂家不允许反复分割结构件,另外一些厂家只有在遵循工厂的正确工艺规程时才同意分割。

(4)不能割断可能降低乘客安全性的区域以及降低汽车性能的区域或影响关键尺寸的地方。

(5)在高强度钢板区中,在任何条件下,都不能用加热来矫直高强度钢板。

(6)结构性板件是车身其他零部件和外部板件的安装基础。因此,结构性板件更换后定位的精确性,决定了所有外形的配合和悬架装置的准确性。

3.3.5 化学材料的防护

(1)仔细阅读并遵守原料容器上的警告注意事项(卷标),以及随附的传单、海报或其他的使用说明。原料安全数据表格,可由制造业者处取得。

(2)在不慎沾到化学材料后,应尽快将它从皮肤与衣物上除去。立即更换被严重污染的衣物,并彻底清洗。

(3)确实遵守工作程序,并穿着防护衣,以避免化学物品接触皮肤与眼睛;避免吸入蒸气、气溶胶、灰尘或烟尘。

(4)当处理过化学材料后,在休息、饮食、吸烟或使用盥洗设备前务必要先清洗。

(5)保持工作区域的清洁、整齐。务必依据国家与当地的法规储存化学材料。

务必将化学材料置于儿童拿取不到之处。

(6)除非有制造者的说明,否则不可混合化学材料;某些化学物质的混合会形成其他有毒或有害的化学物质,在混合时会排出有毒或有害的气体,且会爆炸。不可在封闭的空间中喷洒化学材料,特别是含有溶剂的材料。

(7)除非有制造厂商的说明,否则不可对化学材料使用火焰或加热。某些化学材料是高度可燃的,而某些则可能会释放出有毒或有害的气体。

(8)不可让容器保持开启状态。逸散出的气体,可能会积聚到有毒、有害或爆炸的程度。某些的气体比空气重,而会在诸如服务厂的封闭空间内积聚。不可将化学材料装入未标示的容器内。不可用化学材料清洁手部与衣物。化学药品,尤其是溶剂与燃料,会使皮肤变得干燥,可能会造成人体过敏,导致皮肤炎或经由皮肤吸收有毒或有害的物质。除非容器已清洁干净,否则不可用空的容器存放其他的物质。人体短暂暴露于高浓度的气体下,也可能有中毒或受伤害的可能。

任务4 前柱和中柱的修复与更换

1 任务引入

车辆前部发生碰撞,需要对前柱(A 立柱)和中柱(B 立柱)结构件进行修复,碰撞严重的,需要对 A 立柱和 B 立柱构件进行更换。

2 相关理论知识

A 立柱和 B 立柱轻微损伤,可采用整形机进行修复。具体操作可参照汽车车身外部部件修复。如果碰撞严重,一般情况下车门槛板都会变形,先校正后更换。如图 6-4-1 所示。

2.1 A 立柱的分割与连接

A 立柱是由两板件或三板件组成的,在上端或下端或上下两端将他们加固,但一般不可能在中间加固。因此 A 立柱应在中间附近切割,避免割掉任何加固件,如图 6-4-2 所示。

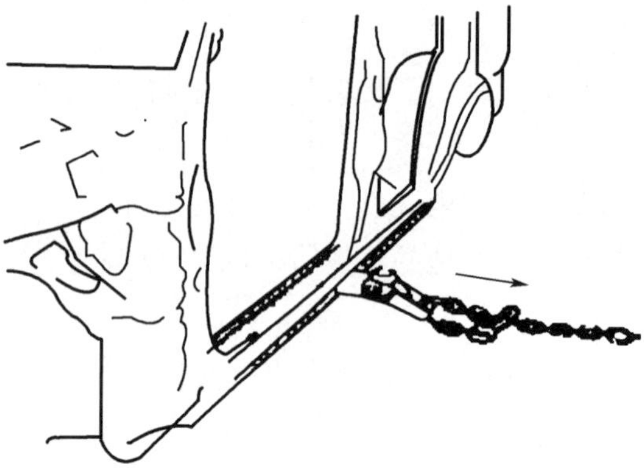

图 6-4-1　车门槛板临时焊接钢片

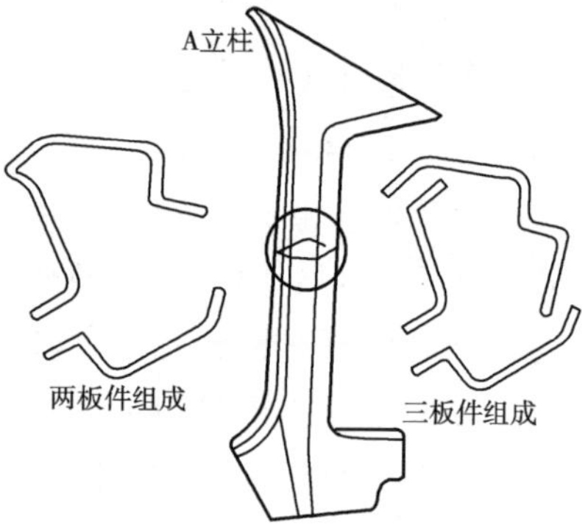

图 6-4-2　A 立柱结构

对 A 立柱进行切割,可用纵向切割,并用插入件对接,如图 6-4-3 所示。或者使用没有插入件的偏置对接方法。图 6-4-3a)所示的圆点为塞焊,图 6-4-3b)所示的是搭接焊缝。用插入件对接修复时,采用与修复车门槛板相同的方法。A 立柱插入件的长度应是 100 ~ 150mm。沿长度方向清除任何凸缘以后,将插入件轻轻地敲入。用塞焊将插入件固定在适当位置,并用焊接封闭立柱周边所有的部位。

进行偏置对接时,内件的切割位置与其他件不同(形成偏置),如图 6-4-4 所示。只要有可能,应设法在制造厂的焊点之间进行切割,以便钻除焊点。两切割线之间的距离不得小于 50mm,将截面对接在一起并将他们的四周焊接。

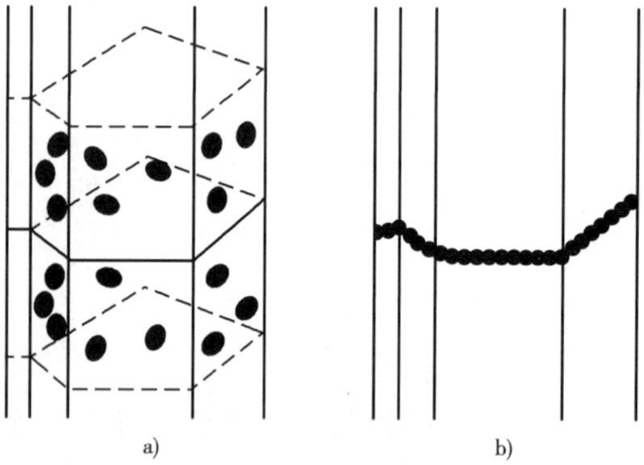

图 6-4-3　A 立柱插入件对接

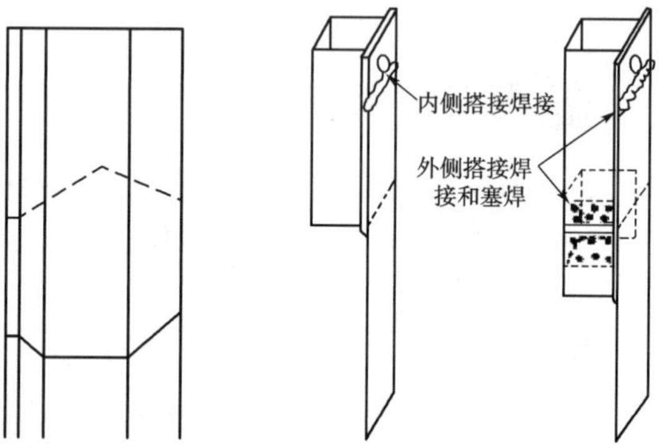

图 6-4-4　A 立柱偏置对接

2.2 B 立柱的分割与连接

对于 B 立柱,可采用两种类型的连接:插入件连接,如图 6-4-5 所示;偏心切割和搭接相结合,如图 6-4-6 所示。当 B 立柱的截面相对简单,仅由两板件组成且没有内部加强件时,用插入件对接通常比较容易对中和相配,插入件可提供附加的强度。

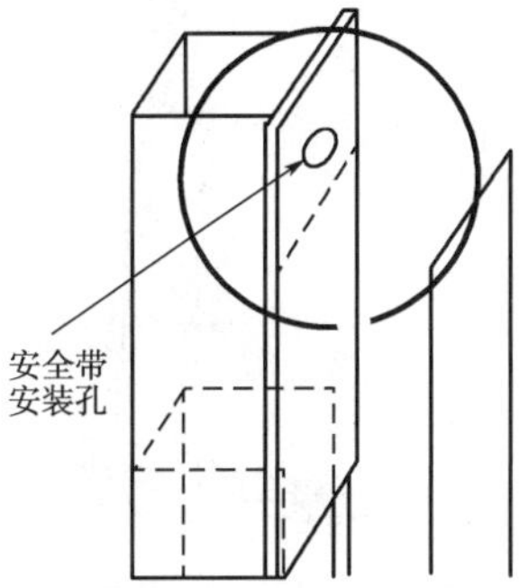

图 6-4-5　B 立柱的插入件连接

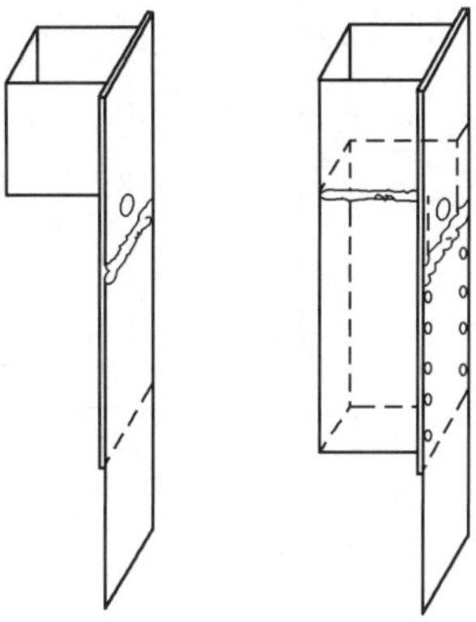

图 6-4-6　B 立柱的偏置对接

要在 D 环座的下部切割，其距离要避免切通 D 环固定点的加强件。大部分 B 立柱都有加强件。对于 B 立柱，仅在它的外件使用槽型插入件。D 环固定点加强件是焊到内件上的，因此无法使用插入件。

首先，在现有大的内件上搭接新的内件，而不要将它们对接在一起，并且焊好搭接边缘。然后用点焊把插入件焊接就位，并且用连续对接焊环绕着外立柱封闭连接。

有时用旧的 B 立柱和车门槛板组件作为整体更换更为有利。因为当 B 立柱遭到猛烈碰撞必须更换时，车门槛板肯定会遭到破坏。用两种有效的连接形式中的任何一种形式安装 B 立柱的上端，并且用已经介绍的方法与车门槛板中的插入件进行对接。如果主要损伤是在后门开口处，则可用插入件与前门开口进行对接连接，并整体安装车门槛板的另一端。如果主要损伤是在前门开口处，工艺规程就相反。

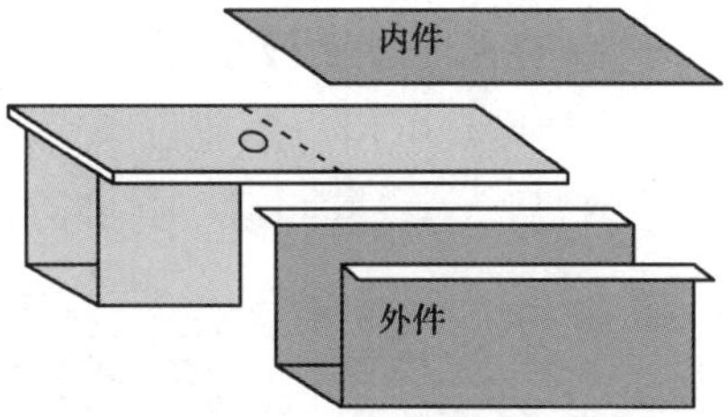

图 6-4-7　偏置和搭接的组合连接

一般说来，当安装新件时，或者当加工分离的内件和外件时，要经常地采用偏置连接和搭接的组合，如图 6-4-7所示。操作步骤如下：

(1)在外件上，在 D 环固定点加强件之上进行对接切割。

(2)在内件上，在 D 环固定点加强件之下进行重叠切割。

(3)首先安装内件，用新的板件搭接在原有的板件上。

(4)搭接焊接边缘。

(5)将外件安放就位，在边缘上进行塞焊，并且在对接处用连接焊缝封闭截面，如图 6-4-8所示。

通常，当 B 立柱截面由三板件或更多板件组成时(图 6-4-9)，采用偏置连接和搭接组合是有利的，因为在这种情况下，难以装入插入件。当内有加强件不能使用插入件时，必须采用偏置和搭接组合的工艺。

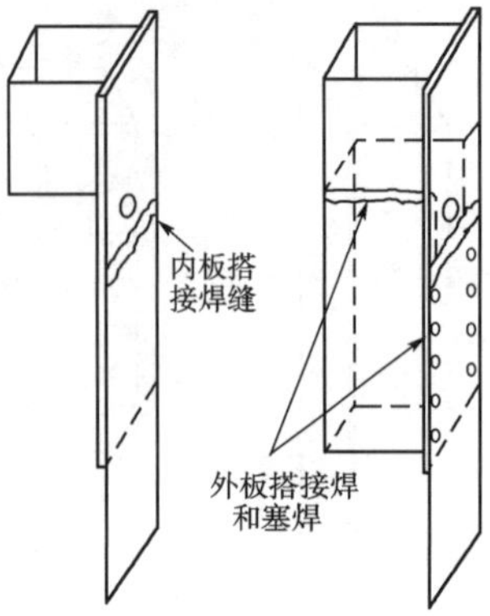

图6-4-8　形成偏置和搭接的组合

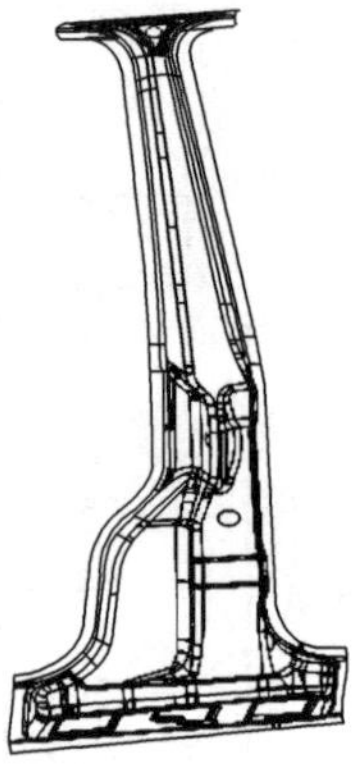

图6-4-9　B立柱

3 任务实施

3.1 准备工作

维修技师参照维修手册,制订A立柱和B立柱的维修修复方案,准备仪器、设备和工具。

3.2 操作过程

3.2.1　A立柱的截断

(1)找到A立柱上端的基准孔,并由此向下测量100mm,在该处内侧做标记,再由此标记向上测量60mm,在该处外侧做标记。两标记处即作为截断线,如图6-4-10所示。

(2)在两根截断线处仔细切割,为了锯切准确、方便,可采用锯切夹具,如图6-4-11所示。这种夹具可用边角料自制而成。

(3)从A立柱内侧仔细钻除A立柱上两个切口之间和底部的焊点,卸下A立柱。

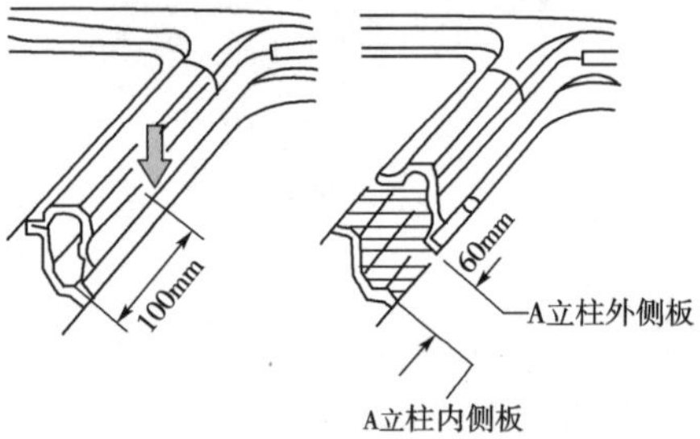

图6-4-10　在A立柱截断位置做标记

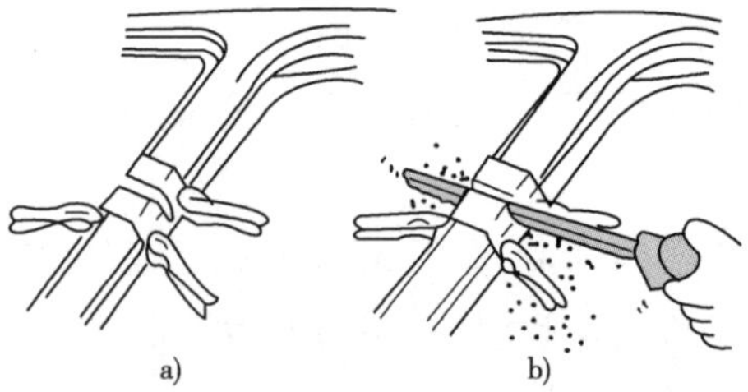

图6-4-11　利用夹具可使A立柱上切口整齐而准确

3.2.2　A立柱的安装过程

(1)安装前,把约70mm长的A立柱内的旧泡沫充填材料清除掉,以便充填新泡沫材料,让排水软管的连接管插入时能够膨胀,如图6-4-12所示。

(2)把A立柱上端截至与所需尺寸相配的对接接口。

(3)在A立柱底座上钻出塞焊孔,塞焊将用CO_2气体保护焊进行。

(4)在排水软管上涂肥皂水,使连接管插入容易,然后将新A立柱安装就位。注意应保证把排水软管正确地插入A立柱的排水孔,如图6-4-13所示。

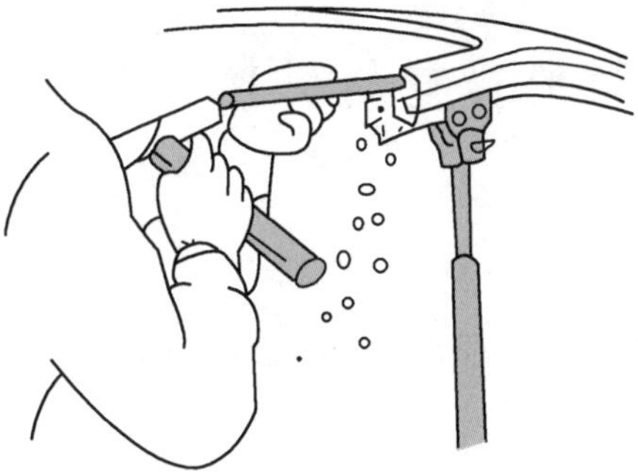

图6-4-12　清除A立柱内的旧泡沫材料

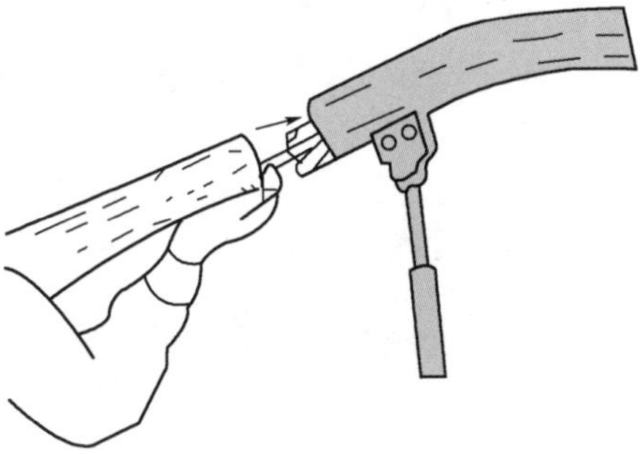

图6-4-13　安装有排水软管的A立柱

(5)将A立柱夹紧固定,检测其定位配合情况。

(6)在塞焊结合面涂上透焊防锈剂。

(7)在其余配合表面涂焊缝粘胶剂。

(8)按制造厂家的说明进行塞焊和缝焊,修整焊缝。

(9)由A立柱内侧上部的注入孔注入泡沫材料。

(10)清除连接部位多余的泡沫材料。

(11)焊缝部位涂双组分环氧树脂保护漆和颜色涂料。

(12)在未填充泡沫材料的内表面涂防锈剂。

(13)装上车门和前翼子板,检查定位质量。

3.3 操作提示

(1)切割部位只能用切割锯进行切割。不要损伤内部加强件。

(2)在使用动力工具前要安装好动力工具的护具。在对工具进行修复和维护之前,先将工具的空气软管或电源线断开。

(3)使用动力工具时,不要超出其额定功率,如砂轮通常有每分钟的最大转数(r/min)。操作时,应确保动力工具未超出砂轮、刷子或其他工具的极限转速,否则砂轮或刷子可能会炸开,砂轮碎块或钢丝被甩出会造成人员、物品的损伤。

(4)当用工具进行研磨修整时,应慢慢研磨,避免工具表面的硬化金属过热。如果研磨金属呈蓝色时,会产生过多的热量使得工具表面硬化层从金属上脱落,并软化工具的金属部分。

(5)在用动力设备对小零件进行操作时,不要一手持零件,一手持工具操作,否则零件容易脱落,造成手部的严重伤害。在进行研磨、转孔、打磨时,一定要使用夹紧钳来固定小零件。

(6)在车身修理中要经常使用液压装置,在使用液压机时,应确保施加的液压是安全的。

在操作液压机时,要站在侧面,一定要戴上全尺寸面罩,防止零件飞出造成伤害。

(7)焊接用的气瓶要固定牢靠,防止倾倒产生危险。使用完毕后,应关上气瓶顶部的主气阀,避免气体泄漏流失或爆炸。

任务5 后翼子板的修复与更换

1 任务引入

车辆后部发生碰撞,需要对后翼子板进行修复;碰撞严重的,需要对后翼子板进行更换。

2 相关理论知识

在汽车后部和侧面发生碰撞时,后侧翼子板常常会受到损伤,后侧翼子板的修复可根据损伤程度参照车身外部部件的修复来进行。如果损伤严重,必须更换。维修手册或维修资料中有切割位置、焊接类型、焊接位置和焊接数目等信息。

后侧翼子板更换可参照厂家推荐的切割位置,如图6-5-1所示。

拆下损伤的后侧翼子板后,检查翼子板里侧的部件和板件是否损伤。安装新翼子板前,任何受到损伤的部件都必须修好。

翼子板里侧的空腔部位经过泡沫隔音处理,如图6-5-2所示。维修手册中列出了泡沫处理的部位。经泡沫处理后可减少传到车内的行驶噪声。用预成型的合成材料进行隔音处理。

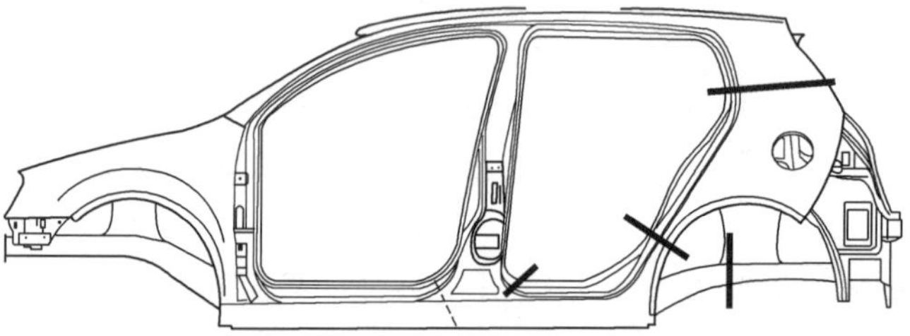

图6-5-1 厂家推荐的切割位置

图6-5-2 泡沫隔音

在更换结构板件时,需要用气动磨削工具。在修复厂大量应用气动工具,因为电动工具质量大、体积大,而气动工具质量轻、体积小,可减轻工人劳动强度。气动工具一般采用调速机(高速控制机构)控制,操作起来更为安全,如图6-5-3所示。气动磨削工具可用于金属磨削、切割,油漆层的去除等工作。

1)气动切割锯

车身维修中,常用的是气动往返式切割锯,如图6-5-4所示。其用于金属(钢板、铝板)结构件和外部面板的分割。

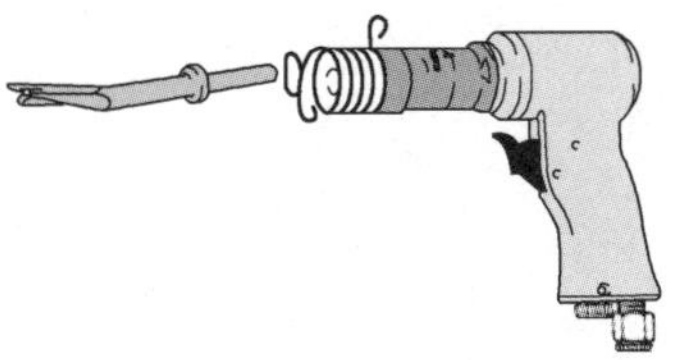

图6-5-3　气动工具

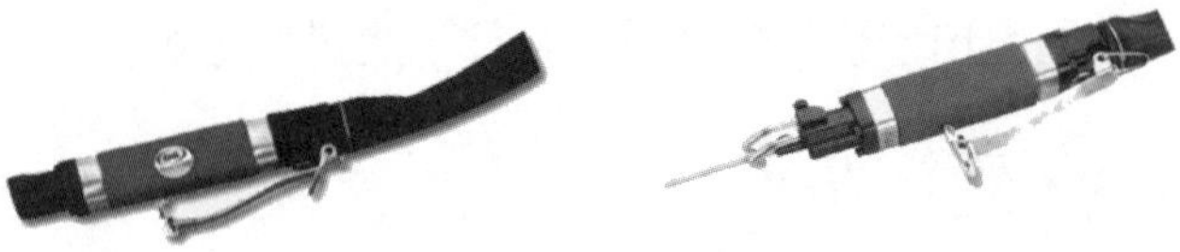

图6-5-4　气动切割锯

2)气动錾子

气动錾子如图6-5-5所示。其能进行快速粗切割作业,节省大量时间,还能破开咬死的减振器螺母,以及去除焊接溅出物和破碎焊点。

3)焊点转除钻

通常使用的气钻,在操作上与电钻极为相似,但是气钻更小、更轻。专用焊点转除钻可以进行车身电阻点焊的去除分离,其上装有进度限位装置,保证在分离板件的同时不会损伤下层板。作业时,用夹持附件把气钻固定到焊接部位,这样更容易操作。施钻时,钻头将不会偏离焊点中心,气动焊点转除钻,如图6-5-6所示。

图6-5-5　气动錾子

图6-5-6　焊点转除钻

4)打孔器

打孔器用于车身板件塞焊时在新板件上打孔的操作,如图6-5-7所示。

5)气动剪

气动剪如图6-5-8所示,可用于切断、修整和剪切外形,或剪切塑料、铝和其他金属板。

图6-5-7　打孔器

图6-5-8　气动剪

6)气动锉

气动锉用于快速清理车身板件上尖锐的毛刺等工作。

3 任务实施

3.1 准备工作

维修技师参照维修手册,制订后翼子板的更换方案,准备仪器、设备和工具。

3.2 操作过程

(1)确定点焊的位置,用风动锯切割掉原焊点。

(2)用钻削或磨削的方法将焊点清除,并使焊件剥离,借助撬板等工具将残留部分从车身上拆下。

(3)整理车身上的接口部分。

(4)将焊接面两边的油漆除净,并于焊接面上涂敷防锈剂。

(5)将新板件牢牢地夹紧在指定位置上后,用测量设备进行检测,保证位置准确。

(6)保证两片(或两片以上)嵌板或凸缘之间的结合面紧密。

(7)以厚度较薄的嵌板或凸缘作为决定焊接电流大小的主要因素。

(8)调整电极夹臂接触压力。

(9)调整焊接电流的大小。

(10)选择点焊顺序。

(11)开始焊接。

3.3 操作提示

在更换非结构性的外部板件时,可以只用肉眼检查与相邻板件是否匹配,而不用像更换结构性板件那样精确测量。外部板件更换着重的是在外观上的配合。车身轮廓线必须平齐,板件之间的间距必须均匀。下面以新后翼子板的安装来说明安装的操作过程。

(1)焊点的清除如图6-5-9所示。使用焊点转除钻来钻除焊点,针对不同的部位选择合适的工具与钻头直径。

(2)C柱的切割。用样板规在C柱外板画出切割线,在切线上进行切割,如图6-5-10所示。

(3)车身结合部位的整理。用研磨机磨平焊点部位的多余金属,使金属平整,去除黏着物,对焊接面板进行整修,涂抹点防锈底漆。

(4)新板件的准备,如图6-5-11所示。用塑胶样板规刻画切割线,使用气动锯在切割线上进行切割,如图6-5-12所示。要防止钢板变形。

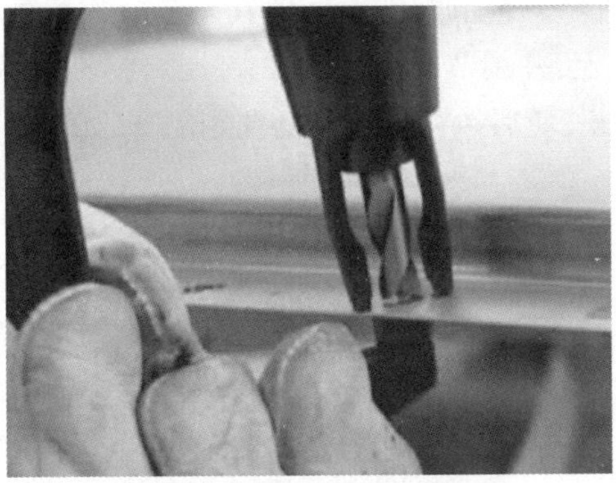

图 6-5-9 清除焊点

图 6-5-10 切割

图 6-5-11 准备新板件

图 6-5-12 新板件的切割

有些金属衬板的内表面涂有防锈剂,可以提供防锈保护。更换新的板件时,需要涂上防锈剂。

(5)暂时安装后顶侧板。用大力钳、定位焊夹具在若干点将其固定,如图 6-5-13 所示。要保证板件的末端和边缘的匹配,并暂时安装翼子板,如图 6-5-14 所示。

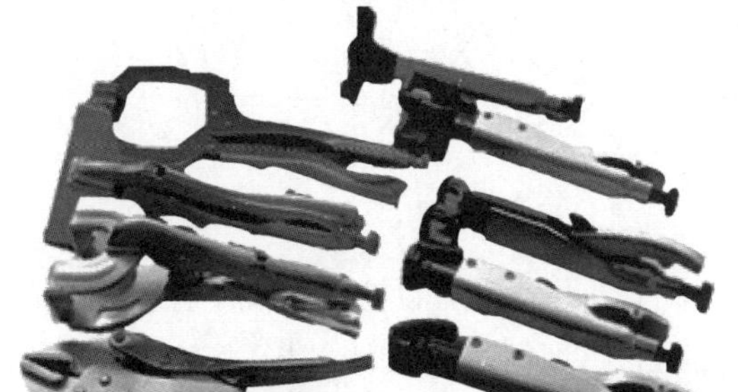

图 6-5-13 各种专用夹具

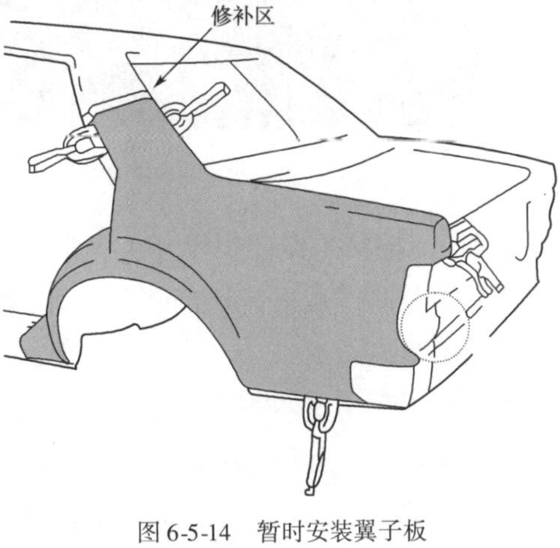

图 6-5-14 暂时安装翼子板

(6)仔细调节新板件的配合,如图6-5-15所示。调节板件以便使其与车门和车身轮廓彼此匹配。然后将行李舱盖安装在正确的位置上,并调节间隙和水平差。要进一步确定其在后窗孔的对角尺寸,若有差别,适当地进行校正,使后风窗玻璃与窗孔相吻合,如图6-5-16所示。

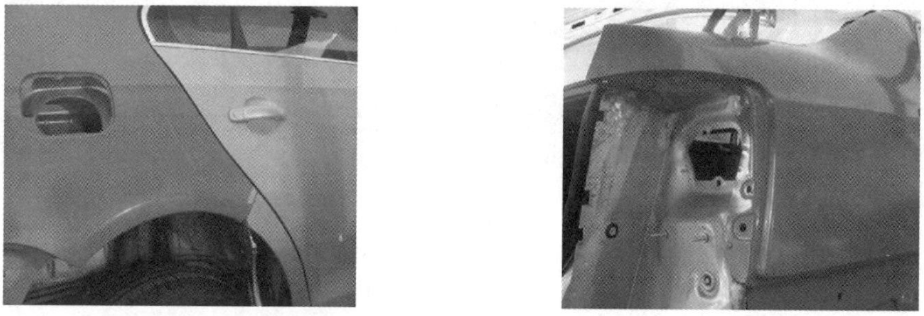

a)　　b)

图6-5-15　调节新板件

(7)将板件装配到门和行李舱以后,可以钻一些小孔,用自攻螺钉将它固定,如图6-5-17所示。如果用虎钳夹固定,则不能检验配合的正确性。调整车身轮廓线和板件的搭接处,使其后尾板及后部窗式框架相匹配。安装尾部组合灯,并使板件与灯组件配合。当每个部分的间隙、车身轮廓线和水平偏差都已经调整好时,用肉眼检查整体的扭转和弯曲。

图6-5-16　检查车门与翼子板的配合

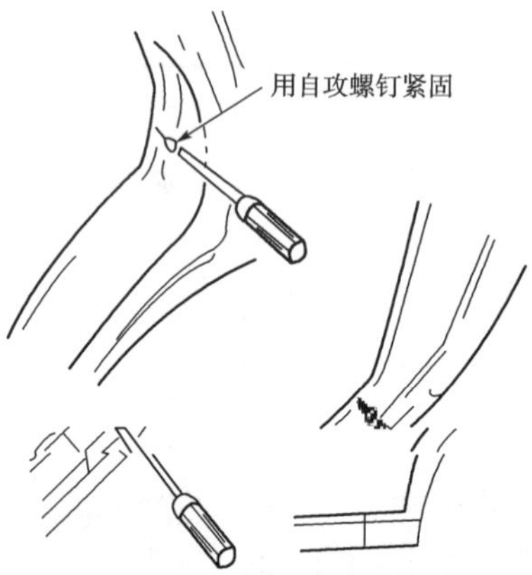

图6-5-17　螺钉固定翼子板

(8)切割搭接的板件。板件正确定位以后,用气动锯或切割砂轮切去位于连接区域的搭接部分。在分割区域进行切割时要精确,如果切割后出现间隙或板件搭接,将给下一步的焊接造成困难。

可以用以下的基本方法完成切割搭接:如果搭接面积大,两块板件可以同时进行切割,如果搭接面积小,可以用画线笔在搭接板件的端部画一条直线,沿着所画的直线切割,此时板件应整齐地配合在一起(只有小的间隙或者没有间隙),如图6-5-18、图6-5-19所示。

图6-5-18　正确切割翼子板

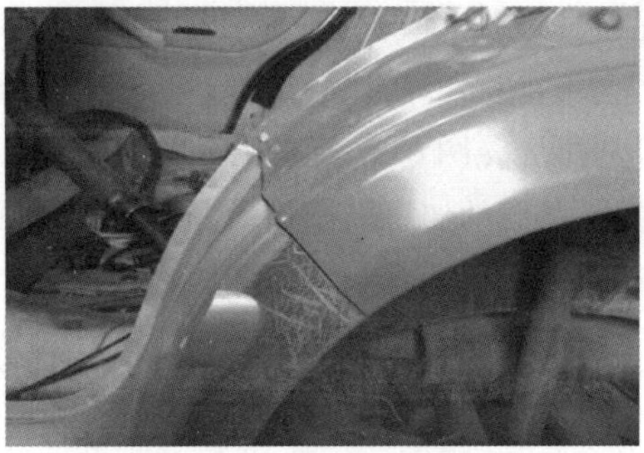
图6-5-19　正确切割翼子板

在切割好搭接部分以后,在进一步加工以前,要将更换的板件移开,从里面的板件上清除所有的碎屑和异物。

围绕后顶侧板的内周边涂上密封剂,并且如前所述的那样,在相同的螺栓孔中,用自攻螺钉安装板件和其他零件。之后,再一次检查配合情况。

(9)焊接前准备。在新零件上用不同记号标记,以辨别是要进行塞焊还是点焊,现将实施点焊部位的底漆磨除,对塞焊部位根据板厚选择钻头来钻取塞焊所需要的塞孔。确保新板件与车身的结合面间隙良好,在焊接处涂抹点焊防锈底漆。

(10)焊接新板件。一旦新板件的尺寸和位置确定以后,就要将它焊接就位,采用分段焊接防止热变形和应力。在将新板件焊接到位前,如不进行精确的测量,可能为后续修复造成很大的困难。如果板件焊接后配合不精确,则不得不将该板件切断,然后重新焊上一个。这样不但浪费时间和金钱,而且还会影响企业声誉。

(11)焊接接头的处理。对表面焊缝进行研磨,直到平滑。在没有底漆的部位实施清洁及去脂工作,车身上涂抹车身密封胶和喷涂底层漆。

(12)调整装配间隙。先调整行李舱盖的前后方向间隙,最后调整行李舱的高度,如图6-5-20所示。检验尾灯的配合,如图6-5-21 所示。

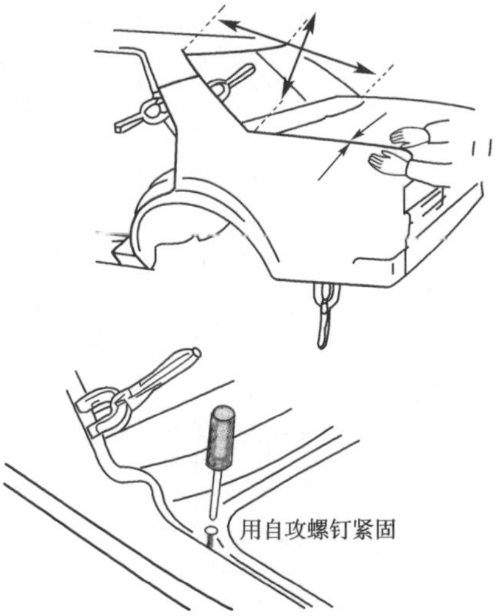

图6-5-20　调整装配间隙

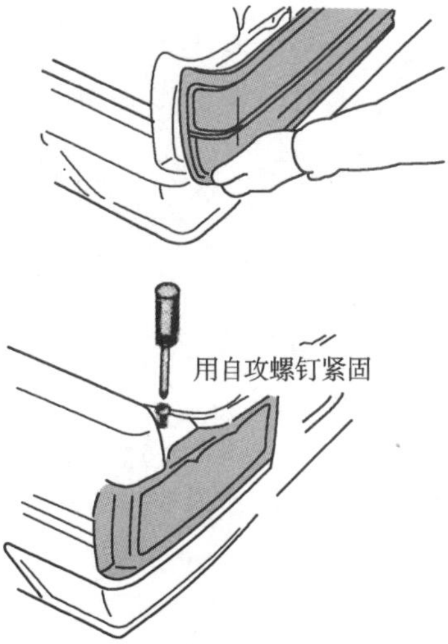

图6-5-21　检查灯的配合情况

(13)眼睛和面部的防护。在进行大部分维修操作时,都要求佩戴防护眼镜、风镜、面罩、头盔等眼睛和面部的保护装置。

防护眼镜(图6-5-22)能在进行锤击、钻孔、磨削和切削等操作时保护眼部。在进行可能会造成严重面部伤害的操作时,仅戴防护眼镜无法提供足够的保护,应佩戴全尺寸防护面罩,如图6-5-23所示。

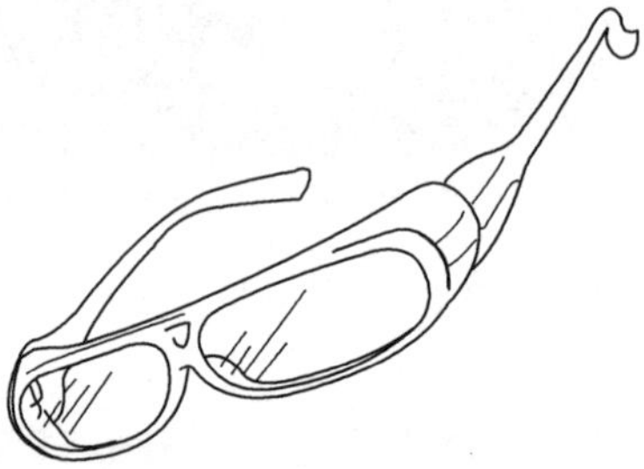

图6-5-22　防护眼镜

图6-5-23　防护面罩

(14)压缩空气的安全操作。操作规范如下所示:

①在车身维修中要使用各种气动工具,如气动液压装置和喷涂装置等。它们都使用压缩车间内的气源,压力通常为0.5~0.8MPa。气动工具都有压缩空气的极限警示。

②用压缩空气进行清洁工作时,压力值应保持在0.5MPa以上。在清洁车门、立柱和其他难以够到的位置时,要戴上防护眼镜和防尘口罩。

③不要用压缩空气来清洁衣物。压缩空气不能直接对着皮肤吹,即使是在较低的压力下,压缩空气也能使灰尘粒子嵌入皮肤,造成皮肤发炎。

项目 7 车身修复工艺

Chapter 7

任务1　惰性气体保护焊

1 任务引入

车辆碰撞或损伤,对受损金属部位进行焊接。

2 相关理论知识

2.1 焊接在车身修复厂的应用

与其他焊接领域相比,车身修复厂中的焊接有很大的差别。在焊接现代化汽车超薄、形状复杂的承载式车身板件时,需要修复技师有更多的技能和知识。专业的碰撞修复技师必须要精通焊接技术。车辆的高质量、安全性和整体性就掌握在他们的手中。新的焊接技术和设备已经进入了车身修复厂,取代了曾一度流行的电弧焊和乙炔焊。现代车辆上采用的新型合金钢无法用这两种方法正确焊接。现在,气体电弧焊,又称为惰性气体保护焊(MIG),它在焊接现代汽车上的高强度钢(HSS)和高强度低合金钢(HSLA)部件方面具有更多的优点。大多数 HSS 和 HSLA 都应用于车身结构件、加强筋、支架和底座上,而不是大型的板件或外皮板件。

原厂焊接规范:在碰撞修复中,焊接板件时,必须要遵照汽车制造商的说明和规范去做。设计和生产汽车的公司知道自己制造的车辆在碰撞后所需的正确焊接程序。这些原厂规范和详细的说明就是修复标准。

汽车制造商在编写其修复信息时已考虑了准确的金属规格(厚度)、金属类型(冷轧钢、HSS、铝等),并与车辆制造过程中所采用的焊接规范相一致。另外,对于不同年款、车型的轿车、卡车、厢式车的焊接方法是不同的。

2.2 焊接前应掌握的信息

金属件的类型和厚度。为正确拆下板件,要知道原厂焊接点的位置,之后植入准备要安装的新板件(防腐蚀保护、保护层的使用、塞焊时冲孔的尺寸和位置);焊接前,确定固定板件所需卡子的数量和位置;新板件准确定位的测量点和原厂数值;确定固定板件所要求的焊点数量和位置;使用塞焊替代原厂点焊时,新板件边缘上必须冲的孔的大小;各个焊接位置所要求的焊接类型。

要想将车辆恢复到碰撞前的状态,必须最大限度地在结构上(尺寸、类型、位置等)和外观上(外观)再现原厂焊接。但是许多原厂的点焊必须用塞焊(在板件上钻孔然后再焊接)来替代。很多情况下,现有板件挡在中间,无法使用电阻点焊机。这时,原厂电阻点焊通常会被MIG塞焊来替代。

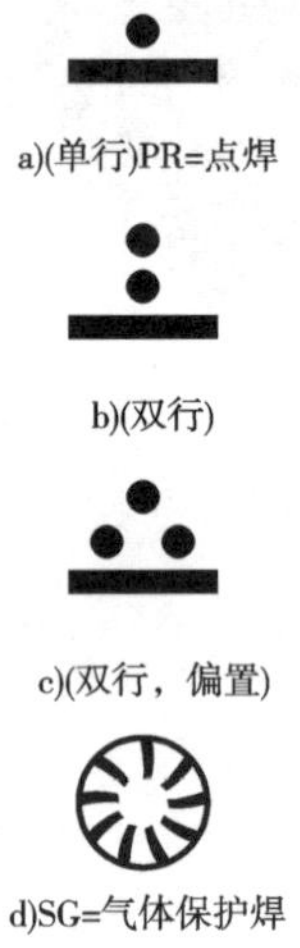

图7-1-1　焊接符号

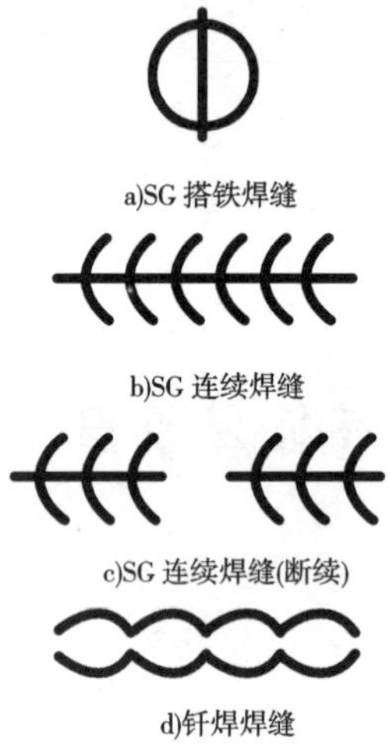

图7-1-2　焊接符号

查阅维修手册常用的焊接符号,如图7-1-1、图7-1-2所示。

现代车身的纵梁、横梁、立柱等结构件都是应用高强度钢或超高强度钢制造,惰性气体保护焊(MIG)在焊接整体式车身上的高强度钢板方面比其他常规焊接方法更为合适,当今汽车上使用的新型高强度钢不能用氧乙炔或电弧焊进行焊接,而广泛应用惰性气体保护焊。

2.3 惰性气体保护焊焊接设备

图7-1-3为惰性气体保护焊设备,主要由下列基本部分组成:

(1)带有流速调节器的保护气体供应管道,用以防止熔池受到污染。

(2)送丝控制装置,对送丝的速度进行控制。

(3)指定类型和直径的成卷的焊丝。

(4)和焊机相连接的电源。

(5)电缆和接线装置。

(6)焊枪和电缆,用来将焊丝引导至焊接部位。

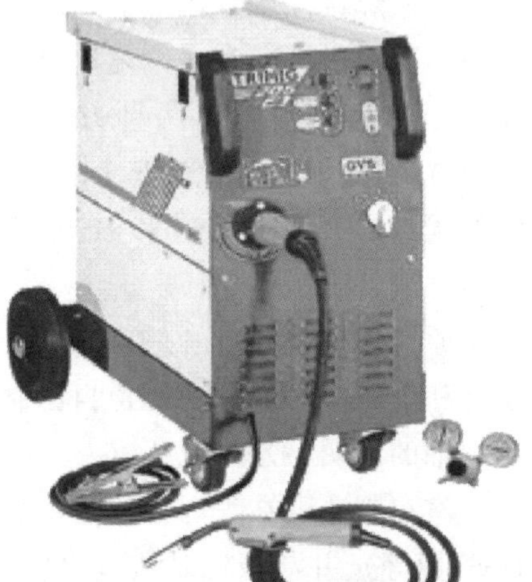

图7-1-3　惰性气体保护焊机

惰性气体保护焊有时又称作二氧化碳保护焊。其实惰性气体保护焊(MIG)采用完全的惰性气体(例如,氩气或氦气)作为保护气体。二氧化碳不完全是惰性气体,准确地说二氧化碳保护焊应该称为活性气体保护焊(MAG)。大多数车身修复中采用二氧化碳或二氧化碳和氩气的混合气作为保护气体,人们还习惯用惰性气体保护焊来概括所有的气体保护电弧焊接。许多焊接机都是既可使用二氧化碳(活性气体),又可使用氩气(惰性气体),只需要更换气瓶和调节器就可以了。

3 任务实施

3.1 准备工作

维修技师制订车身焊接修复方案,准备仪器、设备和工具。

3.2 操作过程

焊接前,应将相应的功能旋钮、开关置于正确的位置。

焊接电源开关打开后,电源指示灯亮起,进行操作。

3.3 操作提示

惰性气体保护焊焊接参数的调整。修复人员在焊接时,需要对下列参数进行调整:焊接电流、导电嘴与板件之间的距离、焊炬角、焊接方向、保护气体的流量、焊接速度和送丝速度。大多数制造厂都会提供一份表格,上面列出了焊机各种参数的调整范围。

3.3.1 焊接电流

焊接电流的大小会影响板件的焊接熔深、焊丝熔化的速度、电弧的稳定性、焊接溅出物的数量。随着电流强度的增加,焊接熔深、剩余金属的高度和焊缝的宽度也会增大。焊接参数如图7-1-4所示,表7-1-1给出了不同板厚和不同粗细的焊丝所需的焊接电流。

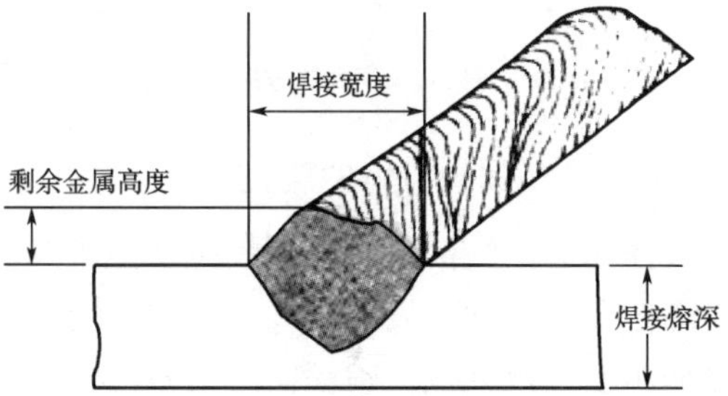

图7-1-4 焊接参数

焊接电流 表7-1-1

焊丝直径(mm)	金属板厚(mm)						
	0.6	0.8	1.0	1.2	1.4	1.6	1.8
0.6	20~30A	30~40A	40~50A	50~60A	—	—	—
0.8	—	—	40~50A	50~60A	60~90A	100~120A	—
1.0	—	—	—	—	60~90A	100~120A	120~150A

3.3.2 导电嘴到工件的距离

导电嘴到工件的距离是高质量焊接的一项重要因素,如图7-1-5所示。标准的距离为8~15mm。

如果导电嘴到工件的距离过大,从焊枪端部伸出的焊丝长度增加而产生预热,就加快了焊丝熔化的速度,保护气体所起的作用也会减小。如果导电嘴到板件的距离过小,将难以进

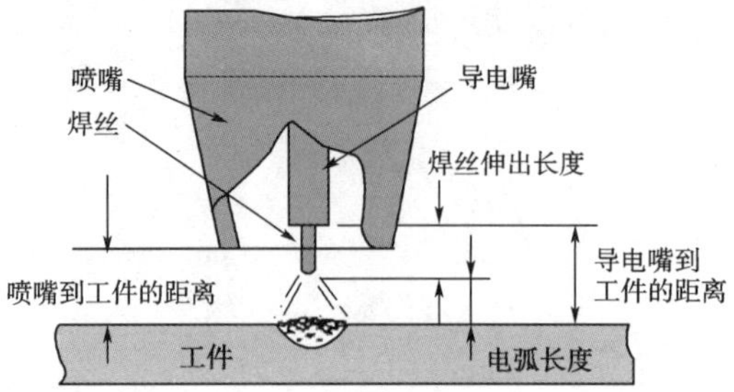

图7-1-5　导电嘴到工件的距离

行焊接,并会烧毁导电嘴。

3.3.3　焊接时的焊枪角度

焊接方法有两种,即正向焊接和逆向焊接,如图7-1-6所示。正向焊接的熔深较小且焊缝较平。逆向焊接的熔深较大,并会产生大量的熔敷金属。采用上述两种方法时,焊枪角度都应在10°~15°之间,如图7-1-7所示。

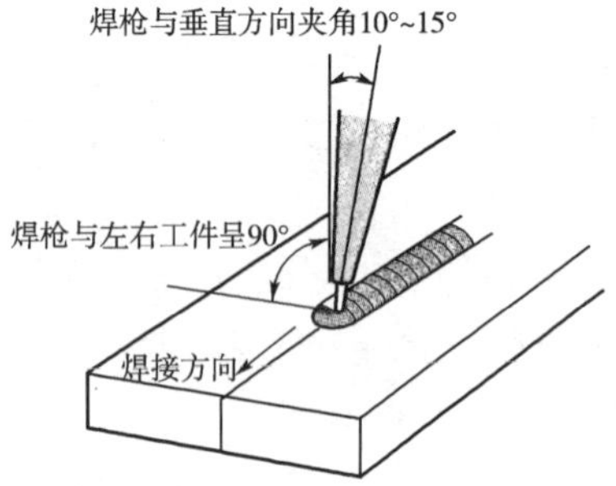

图7-1-6　焊接方向

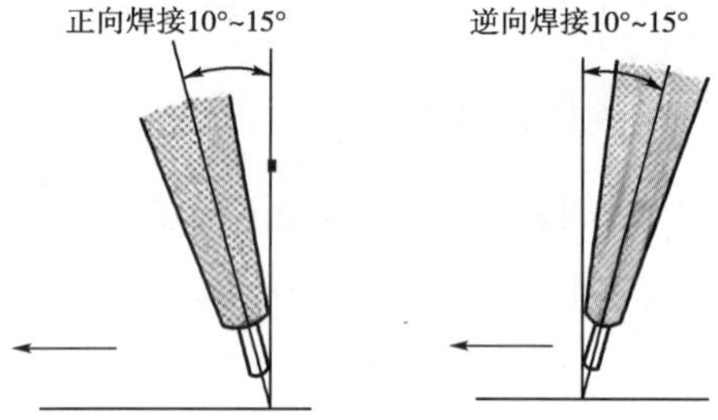

图7-1-7　焊枪角度

3.3.4　保护气体的流量

控制保护气流量对保证焊接质量非常重要。如果保护气体的流量太大,将会形成涡流而降低保护层的效果;如果流出的气体太少,保护层的效果也会降低。应根据喷嘴和板件之间的距离、焊接电流、焊接速度以及焊接环境(焊接部位附近的空气流动)来调整保护气体的流量。

3.3.5　焊接速度

焊接时,如果焊枪的移动速度快,焊接熔深和焊缝的宽度都会减小,而且焊缝会变成圆拱形。如果焊接速度过慢,则会造成焊件烧穿。焊枪移动速度由工件的厚度、焊接电压两种因素决定。表7-1-2给出了不同厚度的板件焊接时的焊接速度。

不同厚度的板件焊接时的焊接速度　　表7-1-2

板件厚度(mm)	焊接速度(m/min)	板件厚度(mm)	焊接速度(m/min)
0.6~0.8	1.1~1.2	1.2	0.9~1
1.0	1	1.6	0.8~0.85

3.3.6　送丝速度

如果送丝速度太慢,随着焊丝在熔池内熔化并熔敷在焊接部位,将会听到"嘶嘶"声或"啪哒"声,此时产生的视觉信号为反光的亮度增强。当送丝速度较慢时,所形成的焊接接头平坦。如果送丝速度太快将堵塞电弧,这时,焊丝不能充分熔化。焊丝将熔化出许多金属熔滴并从焊接部位飞走,产生大量飞溅。这时产生的视觉信号为频闪弧光。

在仰焊时,过大的熔池产生的金属熔滴可能会落入导电嘴或进入气体喷嘴,导致导电嘴或喷嘴烧损。仰焊操作时,要采用较快的送丝速度,较短的电弧和较小的金属熔滴,并使电弧和金属熔滴相互接近。将气体喷嘴推向工件,以确保焊丝不会向熔池外移动。如果焊丝向熔池外移动,熔化的焊丝将会产生金属熔滴,直到形成新的熔池来吸收这些熔滴。

在焊接中,一般会在气体喷嘴的附近产生氧化物熔渣。必须将他们仔细地清除掉,以免落入喷嘴内部并形成短路。当送丝速度太慢时,还必须清除掉因送丝太慢而形成的金属微粒,以免短路。

表7-1-3列出了几个焊接参数对焊接质量的不同影响,以及为改变各种焊接特性所需进行的调整。

焊接参数对焊接质量的影响 表7-1-3

可改变的参数	需要进行的调整							
	焊接熔深		熔敷速度		焊缝大小		焊缝宽度	
	增大	减小	增大	减小	增大	减小	增大	减小
电流和送丝速度	增大	减小	增大	减小	增大	减小	无影响	无影响
电压	影响小	影响小	无影响	无影响	无影响	无影响	增大	减小
运行速度	影响小	影响小	无影响	无影响	减小	增大	增大	减小
焊丝伸出长度	减小	增大	增大	减小	增大	减小	减小	增大
焊丝直径	减小	增大	减小	增大	无影响	无影响	无影响	无影响
CO_2 含量	增大	减小	无影响	无影响	无影响	无影响	增大	减小
焊炬角	后退到25°	前时	无影响	无影响	无影响	无影响	后退	前进

3.3.7 焊枪喷嘴的调整

焊机的焊枪有两个主要的功能:一是提供合适的保护气体;二是给工作部位加压,防止焊丝移出熔池。

如果绝缘有问题(如喷嘴落入熔滴),应流入焊丝的电流便转移到了气体喷嘴上,引起焊丝的燃烧和飞溅,将喷嘴烧掉。在脏的或生锈金属上进行焊接时,会对喷嘴产生严重冲击,应先进行清洁,再进行正常的焊接。在锈蚀的表面进行焊接时,应将送丝速度减慢。

焊机的几个主要组成部分中,喷嘴最为关键,其次是送丝机构,受到堵塞或损伤的管道将造成送丝速度不稳定,并产生许多金属熔敷,造成气体喷嘴的短路。

3.3.8 电源的极性调整

电源的极性对于焊接熔深起着重要的作用。直流电源的连接方式一般为直流反向极性连接,即焊丝为正极,工件为负极。采用这种连接时,焊接熔深最大。如果需要焊接的材料非常薄,应以正向极性连接方式进行焊接,焊丝为负极而工件为正极。焊接时,在焊丝上产生更多的热量,工件上的焊接熔深较浅。采用正向极性的缺点是它会产生许多气泡,需要更多的抛光。

3.3.9 使用气体喷嘴的注意事项

(1)距离调整。将导电嘴到喷嘴的距离调整为大约3mm,焊丝伸出喷嘴大约5～8mm,如图7-1-8所示。将焊枪的导电嘴放在靠近工件的地方,焊枪开关接通以后,焊丝开始送进,同时保护气体也开始流出。焊丝的端部和工件相接触并产生电弧。如果导电嘴和板件之间的距离稍有缩短,将比较容易产生电弧。如果焊丝的端部形成了一个大的圆球,将难以产生电弧,所以应立即用偏嘴钳剪除焊丝端部的圆球,如图7-1-9所示。在剪断焊丝端部的圆球时,不可将导电嘴指向操作人员的脸部。

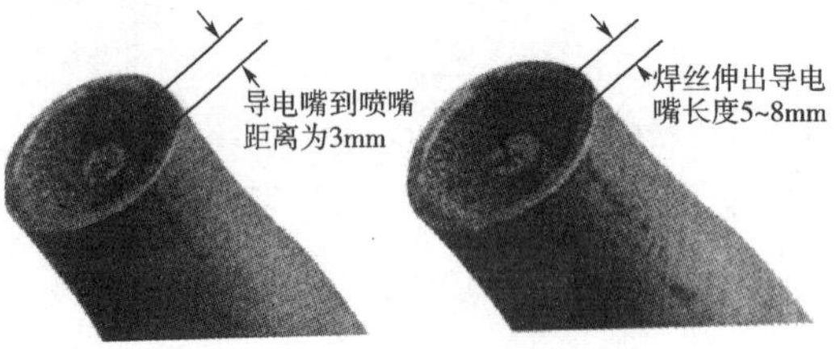

图7-1-8 喷嘴和导电嘴的调节

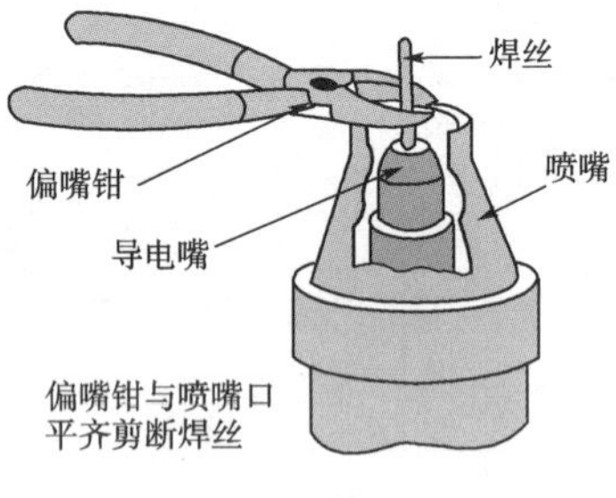

图7-1-9 焊丝长度的调节

(2)喷嘴溅出物的处理。如果溅出物黏附于喷嘴的顶部,会使保护气体不能顺利流出而影响焊接质量,应迅速清除焊接溅出物。可以使用防溅剂来减少黏附于喷嘴端部的溅出物。导电嘴上的焊接溅出物还会妨碍焊丝进给,接通送丝开关后,若焊丝无法顺利地通过导电嘴,焊丝就会在焊机内扭曲。用一个合适的工具(例如锉刀)清除掉导电嘴上的溅出物,然后检查焊丝是否能够平稳地送出。

(3)导电嘴的检查。坏了的导电嘴应及时更换,以确保导电嘴上能有稳定的电弧。为了得到平稳的气流和电弧,应适当拧紧导电嘴。

3.3.10 使用惰性气体保护焊的注意事项

焊接过程中会发出极强的紫外线,可能会对操作者与附近其他的人造成电弧眼与皮肤的灼伤。操作人员必须穿戴防护装备,并用帘幕遮挡保护其他的人员。

图7-1-10 头盔

平时佩戴隐形眼镜的人员,在实施焊接时,最好换戴普通眼镜,因为电弧光谱会发出使隐形眼镜镜片与眼睛间液体干燥的微波,镜片自眼中取出时,可能造成失明。在进行保护焊操作时,应佩戴有深色镜片的头盔或护目镜头盔,如图7-1-10所示。它能保护面部免受高温、紫外线或熔融金属的灼伤,变色镜片保护眼睛免受过亮光线或紫外线的伤害。

焊接中也会产生金属的飞溅,因此需要适当的眼睛与皮肤保护。

焊接所产生的热,会使焊接的金属、焊条、涂层,或工作面上的污染物产生浓烟与气体。这些浓烟与气体可能具有毒性。利用抽风设备排除工作场所中的浓烟,尤其是当一般的通风设备不良,或不适合执行焊接时。在特殊的情况或通风不良的密闭空间中进行焊接时,则需要有供气式呼吸器。

在车上实施电弧焊时,务必要拆开发电机配线,以避免电流突变,造成发电机内部组件损伤的可能。

(1)在对镀锌钢材进行焊接时产生的焊接烟尘,在进行打磨抛光时产生的微尘,清洗部件时挥发的溶剂和在喷射防腐剂时挥发的液滴,都会被吸入呼吸系统中,对人体产生暂时的、甚至永久的伤害。在进行这些操作时,都应该佩戴呼吸器。

①供气式呼吸器。供气式呼吸器通常包括一个有透明护目镜的兜帽和一个外接气源软管,如图7-1-11所示。干净可呼吸的空气通过软管从一个单独的气源泵送到面罩或头盔中。

供气式呼吸器可使操作人员免于吸入对人体有害的空气悬浮物,如添加了固化剂的涂料、异氰酸脂涂料蒸气、烟雾以及溶剂蒸气。供气式呼吸器是最安全的保护方式,建议在喷涂所有类型的底漆、涂料、密封材料和防腐材料时都使用供气式呼吸器。

②滤筒式呼吸器。滤筒式呼吸器通常有一个橡胶面罩,能够贴合脸部轮廓,保证气密性,如图7-1-12所示;有可更换的预滤器和滤筒,能够清除空气中的溶剂和其他蒸气;有进气阀和出气阀,以保证所有吸入的空气都通过过滤器。

图7-1-11　供气式呼吸器

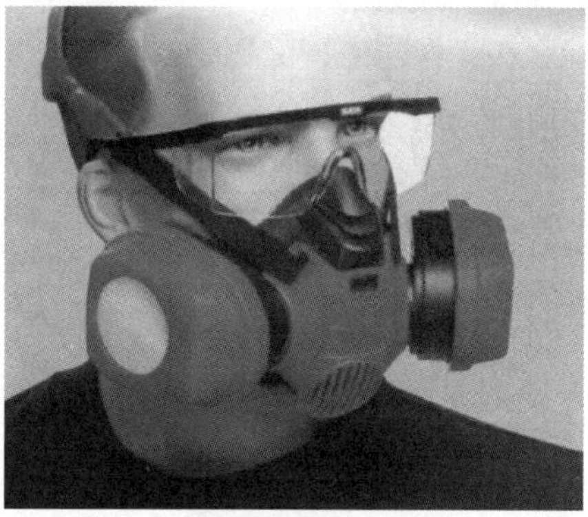

图7-1-12　滤筒式呼吸

焊接用呼吸器上有一个特殊的滤筒,来吸收焊接的烟尘。在对镀锌钢材进行焊接时,产生的焊接烟尘和锌蒸气会对人体产生非常大的伤害。

防尘呼吸器一般是用多层滤纸制作的廉价纸质过滤器,它能够阻挡空气中的微粒、粉尘进入人的鼻腔、咽喉、呼吸道和肺部。在进行打磨、研磨或用吹风机吹净板件等操作时会产生大量的粉尘,应佩戴防尘呼吸器。

③呼吸器的测试和保养。呼吸器的密封是非常重要的,使用呼吸器前要检查有无空气泄漏,对呼吸器进行密合度测试,负压和正压的都要检查。一般可用下面的方法快速检查:

a.负压测试。将手掌放到滤芯上并吸气,密合性良好时,面罩部分会随着正常的呼吸而朝向脸部凹陷。

b.正压测试。罩住呼吸器并呼气,密合性良好时,面罩部分会鼓出,而空气不会随着正常的呼气从面罩中溢出。

c. 可以将烷基醋酸盐(橡胶水)靠近面部面罩的密封处,如果未闻到气味,则密封良好。当使用呼吸器时呼吸困难或达到更换周期时,应更换滤清器,一旦闻到溶剂的味道就应更换滤芯。定期检查面罩,确保没有裂纹或变形。呼吸器应保存在气密性良好的容器内或塑料自封袋中,保持清洁。

d. 面部过多的毛发会妨碍气密性,面部毛发浓密的维修人员应该采用供气式呼吸器。

(2)头部的防护。车身维修人员在进行维修操作时要戴上安全帽,防止灰尘或油污的污染,以保持头发的清洁。在车下作业或者进行拉伸校正操作时要戴硬质安全帽,防止碰伤头部。头发不要过长,工作时要把头发放入安全帽中。

(3)耳朵的防护。在高分贝环境工作时,需要佩戴耳塞或耳罩等耳朵保护装置,如图7-1-13所示。例如,使用气动錾、气动锯等切割工具、板件击打、打磨等操作产生的高分贝噪声都会对听力产生伤害。在进行焊接时,耳塞或耳罩还可以避免熔化的金属进入内耳。

(4)身体的防护。在车间内应穿着合格的连体工作服,不能穿着宽松的衣服、未系扣的衬衫袖子、松垂的领带或披着衬衫。

衣物应远离发动机等运动部件,宽松、下垂的衣物都可能被卷入运动部件,造成严重的身体伤害。在工作前应摘除佩戴的饰物。

在焊接时,裤长要能盖住鞋头,防止炽热的火花或熔化的金属进入鞋子。下身通常可穿皮质的裤子、绑腿、护脚来防止熔化的金属烧穿衣物,上身的保护包括焊工夹克或围裙。如果化学物品接触皮肤,可能会造成疼痛、发炎、皮疹或者严重的化学烧伤。

在焊接时,应戴上皮质的手套,防止被熔化的金属烧伤,如图7-1-14所示。

图7-1-13　耳罩

图7-1-14　手套

在焊接时,最好穿绝缘鞋,防止触电事故的发生。在胸部最好有焊接保护,如图7-1-15所示。护腿保护,如图7-1-16所示。

在操作时,修复人员有可能会跪在地上操作,时间长了会引起膝盖损伤,最好佩戴护膝。

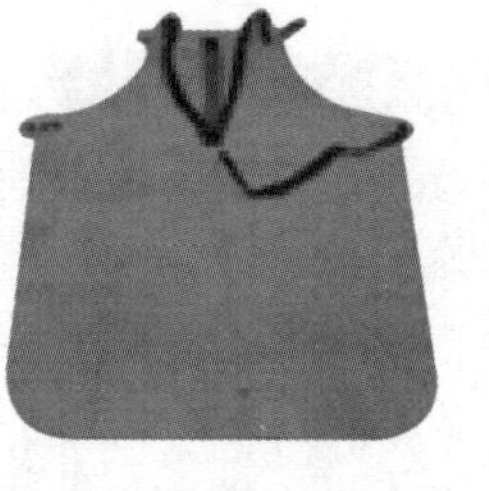

图 7-1-15　护裙

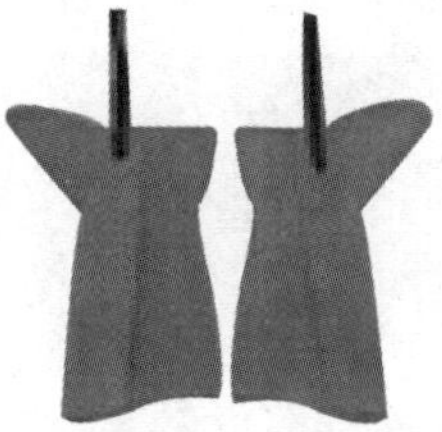

图 7-1-16　护腿

任务 2　点　　焊

1 任务引入

车辆碰撞或损伤后,需要对非结构件进行点焊焊接。

2 相关理论知识

电阻点焊是汽车制造厂在流水线上对整体式车身焊接时最常用的一种方法,图 7-2-1 所示为电阻点焊机。在整体式车身上进行的焊接中,有 90% ~95% 都采用电阻点焊。

在修复采用高强度钢和超高强度的车身时,要求采用电阻点焊机进行焊接修复。这种焊接方式像制造厂进行焊接那样进行点焊连接。在使用点焊设备时,操作者必须选择合适的加长臂和电极,以便到达需要焊接的部位。采用挤压电阻点焊机进行焊接时,应适当调整对金属板的夹紧力。在一些设备上,可同时调整电流强度和焊接时间,调整完毕后,将电焊机定位在需要焊接的金属处,一定要使电极的极性彼此相反,然后触发开关,开始进行点焊。

图 7-2-1　电阻点焊机

电阻点焊在欧洲和日本的承载式车身维修中已使用了 30 多年,现在越来越多的中国汽车制造厂也用电阻点焊来修复汽车,作为一个车身修复人员,有必要掌握电阻点焊的操作方法。

在进行焊接前,要先查阅汽车制造厂提供的汽车维修说明书。更换车身上的各种面板和内部板件时,所有焊接接头的大小应和原来制造厂的焊接接头相类似。除电阻点焊外,更换零部件后的焊接接头的数量应和原来的焊接接头数量相等。强度和耐久性需要根据焊接到车身上的零部件位置决定。根据部件的功用、物理性能和在车身上的位置等因素,汽车制造厂都规定了修复中各部件的最佳焊接方法。

车身修复所用的电阻点焊机通常是指需要在金属板的两边同时进行焊接的设备(双面点焊设备,如图 7-2-2 所示),而不是指那种从同一边将两块金属板焊接起来的点焊机(单面点焊设备)。双面点焊用于结构性部件的点焊,而单面点焊的强度比较低,一般只能用于外部装饰性面板的焊接。点焊焊点,如图7-2-3所示。

图7-2-2　电阻点焊电极头

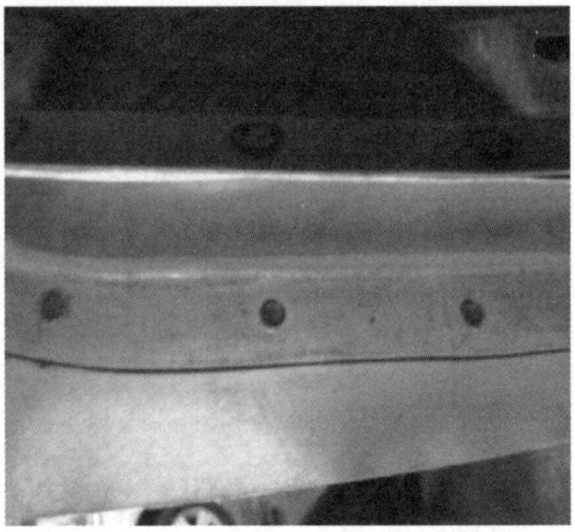

图7-2-3　点焊焊点

电阻点焊过程中,产生的热量少,对板件的影响小,可以进行快速、高质量的焊接,对操作者操作技巧的要求也比较低。

电阻点焊机用于焊接承载式车身上要求焊接强度好、不变形的薄型零部件,如车顶、窗洞和门洞、车门槛板以及许多外部壁板等部件。使用电阻点焊机时,修复人员必须知道如何调整焊机,如何进行试焊和焊接。

3 任务实施

3.1 准备工作

维修技师制订车身焊接修复方案,准备仪器、设备和工具。

3.2 操作过程

电阻点焊操作注意事项如下:

电阻点焊的操作相对比较简单,开始焊接时,修复人员拿起焊枪并将它放在合适的位置,使焊枪的电极与车身上需要焊接的部位相接触。然后触发压力开关,将焊接压力施加到需要焊接的金属板的两边。由于已经给金属板施加并保持了一个压力,加力机构便激发一个电信号,电信号进入焊机控制器后,焊接电流被接通,接通到达已经预定的时间后又被切断。由于焊接时间通常都小于1s,整个焊接过程进行的很快。

电阻点焊的调整:为使点焊部位有足够的强度,在进行操作前,请按下列步骤对电阻点焊机进行检查和调整。

(1)选择电极臂。应根据需要焊接的部位来选择电极臂。电极臂选择的原则是,当多个电极臂都可以焊接某一个部位时,尽量选择最短的电极臂。

(2)调整电极臂。为了获得最大的焊接压力,焊枪的电极臂应尽量缩短,如图7-2-4所示。要将焊枪电极臂和电极头完全拧紧,使它们在工作过程中不能松开。

(3)两个电极头的对准。将上下两个电极头对准在同一条轴线上。电极头对准状况不好将引起加压不充分,会造成电流过小,导致焊接部位的强度降低。上下夹臂要平行。电极头的接触面要平整,如图7-2-5所示。

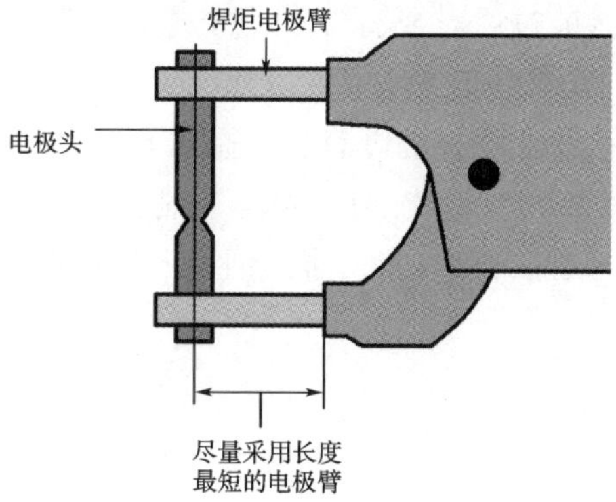

图7-2-4 调节焊枪电极臂

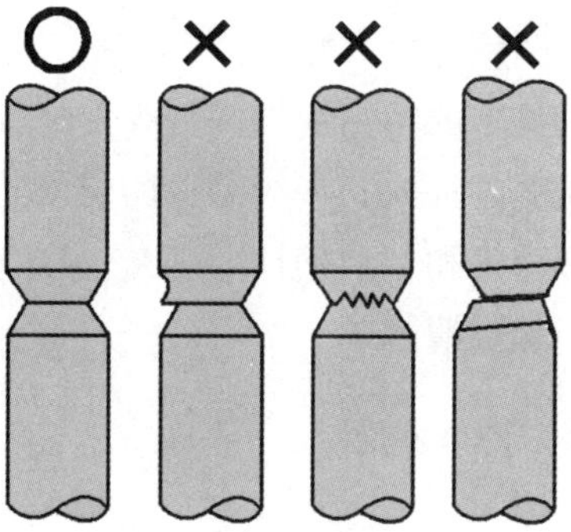

图7-2-5 电极头的正确对准

(4)选择电极头直径。电极头直径增加,焊点的直径将减小。电极头直径小到一定值以后,焊点的直径将不再增大。必须选择适当的电极头直径,以便获得理想的焊接深度。

在开始操作前,注意电极头直径是否合适,然后用锉刀将它锉光,以便清除掉电极头表面的燃烧生成物和杂质。当电极头端部的质量增加时,该处的电阻也随之增加,这将会减小流入工件的电流并减少焊接熔深,导致焊接质量下降。连续焊接一段时间以后,电缆线和电极头端部会因为散热不好而造成过热。这将使电极头端部过早地损伤而增大电阻,并引起焊接电流急剧下降。在使用没有强制冷却(循环水冷却)的电极头操作时,可在焊接5~6次后,让电极头端部冷却后再进行焊接。

如果电极头端部损伤,要用电极头端部清理工具进行整形,如图7-2-6所示。

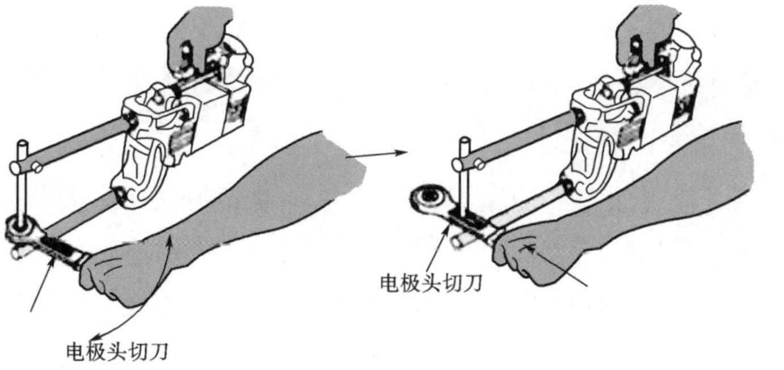

图7-2-6 电极头端部整形

(5)调整电流流过的时间。电流流过的时间也和点焊的形成有关。当电流流过的时间延长时,所产生的热量增加。经过一定的时间后,焊接温度降不会再增加,即使通电时间超过了这一时间,点焊直径也不会再增大,反而有可能产生电极端部的压痕和热变形。

许多简单的点焊机都无法调整施加的压力和焊接电流,而且其电流强度较低。这些焊机在操作时可以适当延长通电时间(让低强度的电流流过较长的时间)来保证焊接的强度。

根据金属板的厚度来调节电极臂的长度及焊接时间,一般能得到比较好的焊接效果。如果焊机的说明书上已列有这些数值,最好在调节过后对金属样片进行试焊,然后在检验焊接质量来调整焊接参数。

对车身上的防锈钢板进行焊接时,应将焊接普通钢板的电流强度提高10% ~20%,以弥补电流强度的损失。一般简单的点焊机如果无法调节电流强度,可适当延长通电时间。一定要将防锈钢和普通钢材区别开,因为在进行打磨准备焊接时,防锈钢板上的锌保护层不能和油漆一起被清除掉。

3.3 操作提示

3.3.1 工件焊接表面的间隙

两个焊接表面之间的任何间隙都会影响电流的通过,如图7-2-7所示。

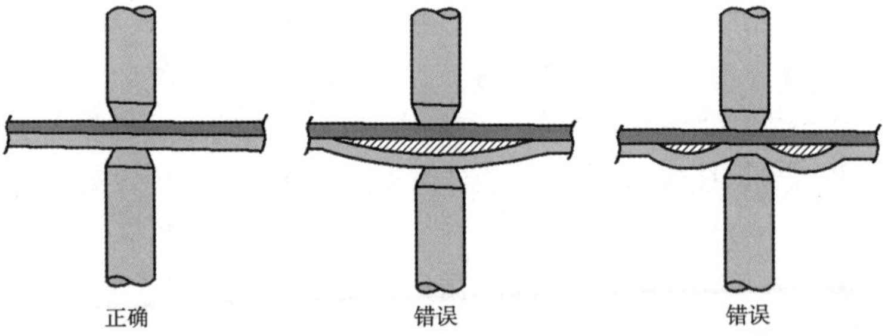

图7-2-7 焊接表面的间隙

不清除这些间隙也可进行焊接,但焊接部位将会因变小而降低焊接的强度。因此,焊接前要将两个金属表面整平,以消除间隙,还要用一个夹紧装置将两者夹紧。

3.3.2 工件焊接表面的处理

需要焊接的金属板表面上的油漆层、锈斑、灰尘或其他任何污染物都会减小电流强度而使焊接质量降低,所以要将这些物质从焊接的表面上清除掉。另外,还要将与点焊电极的接触点进行认真打磨(包括板材表面上的油漆)。对于不便清除的油污,还可以采取火焰法轻烧轻燎,然后再将板材表面用钢丝刷或钢丝磨轮打磨干净(能否用火焰法应视具体情形而定)。

焊件表面的杂质会妨碍电流通入焊件,造成焊接电流减小,影响焊接质量,所以焊接前必须将这些杂物从需要焊接的表面上清除干净,如图7-2-8所示。

3.3.3 工件焊接表面的锈蚀处理

在需要焊接的金属表面上涂一层导电系数较高的防锈底漆。必须将防锈底漆均匀地涂在所有裸露金属板上(包括金属板的端面上),如图7-2-9所示。

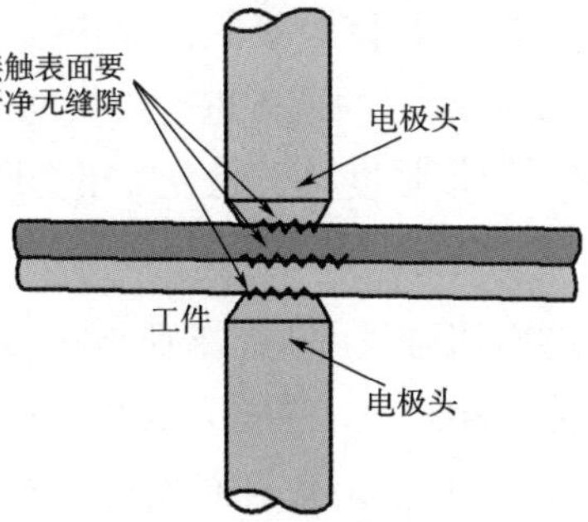

图7-2-8　焊接表面的清洁

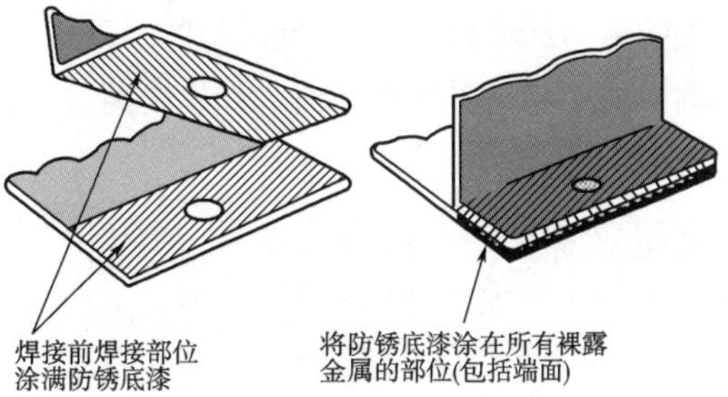

图7-2-9　焊接表面防锈处理

3.3.4　点焊操作

进行点焊操作时,要做到以下几点:

(1)尽量采用双面点焊的方法。对于无法进行双面点焊的部位,可采用气体保护焊接中的塞焊法来焊接,而不能用单面点焊来焊接结构性板件。

(2)电极和金属板之间的夹角应呈90°。如果这个角度不正确,电流强度便会减小,降低焊接接头的强度。

(3)当三层或更多层的金属重叠在一起时,应进行两次点焊或加大焊接电流。

3.3.5　焊接数量

修复用的电阻点焊机功率一般小于制造厂的点焊机功率。因此,和制造厂的点焊相比,在进行点焊时,应将焊点数量增加30%,如图7-2-10所示。

3.3.6　最小焊接间距

点焊的强度取决于焊点的间距(两个焊点之间的距离)和边缘距离(焊点到金属板边缘的距离)。两层金属板之间的结合力随着焊接间距的缩小而增大。但如果再进一步缩小间距,结合力将不再增大,这是因为焊接电流向已被焊接过的焊点产生分流,焊接部位流过的电流变小,焊接强度降低。随着焊点数量的增加,这种往复的分流电流也增加,而这种分流的电流并不会使原先焊接处的温度升高。

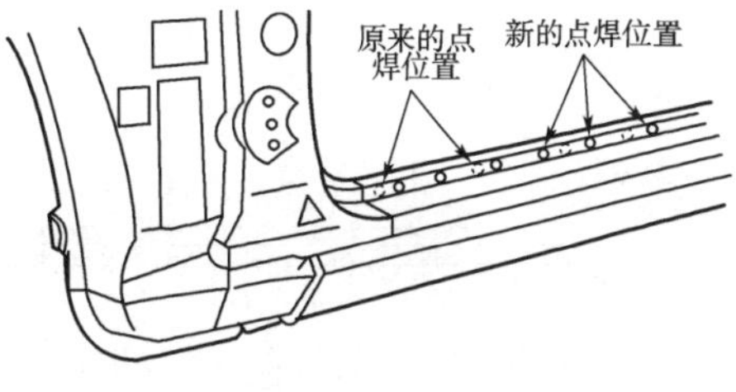

图7-2-10　焊点数量

电阻点焊时,焊接间距一般可按照表7-2-1来选取。

焊接间距　　表7-2-1

板材厚度(mm)	最小距离(mm)	板材厚度(mm)	最小距离(mm)
0.6	11	1.2	22
0.8	14	1.6	29
1.0	18		

3.3.7 焊点到金属板的边缘和端部的距离

焊点到金属板边缘的距离也是由电极头的位置来确定的。即使焊接的情况正常,如果焊点到边缘的距离不够大,也会降低焊点的强度。在靠近金属板端部的地方进行焊接时,焊点到金属板端部的距离应符合规定值。如果距离过小,将会降低焊接强度并引起金属板变形。

3.3.8 电流的调整

在电阻点焊焊接时,电流流过第一个和第二个焊点的电流强度不同,特别是在两层板之间有防锈剂导致导电系数的降低后,第二个点流过的电流会小一些,造成第二个焊点的强度下降。如果电流调大后焊接,会造成第一个焊点电流过大。因此,应该在正常焊完第一个焊点后,把第二个焊点的电流调大一些,才能得到两个焊接强度一致的焊点。

3.3.9 点焊的顺序

不要只沿着一个方向连续地进行焊接操作。这种方法会使电流产生分流而降低焊接质量,应按图7-2-11所示的正确顺序进行焊接,当电极头发热并改变颜色时,应停止焊接使其冷却。

3.3.10 角落处的焊接

不要对角落的半径部位进行焊接,如图7-2-12所示。对这个部位进行焊接将产生应力集中而导致开裂。焊接下列部位时,需要注意角落处:

(1)前支柱和中心支柱的顶部角落。

(2)后顶侧板的前上方角落。

(3)前后车窗角落。

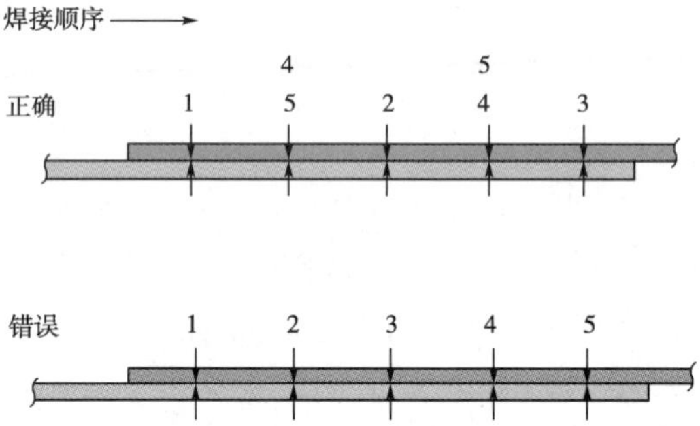

图7-2-11 焊接顺序

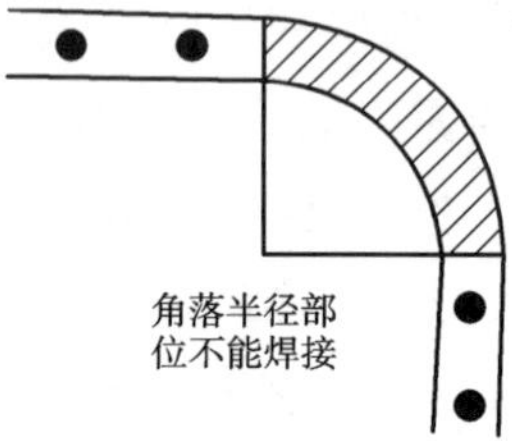

图7-2-12 焊接角落处的正确方法

3.3.11 电阻点焊焊接质量的检验

焊点质量的检验可采用外观检验(目测)或破坏性试验。破坏性试验适用于检验焊接的强度,而外观检验则是通过外观判断焊接质量。

除用肉眼看和手摸来检验焊接处的表面粗糙度外,还有下列项目需要检验:

(1)焊接位置。焊点的位置应在板件边缘的中心,不可超过边缘,还要避免在原有的焊接过的焊点位置进行焊接。

(2)焊点的数量。焊点的数量应大于汽车制造厂焊点数量的1.3倍。例如,原来在制造厂点焊的焊点焊的焊点数量为4,4的1.3倍大约为5个新的修复焊点。

(3)焊点间距。修复时的焊接间距应略小于汽车制造厂的焊接距离,焊点应均匀分布。间距的最小值,以不产生不分流电流为原则。

(4)压痕(电极头压缩)。焊接表面的压痕深度不能超过金属板厚度的一半,电极头不能焊偏产生电极头孔。

(5)气孔。不能有肉眼可以看见的气孔。

(6)溅出物。用手套在焊接表面擦过时,不应有被"绊住"的感觉。

3.3.12　点焊机安全操作规程

(1)工作前,必须清除油渍和污物,否则将严重降低电极的使用期限,影响焊接质量。

(2)焊机通电后,应检查电气设备、操作机构、冷却系统、气路系统及机体外壳有无漏电。

(3)焊机启动前,首先接通控制线路的转换开关和焊接电流的小开关,安插好级数调节开关的闸刀位置,接通水源、气源、控制箱上各调节按钮,最后接通电源,即可进行工作。

(4)电极触头应保持光洁,必要时可用细锉刀或砂布修光。

(5)焊机的轴承铰链和汽缸的活塞、衬环等应定期润滑。

(6)焊机工作时,气路系统,水冷却系统应畅通。气体必须保持干燥,不应含有水分。排水温度不应超过40℃,排水流量可根据季节调节(冬季小些,夏季大些)。

(7)焊机在气温0℃以下停止工作时,必须用压缩空气吹除冷却系统的存水,以防管路冻裂或堵塞。

(8)电极的工作行程通过调节汽缸体下面的两个螺母来实现,调节完毕,必须拧紧。

(9)电极压力可以根据焊接规范的要求,通过旋转减压阀手柄来调节。

(10)避免引燃管和硒整流器毁坏,严禁在引燃电路中加大熔断器。

(11)当负载过分小而使引燃管内电弧不能产生时,严禁闭合控制箱的引燃电路,因为此时引燃电路不能被电弧分路,而使引燃电路在闭合期间有较大电流通过,容易损伤引燃管及硒整流器。

(12)控制箱的电路装置较复杂,使用时应注意保护电路设施不受触碰而损伤。冬季气温低时,闸流管、引燃管不易引燃。室内温度不应低于15℃。

(13)焊机停止工作后,必须清除杂物和焊渣溅屑。

(14)焊机停止工作后,应先切断电源、气源,最后关闭水源。

(15)焊机长期停用,必须在不涂漆的活动部位涂上防锈油脂,以免零件生锈。

(16)控制箱如长期停用,为预防潮气浸入,每月应通电加热30min,如更换闸流管亦应预热30min。正常工作控制箱的预热不少于5min,否则容易产生逆弧或失控现象。

任务3　激　光　焊

1 任务引入

车辆在主机厂生产时,需要对车身部件进行激光焊接。

2 相关理论知识

2.1 制造业应用

激光拼焊技术在国外轿车制造中早就得到了广泛的应用,据统计,2000年全球范围内剪裁坯板激光拼焊生产线超过100条,年产轿车构件拼焊坯板7000万件。

近年来,我国生产的一些轿车车身,也采用了激光焊接技术,如图7-3-1所示。激光焊接技术采用偏光镜反射激光产生的光束使其集中于聚焦装置中,从而产生出巨大能量的光束,如果激光束焦点靠近零部件,零部件就会在几毫秒内熔化和蒸发。激光焊接的特点是被焊接零件变形小,焊接后几乎没有间隙,焊接质量比传统焊接工艺高。

图7-3-1　激光焊接

现在所有大型车厂都有激光焊,只是有些没有在车身制造中使用。大量使用的是激光拼焊,也就是把几种不同材质的钢板用激光焊在一起,然后进行冲压成型。其目的是应用板材的不同性能达到安全效果,而不是仅用增加覆板厚度来达到安全效果。激光焊接相对于传统焊接技术最大的优势是可对不同材质的金属进行焊接作业,将异质材料结合在一起。对于汽车产业来说,经常需要将不同强度、材质的钢材焊接在一起,激光焊接的这项优势自然成为汽车制造业选择的理由之一。

穿透焊的过程与钎焊有所不同,激光在两层钢板上进行穿透焊接,无焊丝填充,机器人带动镜头按照预先编定的轨迹直接焊接,无须导向装置。穿透焊采用激光功率为4kW,远高于钎焊。因为焊接中需要熔化工件,所以在焊缝的两端需要设置功率斜坡,即在焊接起始时,功率在30ms内从1kW线性增加至4kW;结束时,功率在30ms内从4kW降到1kW。这样做的优点在于避免在起弧和收弧时将钢板焊穿,形成小洞,从而影响焊接质量。焊接厚度达到4mm。透焊的焊缝相对于钎焊更粗糙,但是强度比普通点焊要强得多。

如今,激光焊接应用于汽车白车身已经成为一种趋势,采用激光焊接不仅可以降低车身质量、提高车身的装配精度,同时还能大大加强车身的强度,在用户享受舒适的同时,为其提供更高的安全保障。当然,激光焊接的实际使用意义并不仅于此。一般来说,车辆在道路上行进时来自地面的颠簸会转换成每分钟上千次的扭曲运动考验车身,如果车身结合精度、强度不够,轻则车内异响频频、噪声大,严重的可能导致安装在车辆上的零部件如变速器、前后桥的损伤或者车身断裂。事实上，无论多好的路况，我们的座驾都在不断进行高强度扭曲运动，而且随着速度提升、路程增加，这种考验会越来越严峻，并直接关乎驾乘者的安全。汽车工业中，激光技术主要用于车身拼焊、焊接和零件焊接。其中，激光拼焊是在车身设计制造中，根据车身不同的设计和性能要求，选择不同规格的钢板，通过激光裁剪和拼装技术完成车身某一部位的制造，例如，前风窗玻璃框架、车门内板、车身地板、中立柱等。

依靠先进的激光焊接工艺，车身焊缝可达到分子与分子层面的结合，焊接处强度几乎等于一整块钢板的强度，焊接质量高。有焊丝的激光焊接焊缝，如图7-3-2所示。

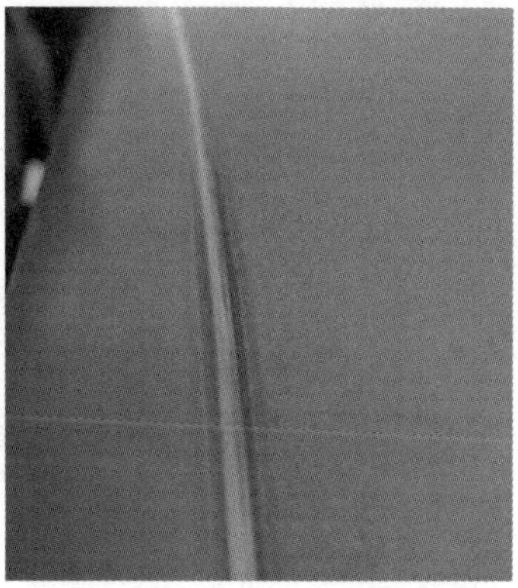

图7-3-2　激光焊接焊缝

激光焊接具有很多独特优势：

(1)焊接速度很快，最快可以达到20m/min。

(2)由于能量集中、速度快而且是非接触焊接，因此焊接变形很小。

(3)由于激光焊接能够使钢板之间的连接处于晶体结构之间的相互连接，所以不仅能提高车身的抗疲劳性、抗冲击性以及抗腐蚀性能，而且也使车身的密封性有极大地提高。

(4)由于激光焊接是非接触式焊接，一般距离钢板10cm以上。因此，在车型更换时，只需更改夹具和机器人重新编程就可以了，非常适合柔性化生产。

2.2　激光焊原理

激光焊采用激光作为焊接热源，机器人作为运动系统。激光热源的优势在于，它有着极高的加热能力，能把大量的能量集中在很小的焊接点上，所以具有能量密度高、加热集中、焊接速度快和焊接变形小等特点，可实现薄板的快速连接。

当激光光斑上的功率密度足够大时($>106W/cm^2$)，金属在激光的照射下迅速升温，其表面温度在极短的时间内升高至沸点，金属发生汽化。金属蒸气以一定的速度离开金属熔池的表面，产生一个附加应力反作用于熔化的金属，使其向下凹陷，在激光斑下产生一个小凹坑。随着加热过程的进行，激光可以直接射入坑底，形成一个细长的“小孔”。当金属蒸气的反冲压力与液态金属的表面张力和重力平衡后，小孔不再继续深入。光斑功率密度很大时，所产生的小孔将不再继续深入。光斑密度很大时，所产生的小孔将贯穿于整个板厚，形成穿透焊缝。小孔随着光束相对于工件而沿着焊接方向前进。金属在小孔前方熔化，绕过小孔流向后方，重新凝固形成焊缝。

(1)激光器。用于激光焊接的激光器主要有CO_2气体激光器和YAG固体激光器两种。激光器最重要的性能是输出功率和光束质量。从这两方向考虑，CO_2气体激光器比YAG固体激光器具有更大优势，是目前深熔焊接主要采用的激光器。一汽-大众在汽车制造过程中应用的大多数光源功率在4000W左右。

(2)光导和聚焦系统。光导聚焦系统由圆偏振镜、扩束镜、反射镜或光纤及聚焦镜等组成,实现改变光束偏振状态、方向、传输光束和聚焦的功能。这些光学零件的状况对激光焊接质量有极其重要的影响。在大功率激光作用下,光学部件,尤其是透镜性能会劣化,使透过率下降,产生热透镜效应,同时表面污染也会增加传输损耗。

(3)焊接机器人。激光熔焊、激光—MIG复合焊接技术方法不同以及焊接接头形式不同,所以对焊接接头的装配精度要求也不同。

搭接焊缝的激光熔焊和角焊缝的激光钎焊可以采用普通的焊接机器人。对于对接焊缝的激光钎焊和激光焊必须采用区别于常规机器人的绞臂式焊接机器人,通常设计焊缝自动跟踪矫正系统。

(4)焊接夹具。焊接夹具可以保证激光焊接时所连接板材或总成的精确定位,保证焊缝间隙,防止焊接变形,从而提高激光焊接接头的质量。

(5)激光焊接控制系统。控制系统主要包括焊接过程的视频监视系统、机器人的焊缝自动跟踪系统和矫正系统、送丝控制系统等。对于不同的激光焊接方式,控制系统的组成也有所不同。激光熔焊无须送丝系统、焊缝自动跟踪系统和运行轨迹矫正系统。对于激光切割技术,往往还需要与激光在线检测系统协同使用。

3 任务实施

3.1 准备工作

维修技师制订车身焊接修复方案,准备仪器、设备和工具。

3.2 操作过程

激光焊接在工艺控制和电气化处理上存在较大难度,在后期维修加工中,对激光焊接的技术性要求很高以及设备价格昂贵,因此在维修中很少使用。

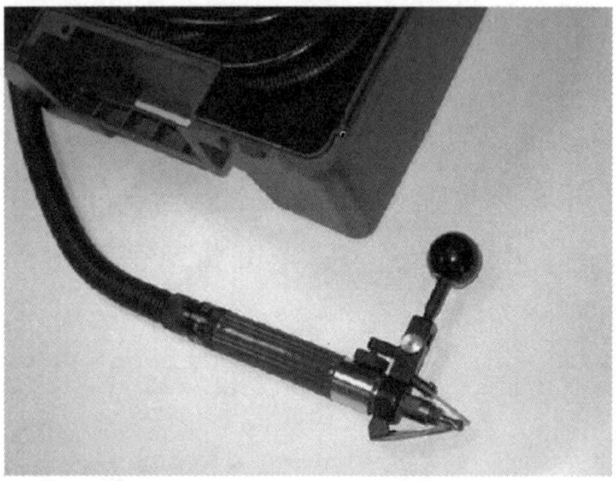

图7-3-3 激光焊缝切割机

在激光焊接时,一束高能量光束通过光学透镜和光导纤维聚集在焊接点。

在焊接过程中,上板和下板被熔化,并且在无焊接填料的情况下进行焊接。如果需要把上板和下板分离开,则需要一种专用工具,即激光焊缝切割机,如图7-3-3所示,它可以把熔化的部位分离开。

在维修时,除车顶维修外(车顶用双组分胶进行粘接),其他部位使用惰性气体保护塞焊焊缝和电阻点焊焊缝来代替激光焊缝。

3.3 操作提示

具体车型维修参见维修手册。

参考文献

[1] 代汝泉.汽车车身修复技术[M].北京:人民交通出版社,1999.

[2] 顾建国.汽车钣金维修技师培训教材[M].北京:人民交通出版社,2003.

[3] 焦建民.汽车车身修复技术[M].北京:北京理工大学出版社,2006.

[4] 彭友禄.焊接工艺[M].北京:人民交通出版社,2002.

[5] 王艳霞.焊工[M].北京:化学工业出版社,2005.

[6] 杨永海.汽车车身构造与修复技术[M].济南:山东科学技术出版社,2007.

[7] 张俊.汽车车身修复专门化[M].北京:人民交通出版社,2004.

[8] 张中国.汽车车身修复技术[M].北京:高等教育出版社,2005.

[9] 姜勇.汽车车身修复技术[M].北京:电子工业出版社,2010.

[10] 一汽-大众汽车公司.迈腾维修手册.

人民交通出版社汽车类高职教材部分书目

书　号	书　名	作　者	定　价	出版时间	课 件
一、全国交通运输职业教育教学指导委员会规划教材　新能源汽车运用与维修专业					
978-7-114-14405-9	新能源汽车储能装置与管理系统	钱锦武	23.00	2018.02	有
978-7-114-14402-8	新能源汽车高压安全及防护	官海兵	19.00	2018.02	有
978-7-114-14499-8	新能源汽车电子电力辅助系统	李丕毅	15.00	2018.03	有
978-7-114-14490-5	新能源汽车驱动电机与控制技术	张利、缑庆伟	28.00	2018.03	有
978-7-114-14465-3	新能源汽车维护与检测诊断	夏令伟	28.00	2018.03	有
978-7-114-14442-4	纯电动汽车结构与检修	侯涛	30.00	2018.03	有
978-7-114-14487-5	混合动力汽车结构与检修	朱学军	26.00	2018.03	有
二、高职汽车检测与维修技术专业立体化教材					
978-7-114-14826-2	汽车文化	贾东明、梅丽鸽	39.00	2018.08	有
978-7-114-14744-9	汽车维修服务实务	杨朝、李洪亮	22.00	2018.07	有
978-7-114-14808-8	汽车检测技术	李军、黄志永	29.00	2018.07	有
978-7-114-14777-7	旧机动车鉴定与评估	吴丹、吴飞	33.00	2018.07	有
978-7-114-14792-0	汽车底盘故障诊断与修复	侯红宾、缑庆伟	43.00	2018.07	有
978-7-114-13154-7	汽车保险与理赔	吴冬梅	32.00	2018.05	有
978-7-114-13155-4	汽车维护技术	蔺宏良、黄晓鹏	33.00	2018.05	有
978-7-114-14731-9	汽车电气故障诊断与修复	张光磊、周羽皓	45.00	2018.07	有
978-7-114-14765-4	汽车发动机故障诊断与修复	赵宏、刘新宇	45.00	2018.07	有
三、新能源汽车技术专业职业教育创新规划教材					
978-7-114-13806-5	新能源汽车概论	吴晓斌、刘海峰	28.00	2018.08	有
978-7-114-13778-5	新能源汽车高压安全与防护	赵金国、李治国	30.00	2018.03	有
978-7-114-13813-3	新能源汽车动力电池与驱动电机	曾鑫、刘涛	39.00	2018.05	有
978-7-114-13822-5	新能源汽车电气技术	唐勇、王亮	35.00	2017.06	有
978-7-114-13814-0	新能源汽车维护与故障诊断	包科杰、徐利强	33.00	2018.05	有
四、高职汽车检测与维修专业资源库合作建设教材					
978-7-114-13176-9	汽车维护技术	蔺宏良	20.00	2016.12	有
978-7-114-13185-1	汽车保险与理赔	吴冬梅、杜晶	20.00	2016.12	有
978-7-114-13253-7	汽车发动机故障诊断与修复	赵宏、刘新宇	35.00	2016.12	有
978-7-114-13433-3	汽车电气故障诊断与修复	官海兵、张光磊	42.00	2016.12	有
五、职业院校潍柴博世校企合作项目教材					
978-7-114-14700-5	柴油机构造与维修	李清民、栾玉俊	39.00	2018.07	
978-7-114-14682-4	商用车底盘构造与维修	王林超、刘海峰	43.00	2018.07	
978-7-114-14709-8	商用车电气系统构造与维修	王林超、王玉刚	45.00	2018.07	
978-7-114-14852-1	柴油机电控管理系统	王文山、李秀峰	22.00	2018.08	
978-7-114-14761-6	商用车营销与服务	李景芝、王桂凤	40.00	2018.08	
六、高等职业教育汽车车身维修技术专业教材					
978-7-114-14720-3	汽车板件加工与结合工艺	王选、赵昌涛	20.00	2018.07	有
978-7-114-14711-1	轿车车身构造与维修	李金文、高窦平	21.00	2018.07	有
978-7-114-14726-5	汽车修补涂装技术	王成贵、贺利涛	22.00	2018.07	有
978-7-114-14727-2	汽车修补涂装调色与抛光技术	肖林、廖辉湘	32.00	2018.07	有